《国有企业采购管理规范》释义

INTERPRETATION OF MANAGEMENT SPECIFICATION FOR
STATE-OWNED ENTERPRISES PROCUREMENT

中国物流与采购联合会公共采购分会 · 组织编写

陈川生 · 主　编

彭新良　朱晋华 · 副主编

中国财富出版社有限公司

图书在版编目（CIP）数据

《国有企业采购管理规范》释义／中国物流与采购联合会公共采购分会组织编写；陈川生主编 . —北京：中国财富出版社有限公司，2020.8（2025.7 重印）.
ISBN 978 - 7 - 5047 - 7182 - 7

Ⅰ．①国… Ⅱ．①中… ②陈… Ⅲ．①国有企业—采购—规范—说明—中国 Ⅳ．①F279.241 - 65

中国版本图书馆 CIP 数据核字（2020）第 110184 号

策划编辑	王　靖	责任编辑	王　靖		
责任印制	苟　宁	责任校对	杨小静	责任发行	敬　东

出版发行　中国财富出版社有限公司
社　　址　北京市丰台区南四环西路 188 号 5 区 20 楼　　邮政编码　100070
电　　话　010 - 52227588 转 2098（发行部）　　　010 - 52227588 转 321（总编室）
　　　　　010 - 52227566（24 小时读者服务）　　　010 - 52227588 转 305（质检部）
网　　址　http：//www.cfpress.com.cn　　排　　版　宝蕾元
经　　销　新华书店　　　　　　　　　　　　　印　　刷　北京九州迅驰传媒文化有限公司
书　　号　ISBN 978 - 7 - 5047 - 7182 - 7/F · 3192
开　　本　710mm×1000mm　1/16　　　　　　版　　次　2020 年 8 月第 1 版
印　　张　20.75　　　　　　　　　　　　　　印　　次　2025 年 7 月第 6 次印刷
字　　数　429 千字　　　　　　　　　　　　定　　价　75.00 元

《〈国有企业采购管理规范〉释义》
编 委 会

主　　任：蔡　进
副　主　任：胡大剑
编　　委（以姓名汉语拼音排序）：

柴亚光	陈川生	高明霞	郭昊峰	郭晓萌
何　亮	何玉龙	胡　珉	胡　薇	胡旭健
胡志强	黄冬如	黄素龙	霍道臣	蒋玉红
雷燕东	李阿勇	李国祥	李红林	李建升
李　娜	梁　郁	林　玲	刘　芳	刘　宏
刘　鹏	刘延慧	刘冶华	刘志兴	卢海强
吕汉阳	马国荣	孟凡金	倪剑龙	裴　育
彭　涛	彭新良	宋春正	孙建文	孙　毅
田　洁	王福斌	王荣年	王　姝	王文标
王向伟	王　燕	魏友军	魏祝明	夏振雪
熊建新	徐先国	薛秀莉	阎利捷	杨志刚
叶锋华	曾　飞	张斌伟	张　飞	张龙江
张天弓	张作智	赵庆丰	周晓琦	朱晋华

《〈国有企业采购管理规范〉释义》
编　委　会

主　　　编：陈川生

副 主 编：彭新良　朱晋华

编写组成员：曾　飞　张　飞　薛秀莉　高明霞　胡　薇
　　　　　　秦雅娟　王向伟　王福斌　孙　毅　郭晓萌
　　　　　　马天琦

审核组专家：裴　育　王荣年　俞　烈　蒋玉红　张作智
　　　　　　康克龙　卢海强　倪剑龙　宋建军

《国有企业采购管理规范》团体标准
起草单位与支持单位

起草单位：

中国物流与采购联合会公共采购分会

国家电网有限公司

中国航空集团有限公司

中国电信集团有限公司

北京首创股份有限公司

内蒙古蒙牛乳业（集团）股份有限公司

陕西延长石油物资集团有限责任公司

郑州煤矿机械集团股份有限公司

山西潞安环保能源开发股份有限公司

北京筑龙信息技术有限责任公司

安徽省招标集团股份有限公司

支持单位：

中国人民解放军陆军勤务学院

中国物流与采购联合会现代供应链研究院

南京审计大学

国家能源投资集团有限公司

中国石油天然气集团公司

中国建筑股份有限公司

中国石油化工集团有限公司

中国中车股份有限公司

中国第一汽车集团有限公司

中国移动通信有限公司

中国联合网络通信集团有限公司

中国交通建设集团有限公司

中国盐业集团有限公司

中国银联股份有限公司

五矿矿业控股有限公司

华侨城集团有限公司

中国海洋石油集团有限公司

中国融通资产管理集团有限公司

中国纸业投资有限公司

中铁物资集团有限公司

中铁物贸集团有限公司

通号物资集团有限公司

招商局集团招投标中心

中国能源建设集团规划设计有限公司

大亚湾核电运营管理有限责任公司

上海诺基亚贝尔股份有限公司

东风（武汉）工程咨询有限公司

中国平安保险（集团）股份有限公司

上海华能电子商务有限公司

内蒙古电力（集团）有限责任公司

广东粤港供水有限公司

漳州片仔癀药业股份有限公司

江苏交通控股有限公司

阿里巴巴（中国）网络技术有限公司

北京京东世纪贸易有限公司

苏宁易购集团股份有限公司

中国公共采购有限公司

国泰新点软件股份有限公司

重庆天蓬云采网络有限公司

喀斯玛（北京）科技有限公司

北京阳光公采科技有限公司

北京信构信用管理有限公司

优质采（北京）科技发展有限公司

《国有企业采购管理规范》团体标准
起 草 组

陈川生　彭新良　朱晋华　李阿勇　刘　鹏　林　玲
刘　芳　李建升　郭晓萌　李　娜　薛秀莉　孙建文
蒋玉红　刘延慧　曾　飞　霍道臣

前　言

2019 年 4 月，中国物流与采购联合会发布了《国有企业采购操作规范》团体标准（T/CFLP 0016—2019）（以下简称《操作规范》），引起社会高度关注，受到国有企业的广泛欢迎。该规范参照联合国《贸易法委员会公共采购示范法》（以下简称《示范法》）的相关规定，结合我国国有企业采购实践，制定了我国在供应链管理框架内第一部适用于国有企业采购的团体标准，为企业制定本单位的采购制度提供了依据。《操作规范》是中国物流与采购联合会公共采购分会组织的"国有企业采购管理与采购操作规范"课题组研究成果之一。

依据该课题组的规划，在《操作规范》发布后，公共采购分会立即启动了姊妹标准《国有企业采购管理规范》（以下简称《管理规范》或"标准"）的编制工作，并于 2020 年 5 月 25 日正式对外发布，标准编号为 T/CFLP 0027—2020。《管理规范》自 2020 年 6 月 15 日起实施，属于行业推荐性自律规范，既适用于广大国有企业的采购管理与执行机构及其从业人员，也适用于国有企业采购代理机构和其他企业的采购管理活动。

《管理规范》将与《操作规范》配套使用，明确国有企业采购活动中的组织框架、战略管理、实施管理、采购组织形式和采购方式管理、信息管理、供应商管理、绩效管理和监督管理等内容。两个团体标准将相互贯通、相互补充，共同提升国有企业采购的规范化、标准化、信息化和供应链创新应用水平。

本书是针对《管理规范》解读与应用的配套用书，由两篇组成。第一篇是《管理规范》的编制说明，主要介绍了编制背景和任务来源、编制过程、主要内容；第二篇对"标准"正文及其附录进行了全面、系统的说明和解释，结合具体案例重点解读了条文的内涵和操作须知。

本书由中国物流与采购联合会公共采购分会组织编写，由公共采购专家委员会委员和"国有企业采购管理与采购操作规范"课题参与单位的代表组成编委会；由《管理规范》起草组的主要起草人执笔。

《管理规范》首次公开发布实施后，起草组将结合广大国有企业的实施与应用情况，对规范内容进行修订和完善。由于《管理规范》是国内首部由行业协会组织企业编制的关于国有企业采购管理的自律性、规范性文件，不妥之处在所难免，恳请广大专家和从业人员对《管理规范》和本书提出宝贵意见和建议。

欢迎各企业就标准的宣贯和培训工作与中国物流与采购联合会公共采购分会联系。联系地址为北京市丰台区双营路 9 号亿达丽泽中心 313 室中国物流与采购联合会公共采购分会，联系人为熊老师，电子邮箱 pengxl@ chinascm. org. cn，联系电话 010 - 83775725。

目　录

第一篇

《国有企业采购管理规范》
编制说明

1　编制背景和任务来源

1.1　编制背景

在霸权式微的全球化进程中，如何进一步发展和壮大我国的国有企业不仅是个经济问题，也是个政治问题。

2017 年党的十九大报告明确提出要在现代供应链领域培育新的增长点，形成新动能。同年国务院办公厅也就积极推进供应链创新与应用提出指导意见，指出供应链管理是引领全球化和提升竞争力的重要载体。

2018 年以来，商务部等八部门连续发文在全国范围内推进供应链创新和试点。特别是新冠肺炎疫情得到控制后，频繁或持久的全球贸易摩擦或将成为常态，这种贸易战会间接地淘汰全球供应链中单纯依靠价格竞争的企业，同时将间接促进全面价值较高的企业发展。国有企业若要维持或提升在世界供应链中的重要地位，必须完成从价格驱动向价值驱动的转型升级。

目前，国有企业采购大多以招标采购为主要形式，采购结果的不确定性是招标采购的特征之一，而供应链采购管理需要保持供应商的相对稳定性。因此，如何处理采购结果不确定与合作伙伴稳定性之间的矛盾就成为国有企业采购管理的难点。如果国有企业的供应链和采购部门只能找来低价供应商，企业就很难成为高附加值和全面价值的创造者。

2019 年，为适应国有企业深化改革和提高国有企业国际竞争力的需要，中国物流与采购联合会（以下简称"中物联"）公共采购分会组织有关企业编制并颁布了《操作规范》。《操作规范》作为国家对国有企业管理制度的补充，为企业采购提供了"大采购"的理念和多种采购方法，力图引导国有企业采购部门在采购环节最大限度地满足供应链成本最低而不是采购合同价格最低。

为把《操作规范》落到实处，适应国有企业供应链创新改革的需要，鉴于国有企业采购合规性的要求，针对国际大环境的变化，中国物流与采购联合会公共采购分会在已经颁布实施的《操作规范》的基础上，组织有关专家编制了《管理规范》。

1.2　任务来源

2019 年 6 月 6 日，经中国物流与采购联合会批准立项，《国有企业采购管理规范》团体标准编制列入 2019 年第二季度的项目计划；项目计划号为 2019 - TB - 005。

1.3 编制目的与初衷

企业未来的生存发展靠的是管理的进步；企业管理进步的目标是流程组织的建设；企业的变革往往是从采购开始的。

国有企业采购制度设计的首要原则就是合规性，这是国有企业使用国有资金的属性决定的。同时，采购制度的设计还必须满足"盈利"的要求，降低企业总成本，提高企业竞争力，这是国有企业的企业属性决定的。

采购制度的设计必须兼顾公平和效率。

众所周知，采购有很多种方式，招标投标属于其中之一，《中华人民共和国招标投标法》（以下简称《招标投标法》）颁布实施以来，很多人以为招标投标这种采购工具可以预防腐败，进而形成监督部门的共识：在国有企业采购活动中，"是否招标采购"就是判断国有企业采购合规性的依据。在这种氛围下，出于采购人对自身责任的"安担"，国有企业采购不论是否符合招标条件，都以合同金额划线，超过标准的一律采用招标采购，这种"一刀切"采购制度的实行，除了违背《招标投标法》的立法宗旨，影响采购效率外最主要的问题是可能增加供应链成本，影响企业的竞争力。

1995 年，我国著名法学家王家福先生在给中央领导讲法制课时就明确指出，对于任何法规，若不究明其属于公法还是属于私法，就不可能了解其内容和意义，就不可能正确理解和使用。招标投标制度也是这样。

在招标投标活动中，程序的公开性和缔结合同的竞争性是该项活动的显著特征。"公开"体现"公权"，"竞争"属于"私权"。如果说招标采购制度能在一定程度上减少腐败，是由于其公开性而不是其竞争性；作为私权的"竞争"，在交易过程中，采购人应依据供应链的要求决定竞争范围、竞争方式、竞争程度，公权不能干预。若强行干预，必然造成经济秩序的混乱，从而增加采购成本并最终影响企业竞争力。

中国物流与采购联合会组织相关力量编制《操作规范》和《管理规范》，其动机和初衷就是力图通过两个团体标准为国有企业的采购及管理提供先进的理念和科学的工具，从而在一定程度上解决当前国有企业采购的难点和痛点，提高企业综合竞争力。在采购方法上引导国有企业从"小采购"向"大采购"转变；在采购管理制度上，引导国有企业在供应链创新的框架内从价格驱动向价值驱动转变，为国有企业适应全球化和贸易摩擦背景下的市场竞争提供制度保障。

两个团体标准的颁布和实施有助于促进国有企业采购理念的转变，有利于促进国有企业采购管理水平和综合竞争力的提高。

1.4　起草单位

本标准的起草单位包括：中国物流与采购联合会公共采购分会、国家电网有限公司、中国航空集团有限公司、中国电信集团有限公司、北京首创股份有限公司、内蒙古蒙牛乳业（集团）股份有限公司、陕西延长石油物资集团有限责任公司、郑州煤矿机械集团股份有限公司、山西潞安环保能源开发股份有限公司、北京筑龙信息技术有限责任公司、安徽省招标集团股份有限公司。

2 编制过程

2.1 预研阶段

2018 年 4 月 23 日，中国物流与采购联合会公共采购分会邀请了国家电网有限公司、中国航空集团有限公司、中国中车股份有限公司、招商局集团有限公司、中国石油化工集团有限公司、中国石油天然气集团公司、中国建筑第二工程局有限公司等会员单位，成立"国有企业采购管理与采购操作规范"课题组，聘请了陈川生、曹富国、朱晋华、王文标等专家成立专家组，对国有企业采购面临的标准缺失问题进行专题研究。

2019 年 3 月 19 日，中国物流与采购联合会公共采购分会在南京召开"国有企业采购管理规范"课题启动会议，近 30 家国有企业采购负责人和十多位专家参加会议，讨论了课题定位、课题框架和研究计划，成立了以陈川生为专家组组长、彭新良为召集人的《管理规范》标准起草工作组，启动专题研究和起草工作。

2.2 立项阶段

2019 年 6 月 6 日，中国物流与采购联合会团体标准化技术委员会召开工作会议，对 2019 年第二季度的项目计划进行审议；《管理规范》团体标准的编制被批准立项，项目计划号为 2019 - TB - 005。

2.3 论证调研阶段

2019 年 6 月 15 日，标准起草工作组召开首次会议，讨论了陈川生、朱晋华提交的《管理规范》草案稿。

2019 年 7—10 月，标准起草工作组先后召开了三次专家会议，对《管理规范》草案稿的内容条款及技术指标进行了逐条研讨，对标准制定中遇到的相关问题进行了深入交流并达成共识，先后完成了四次修订工作。

2.4 编制阶段

标准起草工作组积极组织筹备和征集标准起草单位，经过征集、评审和筛选，最终由中物联确定了标准起草工作组的成员单位，国家电网有限公司、中国航空集团有限公司、中国电信集团有限公司、北京首创股份有限公司、内蒙古蒙牛乳业（集团）股份有限公司、陕西延长石油物资集团有限责任公司、山西潞安环保能源开发股份有限公司、郑州煤矿机械集团股份有限公司、北京筑龙信息技术有限责任公司、安徽省招标集团股份有限公司等 24 家单位参与课题研究和标准编制，并成立了标准起草工作组。

2019 年 11 月 19 日，标准起草工作组完成《管理规范》（第五稿）；在武汉举行的"2019 第十届全球采购（武汉）论坛暨采购博览会"期间，中物联公共采购分会召开专家会议，正式征求各会员单位意见。会议逐条讨论了第五稿的内容，对标准制定中遇到的相关问题进行了深入交流，确定了标准征求意见稿的内容。

2019 年 12 月 16 日，标准起草工作组根据专家会议的意见，修订了文稿，完成了《管理规范》（征求意见稿）。

2.5 征求意见阶段

2019 年 12 月 23 日，中物联公共采购分会依据《中国物流与采购联合会团体标准管理办法》，发布《关于团体标准〈国有企业采购管理规范〉公开征求意见的通知》，向会员单位和全社会征求意见。通过一个多月的征集，共收集会员单位和社会人士的反馈意见 114 条，其中文字性修改意见 63 条，内容实质性修改意见 51 条；标准起草工作组召开会议进行研讨，吸收了大部分意见，完成《国有企业采购管理规范（送审稿)》。

2.6 审查、发布阶段

2020 年 4 月 28 日，中国物流标准化技术委员会组织审查会对《国有企业采购管理规范（送审稿)》团体标准（项目编号：2019 – TB – 005）在线逐条审查，专家们提出了一些修改意见并通过了对该标准的审查。之后，标准起草工作组依据审查意见修改形成报批稿。2020 年 5 月 22 日，将该标准（报批稿）提交中国物流标准化技术委员会报批，2020 年 5 月 25 日该标准正式发布，从 2020 年 6 月 15 日起开始实施。

3 主要内容

3.1 相关概念

为便于理解《管理规范》的内容，需要厘清以下概念。

3.1.1 "招标"和"招标采购"

a）招标

联合国《贸易法委员会公共采购示范法》（以下简称《示范法》）第二条：定义（p）项："招标"系指邀请投标、邀请递交提交书，或者邀请参加征求建议书程序或电子逆向拍卖程序。"招标"的含义在每种采购方式中有所不同，在公开或邀请招标中，招标涉及邀请递交投标书；在征求意见书程序中，招标涉及递交建议书；在竞争性谈判中，招标涉及邀请有限几家供应商参加谈判；在询价采购中，招标涉及向有限几家供应商发出询价书（不少于3家）等。因此，"招标"指采购人在各种采购方式中邀请供应商对满足特定价值需求的商品进行报价，不是特指一个采购方式。《示范法》之所以这样定义，是为了区别"邀请参加采购程序"，后者范围更广，包括邀请供应商参加资格预审、预选等活动；招标则要求供应商递交包括含有报价在内的投标文件、建议书或报价单。这里所谓的招标的"标"指满足特定价值需求商品的价格。

b）招标采购

"招标采购"是诸多采购方式之一，它特指在《招标投标法》中有严格程序规定、竞争性最强的一种采购方式，招标采购是在公权力管制下签订民事合同的过程。《贸易法委员会公共采购示范法颁布指南》第五章第13条指出："所有采购方法都存在腐败风险"。因此，招标采购同其他采购方式一样，也存在腐败的风险。

3.1.2 集中采购和集中采购管理

a）集中采购

集中采购通俗来说就是"打捆"采购。在采购活动中，它也必须和各种其他竞争性采购方式组合使用才能完成采购任务。《操作规范》将其列为一种采购组织形式。

《操作规范》总结企业采购实践经验，把集中采购分为批次集中采购和关联集中采购。其中关联集中采购也可称作项目采购，例如电网系统变电站、通信行业基站集中一批发包，包括技术关联的工程、货物和服务。这是集中采购的一个特殊情形，其合同属于一般商务合同。生产型企业的采购也可视为关联集中采购，其合同形式属于分包合同。

b）集中采购管理

集中采购管理包括围绕采购标的需求集中、围绕供应商的供应集中、围绕供应商选择的组织机构集中，即需求集中、供应集中、组织机构集中，核心是权利的调整。在集中采购活动中，供应商的选择和管理权应当统一。

企业实施集中采购体现了企业采购职能的转变。在效益为导向的采购战略中，其一般表现形式第一阶段为采购对口管理，第二阶段为单一领导负责制，第三阶段为总部集中。因此集中采购管理体现了企业采购权利的重组。出于成本压力，企业采用集中采购的项目增多，但是随着效益导向向创新导向转变，采用分散采购的项目开始增多。因此，采用集中采购还是分散采购是由企业战略决定的。

判断分散采购、集中采购、混合采购的标准，是包括采购成本、运营成本等的总成本最低。集中采购度不是越高越好，应依据企业产品发展战略调整，如创新导向的产品采购就应当采用分散采购。

3.1.3　框架协议和框架协议采购

a）框架协议

框架协议原指合同的一种形式，属于预约合同性质。各种采购方式都可以签订框架协议，如供货安排、交付期不定或交付量不定的合同或任务订单、目录合同、总括合同以及依程序签订定点服务和协议供货合同等。

b）框架协议采购

框架协议采购在《示范法》中被称为制度安排，没有被列为采购组织形式。在起草《操作规范》时，经专家组讨论建议将框架协议采购确定为采购组织形式，主要理由有三点，第一，其必须和各种采购方式组合使用才能完成采购任务。第二，在《示范法》中框架协议采购没有类似其他采购方式规定严格的采购程序，更多是"公平、公正"的管理要求。第三，框架协议采购已经在我国电力、石油、铁建等行业广泛应用。所以它既不是一个采购合同形式，也不是一个采购方式，而是采购人为降低采购交易成本而使用的一种组织形式。

c）由于集中采购更多体现了采购管理关系，因此《示范法》作为一种采购制度的安排没有对集中采购作出规定。此外集中采购的合同形式很多，也可签订框架协议合同，因此，人们很容易将其和框架协议采购混为一谈。企业集中采购更多体现了采购管理关系，内涵较为复杂；框架协议采购相对简单，就是一种特殊的采购组织形式。

两者的相同点是采购标的物规格型号明确，有一定采购的批量。两者的不同点如表3-1所示。

表 3 - 1   集中采购和框架协议采购主要区别汇总

	集中采购	框架协议采购
供货时间、数量	确定	估算、不确定
采购人、合同签订和履行人	同一人（合同生效后依合同执行、履约地可以多个）	多人（采购合同签订后，还需要验收部门另签执行合同确定履约时间、地址和商品数量）
成交供应商	一般唯一，有例外	一般多人，有例外
合同属性	本约合同，成立并生效	预约合同、合同成立未生效
目的	降低合同成本	降低交易成本
合同主要形式	商业合同、特许经营合同、连锁经营合同、代工生产合同、售后维护服务合同等	供货安排、交付期不定或交付量不定的合同或任务订单、目录合同、总括合同、依程序签订定点服务和协议供货合同等

3.1.4 寻源和寻源管理

a）寻源

寻源就是寻找供应商，即采购人按新产品或生产所需寻找潜在的合格供应商。

b）寻源管理

依据《管理规范》的定义，寻源管理是指以企业总成本控制为导向，采用合理的采购寻源策略，把握成本关键控制点，建立成本联动机制以达到总成本最低目的的采购管理。寻源管理是一种机制。具体分为两个阶段：第一阶段，选择供应商；第二阶段，管理供应商。

第一阶段选择供应商：寻源管理包括了供应商的分类、评估和选择，即第一步将供应商分类；第二步对其进行能力和合作意愿评估，评估是寻源的核心；第三步选择合适的供应商，要求既要满足今天的需要，也要满足明天的需要，这三步结合起来就是战略寻源。

第二阶段管理供应商（绩效评价和集成管理）主要有两步。第四步（按第一阶段），对选择的供应商进行绩效评价，统计、管理并改善供应商的绩效，保证供应商能够满足企业生产需要；第五步，针对优秀供应商集成管理，使其研发、生产和运营尽早与采购企业的系统流程对接，形成正反馈，即进一步降低成本，提高供应商绩效水平。

3.1.5 供应链和供应链管理

a）供应链

依据国家标准《物流术语》（GB/T 18354—2006）定义："供应链是生产及

流通过程中，涉及将产品或服务提供给最终用户所形成的网链结构。"

供应链分为链主型供应链、平台型供应链和现代供应链。其中，链主型供应链是以制造业为代表的资产投入，面向物品的生产与供应，上下游形成合作关系，体现工业时代生产要素的协同；平台型供应链是随着互联网技术发展，面向用户和市场，体现工业向数字时代过渡期间，产品与市场需求的协同；现代供应链是面向全球市场和社会循环，体现数字时代社会生活的协同。

b）供应链管理

根据美国 GPM 职业资格核心教程《供应管理环境》教材的定义："供应链管理是对跨越组织边界的无缝的、增值的流程进行设计和管理，从而满足最终用户的真实需求。对人员和技术资源的发展和整合是供应链整合成功的关键。"

采购工具应当满足供应链管理的要求。

在链主型供应链管理中，链主对整个供应链或者供应链中的大部分企业的资源配置和应用具有较强的直接或间接影响力，而且对整个供应链的价值实现予以最强烈的关注，一般是肩负着提升整个供应链绩效重任的核心企业。链主型供应链管理就是对从供应商到客户之间的商业流程和商务关系的管理。一般功能型的产品需要经济型供应链，强调全局成本最低，如小米手机的供应链；创新型产品需要响应型供应链，强调质量优先，把产品做得最好，如苹果手机的供应链。

平台型供应链如国内阿里巴巴、京东、苏宁等电商平台，供应商在平台购买"商铺"，消费者在平台选购，平台物流部门将货物送到消费者。平台供应链实质是电子化商城。市场这只无形的手是平台供应链的主要组织者。

现代供应链指数字化供应链，如联想集团实施的数字化供应链，该供应链代表了供应链管理技术的方向。其特征一是夯实数据分析基础。二是端到端可视，分析和智能决策，实现实时的供需协同。三是全面布局智能供应链，通过控制塔实现从需求到供应、从订单到现金、从新产品导入到产品生命周期管理。较实施前，预测到响应时间缩短 50%，订单控制由 7 天缩短为 4 小时。

供应链的建设和管理由企业发展战略决定。成熟产品追求经济性，创新产品追求敏捷性，定制产品追求柔性，耐用性产品追求质量，快销品追求周转率……企业不同产品应当有相适应的不同供应链。供应链目标的一致性要求采购策略不同，并选用适当的采购组织形式、采购方式。

3.2　主要思想和理念

本标准是《操作规范》配套的管理标准。其主导思想是规范国有企业采购部门的战略定位："4.1.2 采购实体应协调管理需求，整合管理供应商，引导企

— 11 —

业供应链管理。"体现"大采购"的核心任务，实现管理理念从价格驱动向价值驱动的转变。

"大采购"和"小采购"的管理模式如图 3 - 1 所示。

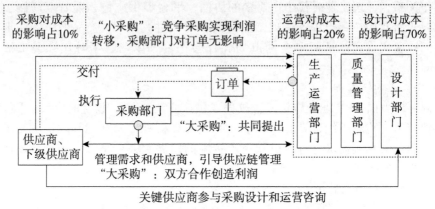

图3-1 "大采购"和"小采购"管理模式示意

从图 3 - 1 可以看出，在"小采购"理念中，采购部门是企业生产运营部门的供应单位，在采购前，计划部门已经确定订单，采购部门执行即可，采购对成本的影响约占 10%，属于利润转移。但在"大采购"理念下，采购部门介入需求管理，并组织关键供应商参与企业的采购设计和运营咨询工作，运营和设计对成本的影响约占 90%，属于创造利润，应当是企业降本的主要空间。

所谓采购管理价格驱动，是在"小采购"框架内，企业采购管理仅围绕总成本"做文章"，主要是缺乏对供应商的关系管理。价值驱动的采购管理和"大采购"相适应，围绕企业综合价值"做文章"，既要注重把企业打造成在全球供应链中全面价值高的供应商，也要有能力利用全球供应商群体的帮助提升全面价值。所谓企业的价值驱动管理，在制造业可以概括为四项，一是帮助客户提高其产品的市场售价；二是帮助客户更好地完成市场订单；三是帮助客户降低运营总成本（TCO）；四是帮助客户降低采购成本。国内不少企业目前主要是在价格方面为客户提供帮助，在其他方面贡献价值的能力有限，国外海关一旦提高关税，企业就面临危机。换句话说，如果企业采购部门只能给企业找来低价供应商，企业就很难成为高附加值的创造者，如图 3 - 2 所示。

因此，《管理规范》从采购战略管理、采购实施管理、采购方式管理、采购信息管理、供应商管理、绩效评价管理等方面为企业提供现代采购管理指南，帮助企业在制度上适应"大采购"的需要，最终提高企业在全球的综合竞争能力。

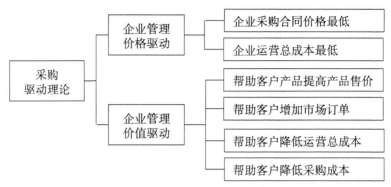

图 3 - 2　采购驱动理论示意

3.3　基本原则

本标准严格按照《标准化工作导则　第 1 部分：标准的结构和编写》（GB/T 1.1—2009）的要求编制，体现了标准编写应当遵循的以下原则。

3.3.1　目标及要求

a）内容完整：本标准包含企业采购战略管理、实施管理、采购信息管理、供应商管理、绩效评价和监督管理等制度规定，覆盖了企业采购管理的主要内容。

b）表述清楚和准确：标准的条款经过有关企业管理的各专业专家审核，力求概念准确、表达清晰。

c）充分考虑最新技术水平：如果说《操作规范》推出了采购行业"小采购""大采购"的最新采购理念，《管理规范》则完善了企业从"小采购"向"大采购"过渡的制度路径；如 9.2.2 "采购实体可对关键优质供应商进行集成管理；引导关键优质供应商介入早期产品设计，降低企业成本；导入电子商务、优化采购流程，降低交易成本；实施供应商管理库房、准时制生产方式等策略，降低库存和运营成本。"

d）为未来行业发展提供框架：《管理规范》参考采购行业发展趋势，在管理制度设计中，针对"大采购"的管理模式提出采购管理从价格驱动向价值驱动转变和实施智慧化采购等要求，规划了国有企业采购未来的发展框架。

e）方便业内人员理解。

3.3.2　统一性

a）结构的统一：本标准依照 PDCA（戴明环，计划、执行、检查、处理）设计标准章节，保证结构统一。

b）文体的统一：为保证标准文体的统一，在编制过程中，标准的大纲、重要观点表述和内容取舍由专家组集体讨论达成共识后确定，但文字由主要起草人执笔，编委和专家组集体审核，保证本标准文体的统一。

c）术语的统一：在标准中仅对区别于其他文件的，具有实质内涵的术语作了定义，保证《操作规范》和《管理规范》术语的统一。

3.3.3 协调性

《管理规范》应具备更强的协调性、兼容性，以便不同层面的企业都能落地执行。在表达上用"应""宜""可"提出了本标准在普遍适用、特殊情形和选择性适用三种情形下的适用协调路径。

a）普遍协调：凡是在采购管理中普遍适用的规则，用"应"表示，如"9.1.4.4 采购实体应固化供应商的选择流程，并对入库供应商实施注册管理"。

b）特殊协调：对特殊鼓励事项用"宜"表示，如"8.5 采购实体宜利用大数据、人工智能、物联网等新技术对电子采购平台升级改造，实施智慧化采购"。

c）本领域协调：凡是只能在本单位或特定条件下执行的规则用"可"表示，如"8.2.5 采购实体可结合本企业情况，建设、使用网上商城，采购标准化程度高、价值较低或频次高的货物、服务；也可协议使用第三方电商平台进行采购"。

3.3.4 适用性

a）便于直接使用：本标准参照《示范法》并总结国有企业现行管理制度，使国有企业可以直接使用标准中涉及采购程序的制度，如各种采购方式的适用条件，集中采购和框架协议采购的制度规定。

b）便于引用：本标准在制度设计中充分考虑到企业制定采购管理制度的需要，方便企业直接引用，如"4.4.2 入库专家标准：应参照学历、不唯学历，重在对项目评审能力的考察"。企业可以直接引用此条，将其列入本企业管理制度。

3.3.5 一致性

a）保持与国际惯例一致：《示范法》是本标准的制度渊源，尽可能让本标准与《示范法》中符合我国企业采购需求的规定保持一致，如《示范法》关于竞争性谈判适用紧急采购和特殊采购的条件等规定。

b）明确一致性程度：《示范法》是全世界公共采购的通用规则，国有企业采购有公共采购的属性，但还不是完全的公共采购，因此凡是具有企业特殊性的规定，标准都对其进行了适当的修订或补充，如关于单一来源采购（直接采购）的内容，《示范法》规定体现国家和社会政策的可以直接采购，标准补充了涉及企业核心利益需要直接采购的也可以直接采购。

3.3.6 规范性

a）预先设计：本标准是中国物流与采购联合会公共采购分会组织的"国有企业采购管理与采购操作规范"课题的研究成果之一，是课题预先设计的产物。

b）遵守标准的制定程序和编写规则：在中国物流与采购联合会标准委员会的指导下，标准起草工作组经过有关标准编写的培训，编写内容基本符合标准的编写规则，且标准的编制经历了预研阶段、立项阶段、论证调研阶段、编制阶段、征求意见阶段、审查阶段、发布阶段，符合程序要求。

c）特定标准的制定须符合相应基础标准的规定：该标准属于采购类创新标准，其中，编写程序和规则符合《中华人民共和国标准法》中的相关规定；涉及其他专业领域如质量管理、风险管理、合同管理的内容都符合相关法律和制度的规定。

3.4　标准的框架结构

任何活动的开展，其过程都可归纳为 PDCA（戴明环），即计划（P）、执行（D）、检查（C）、处理（A）这几个过程。采购也不例外，在确定采购组织框架（No4）、落实主体的过程中也包含计划、执行、检查及处理四大环节。其中，（No5）采购战略管理依据企业发展战略定位属于采购活动的计划（P）阶段；采购活动实施管理（No6）属于执行（D）阶段，其中重点管理环节：采购组织形式和采购方式管理（No7）、采购信息管理（No8）、供应商管理（No9，单独列章）；采购绩效考评管理（No10）属于检查（C）阶段，但其中也有关于总结提高的内容；采购活动的监督管理（No11）属于处理（A）阶段，是对过程中发现的问题，从制度、流程等不同方面制订改善措施，以进一步优化、完善现有体系的过程。标准共 11 章，第 1～3 章是范围、规范性引用文件、术语和定义，第 4~11 章的逻辑关系如图 3－3 所示。

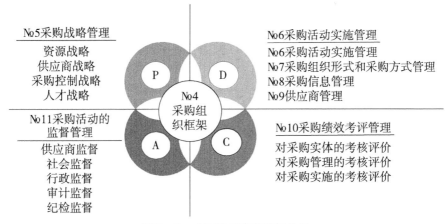

图 3－3　本标准各章节逻辑关系

3.5　与相关现行法律法规和标准的关系

3.5.1　与法律法规的关系

首先，本标准是对国有企业采购有关法律法规的补充。

目前国有企业采购制度主要参照《中华人民共和国招标投标法》和《中华人民共和国政府采购法》（以下简称《政府采购法》）制定。

《招标投标法》属于我国民商法部门的一部特别法，是对招标采购这种采购方式进行管理的程序法，该法规定"在中华人民共和国境内进行招标投标活动，适用本法。"但重点是针对法定范围内达到一定规模的工程建设项目的管制。企业日常采购绝大部分不属于依法必须招标的范畴，且企业采购管理的内涵极其丰富，包括对采购业务过程进行组织、实施与控制的管理过程，采购方式管理只是其中的一个组成部分。因此，《管理规范》是对《招标投标法》规制企业对非必须招标项目招标采购管理的补充。

《政府采购法》属于我国行政法部门的一部特别法，是规范政府财政支出的实体法，不适用于企业采购。"消费"是政府采购的基本属性，但国有企业采购需要在"合规"的前提下满足"盈利"的基本要求。因此，虽然国有企业采购也有公共采购的属性，但其非招标采购方式管理也不能参照《政府采购法》"照葫芦画瓢"，需要在技术标准的规制下"自主经营"，在采购环节实现企业利益最大化。

3.5.2　与《国有企业采购操作规范》的关系

《管理规范》为团体标准《操作规范》（T/CFLP 0016—2019）的配套标准。

《管理规范》规范了企业包括采购方式管理在内的采购管理流程，是落实《操作规范》的制度保障。

《管理规范》定位为国有企业管理监督部门的工作指南，偏重于管理层面，是企业采购管理、监督体系建设的指导性文件。采购管理主要关注如何优化流程、提高效率，明确处于模糊区域的事项，尽力减少执行者的随意性，保证不同执行者执行结果的一致性。采购监督的目的是发现业务活动中的风险点，并采取相应的手段和措施，将风险发生的概率降到最低。《操作规范》偏重于操作层面，其使用者主要是采购执行人员，是采购业务实操的指南，为实操提供理论依据。《操作规范》和《管理规范》的定位、目的、使用对象等均不相同。两者相互紧密联系，共同构成国有企业采购管理和操作的指南。

3.5.3　与《企业内部控制配套指引》的关系

2010 年 4 月 26 日，财政部等五部委联合发布了《企业内部控制配套指引》。为确保企业内控规范体系平稳顺利实施，财政部等部门制定了实施时间表：自 2011 年 1 月 1 日起，在境内外同时上市的公司首先施行，自 2012 年 1 月 1 日起，施行范围扩大到在上海证券交易所、深圳证券交易所主板上市的公司；在此基础上，择机在中小板和创业板上市公司施行；同时，鼓励非上市大中型企业提前施行。《管理规范》是对该文件在采购管理方面的细化和补充。同时，鉴于 2018 年国家发展改革委对必须招标的工程项目作了新的规定，本标准对该文件和法律不一致的地方进行了适当的修正，并引入国际上采购最新的"大采购"和"价值驱动"理念为企业提高全球竞争力提供制度保障。

3.6 重大分歧意见的处理经过和依据

3.6.1 是否仅针对采购操作方式制定管理规范

在开始起草的《管理规范》的前几稿中，标准起草工作组主要对采购方式的管理作了规定。经过讨论，有专家提出管理范围较窄，应当针对企业采购活动管理体系制定规范，采购方式的选择和实施仅是采购管理体系的一部分，规范应当按照戴明环规划，引入采购价值的概念为企业制定采购管理制度提供指南，标准起草工作组采纳了这个重要意见。

3.6.2 "供应链管理"是否纳入采购战略管理

有专家建议企业采购加入供应链管理的内容，在采购战略管理中单独增加一条。经各方协商，大部分参编单位认为采购管理只是供应链管理的一个组成部分，考虑到标准的边界，建议在内容上体现供应链管理的内涵即可，不应单独设立一条；标准起草工作组采纳了这个意见。

3.6.3 "职业采购经理"是否列入组织管理

有专家建议，借鉴国外经验，倡导在国有企业中设立"职业采购经理制度"。经研讨，大部分参编单位认为当前建立"职业采购经理制度"为时尚早，条件不太完备；经讨论，标准起草工作组在采购人才战略管理一节中，增加"5.5.2 企业宜设立采购工程师或采购专员岗位，采购工程师岗位宜保持适度稳定；可实行采购人才评级、晋级管理制度；不同专业等级的考核办法可由行业协会或企业制度规定"。

3.7 对实施本标准的建议

《管理规范》颁布后，中国物流与采购联合会公共采购分会组织编写的《〈国有企业采购管理规范〉释义》同步出版，对《管理规范》的条款逐条作出详细的解读，通过大量生动、活泼、翔实的案例、示范，帮助读者更好地理解《管理规范》。如果说规范的条文是抽象规定，释义中的案例则是对抽象制度的具体诠释。

同时，还将通过各种媒体和专场培训广泛宣传，积极推广并通过实践反馈为下一步修订标准积累经验。

在学习标准的基础上，企业可采取以下步骤落实标准规定的各项制度，使其真正发挥作用，产生看得见的经济效益，提高企业竞争力。

a）建立或完善企业采购管理体系。企业应注意结合行业和企业特点，对照本标准完善企业采购制度，无须完全照搬。《操作规范》的制度渊源是《示范法》，该法也是我国《政府采购法》的法律渊源，《示范法》规定了 11 种采购

4.2 国际采购领域重要研究成果的应用

4.2.1 标准章节的设计来源于 PDCA 循环（戴明环）

详见 3.4 标准的框架结构。

4.2.2 关于采购理念的转变

本标准 4.1.2 条明确企业采购部门"采购实体应协调管理需求，整合管理供应商，引导企业供应链管理"。推动企业从"小采购"向"大采购"过渡。该理念来源于美国著名咨询公司——哈克特集团（The Hackett Group）提出的采购管理的阶段模型。它把采购分为五个发展阶段：供料、价格、总成本、需求管理和全面增值，也代表了从"小采购"到"大采购"的发展路径。上述研究成果是本书第 9 章"供应商管理"的主要依据。

4.2.3 采购实施管理吸收了国际同行的研究成果

采购实施管理包括需求管理、计划预算管理、信息管理、质量管理、风险管理、验收管理、合同管理、支付与决算管理、资料收集与档案管理。本标准吸收了上述各领域的最新研究成果，如风险管理作为企业的一种管理活动，起源于 20 世纪 50 年代的美国，由英国交通部（British Department of Transport）发起，并在英国克兰菲尔德管理学院（Cranfield School of Management）进行研究。该研究界定了供应链风险的"驱动因素"——分为外部驱动因素和内部驱动因素。本标准将企业的风险管理分为内部和外部因素并分别作了规定。

4.3 国内企业先进经验的总结

4.3.1 国企先进研究成果和实践经验

国家电网有限公司在现代（智慧）供应链成果汇报会上介绍了实施智慧化采购的成果，标准 8.5 智慧化采购规定："采购实体宜利用大数据、人工智能、物联网等新技术对电子采购平台升级改造，实施智慧化采购。"该条示例：运用大数据分析技术优化企业运营策略；运用物联网技术感知供应链状态；运用移动应用技术提升客户服务体验；运用云技术增强企业对市场的快速反应能力；运用智能化技术提升企业物资仓储、检测和调配水平等。以上就是国网系统已经实现的智慧化采购成果，将其纳入《管理规范》引导国有企业加快实现智慧化采购的步伐，降低采购成本，提高企业竞争力。

再比如关于建立企业采购人才发展战略、在合作谈判中建立项目可研程序管理、建立供应商管理预警系统等，都是国有企业行之有效的经验，标准都予以吸收采纳。

4.3.2 国有企业采购管理的需要

国有企业承担社会责任和义务，需要完成地方政府交付的专项任务，因此，在需求管理中，增加了 6.1.2 特殊采购项目的需求管理规定："执行政府和社会政策目标或企业重大战略决策而实施的采购项目，应按照企业制度规定的程序进行审批，并作为特殊项目编制专项采购需求计划。"这些规定为企业制定符合企业采购活动特点的管理制度提供了规范性依据。

　　本标准是国有企业更新、补充、完善、细化企业采购管理制度的蓝本。

第二篇

《国有企业采购管理规范》
释义

1 范围

本标准规定了国有企业采购管理的一般规则和要求。

本标准适用于国有企业（以下简称"企业"）开展的采购管理活动。

【释义】

本标准依据《标准化工作导则第1部分：标准的结构和编写》（GB/T 1.1—2009）编制。该标准规定章是标准内容划分的基本单元，是标准或部分中划分出的第一层次，是标准结构的主体和基本框架。在每一项标准中章的编号应从"范围"一章开始，也就是第一章应该是"范围"。

本标准第一章规定了其适用范围，包括适用主体和使用条件。

一、国有企业

本标准的适用主体是国有企业。各国对国有企业的称谓不大相同，美国称其为政府企业，欧洲国家称其为公共企业，日本称其为公营企业。

《中华人民共和国企业国有资产法》第五条规定：

"国家出资企业，是指国家出资的国有独资企业、国有独资公司，以及国有资本控股公司、国有资本参股公司。"

国有独资企业是指企业全部资产归国家所有，国家依照所有权和经营权分离的原则授予企业经营管理权，国有独资企业依法取得法人资格，实行自主经营、自负盈亏、独立核算，以国家授予其经营管理的财产承担民事责任。

国有独资公司是指按照《中华人民共和国公司法》（以下简称《公司法》）规定，由国家授权的投资机构或者国家授权的部门单独投资设立的国有独资的有限责任公司。根据《公司法》的规定，《公司法》实施前已设立的国有企业，符合《公司法》设立有限责任公司条件的，单一投资主体的，可以依照《公司法》改组为国有独资的有限责任公司。

二、国有独资企业和国有独资公司的区别①

1. 法律依据不同

国有独资企业遵循《中华人民共和国全民所有制企业法》，国有独资公司遵循《公司法》。

---

① 王镭：《浅论一人公司、国有企业与国有独资公司及其异同》，载于《天府新论》2008年S1期。

2. 管理体系不同

国有独资企业由政府出资，隶属政府，实行政府任命或职工选举并经政府审核同意的厂长（经理）负责制，注重隶属关系；国有独资公司是以"归属清晰、权责明确、保护严格、流转顺畅"的现代产权制度为指引，建立明确的以资产为纽带的现代国有产权管理体系。

3. 治理结构不同

国有重点大型企业监事会由国务院派出，对国务院负责，代表国家对国有重点大型企业的国有资产保值增值状况实施监督。一般的国有企业董事会则由同级政府派出。国有独资公司监事会由国有资产监督管理机构委派①。

4. 管理者角色不同

国有独资企业的厂长（经理）是由上级任命的，是企业法定代表人，在企业生产经营中处于中心地位。国有独资公司的总经理由董事会聘任，对董事会负责，根据董事会的决策，对企业的日常经营管理工作负全面的责任，董事会与总经理之间是一种聘用关系（委托代理关系）。

国有资本控股公司、国有资本参股公司除了国有资本股份的不同外其他方面都和国有独资公司相同。

本标准所称的国有企业指国有独资企业、国有独资公司和国有资本控股公司。

国家依法对国有资产的管理，实质是所有权管理，即保护中华人民共和国境内和境外的全部国有资产的所有权，组织实施与体现所有权的监督管理权、投资和收益权、资产处置权②。

三、采购管理范围

本标准适用的采购范围，包括企业采购的全部工程、货物和服务，其中既包括依法必须招标的工程项目，也包括非必须招标的工程和其他项目。鉴于《国有企业采购操作规范》（T/CFLP 0016—2019）是针对非必须招标的项目，因此，针对非必须招标项目的采购，本标准应和《操作规范》联合使用。

① 蒋大兴：《国企为何需要行政化的治理—— 一种被忽略的效率性解释》，载于《现代法学》2014 第 5 期。

② 杨棉之、黄世宝：《股权结构、董事会治理与债务期限选择——基于中国上市公司的经验证据》，载于《安徽大学学报（哲学社会科学版）》2013 年第 5 期。

2 规范性引用文件

下列文件对于本文件的应用是必不可少的。凡是注日期的引用文件，仅注日期的版本适用于本文件。凡是不注日期的引用文件，其最新版本（包括所有的修改单）适用于本文件。

GB/T 20008 信息安全技术 操作系统安全评估准则

GB/T 20009 信息安全技术 数据库管理系统安全评估准则

GB/T 20269 信息安全技术 信息系统安全管理要求

T/CFLP 0016—2019 国有企业采购操作规范

3 术语和定义

下列术语和定义适用于本文件。

3.1

采购实体 procuring entity

企业内负责采购决策管理、日常管理和实施采购的部门或机构。

示例：采购主体、采购管理部门、招标采购中心等。

3.2

需求实体 demand entity

企业内使用采购标的和提出采购需求任务的归口部门或机构。

3.3

供应商 supplier

为采购人提供工程、货物和服务的承包商、供货商和服务商。

注：在招标投标活动中称为投标人。

3.4

智慧化采购 smart purchasing

以大数据挖掘和分析技术为基础，综合运用物联网、移动通信、云计算、区块链、人工智能等互联网技术，实现过程可视化、信息数据化和决策智能化的采购活动。

3.5

采购战略管理 procurement strategic management

企业根据组织外部环境和内部条件设定企业采购战略目标，为保证目标的正确落实和实现进行谋划，并依靠企业内部能力将这种谋划和决策付诸实施，以及在实施过程中进行控制的一个动态管理过程。

3.6

供应商征信 supplier credit reporting

通过对目标供应商的存续状况、运营能力及财务状况的分析，做出对其现行履约能力的确认。

3.7

供应商信用评价 supplier credit reviewing

通过对目标供应商运营状态和信用能力的综合分析，做出对其未来违约可能性的判断。

3.8

供应商异议 objection from supplier

供应商认为在采购活动中存在影响自身合法权益或涉嫌违法的情形，在规定期限内向企业采购实体提出异议并请求采购人答复的一种维权方式。

3.9

供应商投诉 complaints from suppliers

供应商认为采购活动中存在涉嫌违法、违规的情形，在规定期限内以书面形式向企业采购实体的上级管理部门或监督部门投诉的一种维权方式。

4 采购组织框架

【概说】

本章是关于企业采购组织管理的规定。

企业采购组织机构的设置随行业、企业的不同而不同，但一般包括管理（决策）、执行和监督三方面。鉴于企业的形态难以计数，本标准很难且不宜对企业的机构设置作出统一的规定，只能从职能上进行大致区分。本标准参照《示范法》的称谓，将企业采购部门统称为采购实体；其内部岗位的设置应依据横向制约、纵向监督的原则设计。企业采购标的使用部门以及提出需求的部门统称为需求实体。本释义对采购管理相应职能进行进一步的解读，供企业参考。

4.1 基本原则

4.1.1 采购实体应依据管理、执行、监督三分离的原则决定其职能分工，减少管理层级，兼顾公平和效率。

4.1.2 采购实体应协调管理需求，整合管理供应商，引导企业供应链管理。

4.1.3 采购实体选择和管理供应商的权利宜相对统一。

【释义】

一、管理、执行、监督的三分离原则

4.1.1 规定了企业采购组织框架的设立原则——管理、执行、监督三分离。企业采购组织框架的设置应兼顾采购的公平和效率。

企业采购组织根据管理（决策）、执行、监督分设是组织设计中遵循的传统原则之一。包括两个层面，一是管理和执行的分离，二是执行和监督的分离。也有的将前者称作决策和执行的分离。在企业采购管理中决策部门包括采购决策管理部门和采购管理部门。

强调决策的学者认为"管理就是决策"，决策是一个过程，它包含收集情报、设计、抉择和审查等活动。决策贯穿管理的全过程，贯穿于确立企业基本采购战略、规划、基本制度等工作全过程。因此明确决策主体、清晰决策程序是决策的关键，决策过程应科学合理。

执行，仅字面意义就是指贯彻战略意图，完成预定目标，达到决策效果的操作过程，是明显与决策分离的操作层面的含义。在管理领域，执行的字面意义主要有两种，其一是与规划相对应，指的是对规划的实施，其前提是已经有了规划；其二是发现问题、研究问题、解决问题的过程，它不以已有的规划为前提。执行应当坚决有力。

监督是具有特定职能的部门或其授权的机构和代表，依据相关法律法规、规章等对特定的个人、机构或事件进行的监察、督促。由于企业国有资金的特殊属性，决定了交易决策、执行的属性应具有公共性，交易的最终结果必须是公平、公正的，唯有来自"第三方"而非"体系内"的监督，才能体现监督的客观公正性，也才能确保监督到位和监督的公信力。

反之，如果执行和监督不分离，监督者与被监督者利益上趋于一体化，监督职能将名存实亡。如：车间的专职质量检查员不应归车间编制，也不能由车间考核和奖罚，而应归属公司质检部门编制，由该部门对其工作进行考核和奖罚，如此才可以保证其严格履行质量检查的职责，监督才能有效。

应该指出，管理（决策）、执行、监督三分离是指"职能"的分离，根据企业需要也可以把决策和执行的职能赋予一个部门，统称管理系统。其内部工作岗位通过不相容岗位设计分工协作，横向制约，监督部门对管理系统纵向监督，俗称横向制约、纵向监督。

盈利是国有企业的基本属性，因此企业采购必须在加强管控的基础上体现效率和效益原则。提高企业采购的效率和效益有多种途径，但在组织建设上，减少采购管理层级是一个重要途径。

二、采购部门是企业生产经营的战略部门

4.1.2 规定了企业采购实体在现代采购管理活动中的作用：应协调管理需求，整合管理供应商，引导企业供应链管理。

众所周知，采购是以各种不同的途径，包括购买、租赁、借贷、交换等方式，取得物品及劳务的使用权或所有权，以满足使用者的需求；而供应是指供应商或卖方向买方提供产品和服务的全过程，供应也意味着采购部门采购企业需要的商品满足自己企业内部的需求。因此采购与供应是两个相对的概念，是相辅相成的关系。

采购有两个层面的任务：一是订单层面；二是供应商层面。

"小采购"侧重供应方面，在计划经济时代，企业分管采购的部门被称作"供应科"，简单地说，就是企业设计、工艺、质量和技术部门确定采购清单后，采购部门以最经济的方式满足要求，但对如何确定需求影响有限，其职能是围绕订单和项目，下单、跟单、催单、交货、验货、收货，主要是些行政文秘类的任务。采购管理是事后管理，更多的是执行事后弥补。执行层面问题多往往是由于需求管理不到位，需求计划做得不好，紧急采购就多，可能导致采购设计不合理、可执行性差。在执行层面挣扎多年后，采购人员认识到，要尽早介入需求设计、计划部门，通过理顺需求来理顺供应。这种转变就是"小采购"向"大采购"的转变。

所谓"大采购"，就是对内理顺需求，通过管理供应商，使供应商和设计部门合作，从源头开始降本，协调计划部门，帮助供应商达到最佳规模状态，通过降低供应商生产成本，实现双赢，提高供应链的竞争力。"大采购"管理的重点是围绕供应商，评价、筛选和管理供应商，提高他们的绩效，并将其及早纳入产品开发，尽早发挥供应商的优势。如果供应商层面的问题不解决，订单层面的问题就会更多。只有先上升到供应商层面，通过选择和管理合适的供应商，才能真正解决发生在订单层面的问题。例如，供应商出现质量问题，"小采购"通常的解决办法就是退货，让供应商免费补货。有些质量问题与供应商的系统、流程有关，只能在供应商层面来改进。"小采购"没有能力和资源来驱动供应商系统地解决这问题，结果是同样的问题会重复发生。所以涉及系统、流程相关的问题，一定要上升到供应商层面才能真正解决，即所谓"大采购"。

"大采购"之所以被称为"大采购"，就是因为能通过有效的需求管理、战略寻源和供应商绩效管理，影响供应链的总成本，从而使采购部门成为公司的战略部门。

需要说明的是，关于供应链管理的组织部门，随行业、企业、产品的不同有不同的规定，有些企业成立独立的供应链管理办公室，也有的指定某一个部门兼管，如销售部门、设计部门、供应部门、采购部门等。本标准用"引导"描述了采购工作对供应链管理的作用。

引导供应链的职能部门一般是企业采购的管理部门，企业可结合实际作出具体规定。

三、管理供应商是采购实体管理实施采购的主要工作

4.1.3规定："采购实体选择和管理供应商的权利宜相对统一。"从"小采购"向"大采购"转变，关键要做好两件事，一是选择适合企业发展战略、供应链战略的供应商，二是组织领导内部团队共同履行管理供应商的职责。供应商不仅要选好，更要管好，只有通过管理特别是与关键供应商的深度协作、集成开发，才能充分发挥供应商的专业能力。因此，如果选择供应商和管理供应商的是两个责任主体，管理供应商就可能是一句空话，因为关键是选择供应商。因此，4.1.3将选择和管理供应商的权利宜相对统一作为采购实体管理实施采购的基本原则之一。

【案例】

哈克特集团采购供应链发展路径①

美国著名的战略咨询公司——哈克特集团（The Hackett Group）首先提出采购管理的阶段模型，它把采购分为五个发展阶段：供料、价格、总成本、需求管理和全面增值。

---

① 作者：发现你的平凡，《哈克特集团采购供应链发展路径》，摘自简书社区。

供料阶段就是确保有料。采购的角色是采购员、计划员，做的是典型的文秘工作。例如初创伊始的小米集团，工程师定好要求，采购员下单、跟单、收料、付款。再如一些小公司，采购量小，谈判余地小，采购能确保按时供料就不错了。采购也谈价，但对价格的影响微乎其微。原因是多方面的，例如内部客户实力太强，定规格、找供应商、谈价钱，都是工程师说了算；公司太小，分工不细，采购的支持功能微乎其微，对供应商也没什么议价权；供方市场，市场透明度很高，没什么谈价的余地（例如原材料）。内部客户、供方市场的强势，加上采购人员的素质不高、地位太低，注定采购是粗放经营，其价值也只能是确保有料了。但由于同样的原因，这并不意味着按时交货率就很高。

价格阶段，采购的角色转为谈判员，节支是采购的主要指标（但这并不意味着交货率、质量就不重要，这些指标都是理所当然的）。与供料阶段相比，处于价格阶段的公司系统地跟踪、比较价格，统计采购节支。比价有不同方式，比如跟市场价比，即与主要的价格指数比，例如美国的生产价格指数（PPI）；跟历史采购价比，就是统计采购价差（PPV）。在规模大、建制完全的北美公司，这两套系统大都挺复杂（但并不一定完善），是衡量采购部门的主要标准。复杂到什么程度？美国高级采购研究中心（CAPS Research）在全球召开数轮圆桌会议，与会者大都是财富500强的首席采购官、副总裁、总监，谈的主题就是如何统计节支（注意：不是如何去节支）。这也反映了北美大企业的挑战，通俗地说就是干好活儿相对容易，但要证明干得好可不容易。

采购的五个发展阶段如图4-1所示。

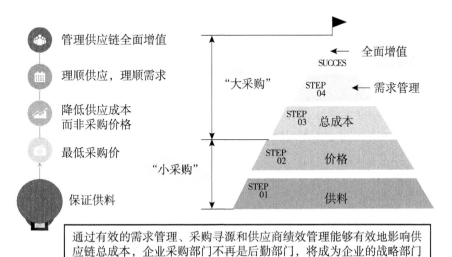

图4-1 采购的五个发展阶段示意

在公司内部，标准价如何定、实际采购价如何跟踪、采购价差预测怎么做，往往让采购和财务人员大伤脑筋。采购体系、流程、政策等方面的官僚机制，很多是围绕这些构建。在实际操作中，有些大公司利用规模优势，系统地获得最佳采购价，甚至帮其他公司采购，使采购部门成为公司的盈利中心。例如，惠普采购的一些产品，加价卖给自己的供应商，然后集成到最终产品中又卖给惠普，原因就是惠普能取得更好的价格。IBM（国际商业机器公司）和希尔顿酒店也有类似的做法。这些公司实际上把采购变成一个利润中心，而不是传统的成本中心。

采购节支是采购业绩的重要指标，因为它直接、明了、易于量化。但是，采购价只是成本的一部分，它的优化往往以别的成本为代价。例如很便宜地采购到一台设备，采购部门得到嘉奖，但使用、维修成本太高，最终却由使用部门买单。这就要考虑总成本，即采购的第三个阶段。相应地，采购的角色也从简单的持币购物转换为供应链管理，兼顾运输、仓储、关税、汇率、使用、回收等，对公司的影响更大、更全面。

总成本的概念看上去挺简单，那为什么能做到的公司不多呢？这里有专业分工的问题。工业化的特点是专业分工，例如采购、物流、生产、设计、销售大都由不同的部门来负责。分工明确，专业化程度高，隔行如隔山，很难有人能够精通多个职能，而熟悉多个职能的通才，又往往没法做得很深，只知皮毛而没法真正全局优化。部门之间壁垒森严，部门指标驱动下，每个部门都冲着自己的目标去，注定以总成本为目标的全局优化难以实施。专业分工越细，部门壁垒越深，总成本优化就越难。

此外，总成本优化要考虑的变量太多，很难通盘优化。例如，采购员知道采购次数多，采购成本就高，但一次采购量大，库存积压太多，库存成本就高。这好办，经济订单量模型可以解决问题。但是，如果采购价也随一次采购量变化，如何优化一次采购量？加上运输模式的考虑，海运便宜但运期长、库存高，空运快但成本高；运费上，又有固定和浮动部分，又如何优化？这还只是购置费用。如果再加上使用、维修、回收等成本，总成本优化是难上加难。如果还要考虑质量成本、机会成本等难以准确量化的因素，总成本最优化的难度可想而知。

既然这么难，那为什么有这么多企业推行总成本优化呢？原因很简单：总成本的次优化也比不优化要强。这跟很多商业问题一样，你可能永远也达不到最优化，但追求优化，即使达到次优化，也会为企业增值或节支不少。

上述三阶段侧重于供应方面。简单地说，就是需求确定后，采购以最经济的方式满足要求，但对需求是怎么确定的则影响有限。这样，采购是事后管理，更多的是执行弥补。之所以执行层面的问题这么多，主要原因是需求管理不到位。比如需求计划做得不好，紧急需求就多，相应的赶工加急就多；设计没优化，可执行性差，成本就降不低，速度就做不快。在执行层面挣扎多年后，采购人员意识到，要尽早介入需求定义阶段，帮助做好设计、计划工作，通过理顺需求来理顺供应。这就是采购的第四个阶段，即需求管理。

或许有人会说，采购是支持部门，要以服务为导向，管理客户似乎不妥。其实，在供应链上，每个职能都扮演两个角色：客户和供应商。就采购来说，相对供应商是客户，但相对内部用户来说，就成了供应商。做得不好的采购，就是我们下面要讲的"小采购"，采购主要扮演的是客户的角色；做得好的采购，就是我们下面要讲的"大采购"，采购也意识到应扮演内部供应商的角色，从而积极主动地理解需求、管理需求。所以说，采购不光是采购；采购是采购与销售的结合体。作为采购职业人，不但要向采购与供应链管理专家学习，而且要向销售专家学习。

从专业的角度管理内部客户，其实是为内部客户、公司增值。例如，如果预计供不应求，应尽早与需求计划部门沟通，让他们适当增加安全库存，减少紧急需求，就用不着给供应商支付赶工费；说服内部客户更改不合理要求，因为这些要求即使不增加公司成本，也会增加供应商成本，"羊毛出在羊身上"，终究得公司买单。这个道理放在整个供应链管理里也适用。供应链的任何环节的价值，一方面在于它能增加多少价值；另一方面取决于它能否有效地管理需求、正面地影响需求、更好地匹配需求与供应——一旦不匹配，就会形成成本或库存。

这在技能上对采购有更高的要求。要知道，"攘外"与"安内"相比，"攘外"是跟供应商打交道，相对容易，说服不了还可以压服；"安内"是跟内部客户打交道，往往更困难，主要得说服，需要采购部门熟悉内外客户的业务、有更好的领导才能，并能从供应链的角度来阐述特定决策的影响。或者说，"攘外"和"安内"都是在解决问题，解决问题有两种方式：一种是转移问题，另一种是解决问题。"攘外"往往可以通过转移问题来解决问题，但"安内"是跟内部客户打交道，需要通过解决问题来解决问题，我们得真正理解问题，清楚地阐述问题，并找出更好的解决方案。

在VMI（供应商管理库存）模式下，供应商负担库存，生产部门自然想把库存水位调得很高，永无断料之虞。但是，采购部门要认识到如果需求设计变更，或者没法按照预期开拓市场，就会有一大堆呆滞库存，公司得买单，至少有连带责任。库存太高，供应商的资金积压太多，资金成本就很高，最后都得转嫁到采购方。这只是理解问题，把问题阐述清楚了，但并没有解决问题。生产部门当然知道库存风险，那为什么还是要求多放呢？因为需求和供应的不确定性。前者对采购部门来说很难影响到，但后者却在采购部门的掌控中，那就是选择合适的供应商，把他们管好，比如统计按时交货率，督促供应商说到做到，降低供应的不确定性。

再比如说，生产部门总是希望供应商越多越好，这样好有备份。但对于采购部门来说呢，供应商太多，采购额分散，公司更加难以驱动供应商；一个料号分配给多个供应商，供应商的忠诚度下降，旺季来了反倒没有任何供应商愿意建产能（"三个和尚没水吃"）。你得有能力解释给生产部门，但光能解释并不能解决问题——生产部门还是希望有备份。为什么？这又回到供应商的执行能力上：要么没选好，要么没管好，供应绩效不稳定，生产部门不放心，那就驱动采购部门来找备份供应商。真正的解决方案，就是提高供应商的选择和管理能力，以选到合适的供应商，并且做好后续管理。

要知道，不改变能力，就没法改变行为。在这里，行为是内部客户的，能力是采购部门的。内部客户的一些要求（行为），看上去有些不理性，往往也是由采购的能力决定的。就如上面的两个例子，如果采购部门不提高选择和管理供应商的能力，让供应商有效满足生产的需求，生产部门就会继续要求提高库存水位、选择备份供应商。所以，管理需求不是简单地对客户需求说不，给客户制造障碍；管理需求更多的是真正理解问题、提高自身的能力，把分内的事做得更好，从而给客户更好的解决方案。

谈完了第四个阶段，即需求管理，通过理顺需求而理顺供应，我们接着探讨采购的第五个阶段，也是最高阶段，即全面增值阶段。卖得好不如买得好。在很多行业，采购成为公司的核心竞争力。例如在汽车制造业，整车厂每100元的成本中，有七八十元得付给供应商；在加工业，人工成本都差不多，能否接到单，采购部门拿到的材料价格至关重要。这些都使采购的重要性不言而喻。采购成为公司的命脉，不但在于成本节支，而且在于确保采购产品的质量和技术含量。

此外，采购部门介于公司与供应商之间，天然处于管理供应链的位置。随着对供应商的依赖程度增加，采购上升到战略层面，更加凸显了其供应链管理者的角色。相应地，采购指标中也增加了很多财务、运营方面的内容，例如现金流、资金周转率等，在公司的全面增值中扮演重要角色。

换个角度来理解采购的全面增值角色。一个公司要生存，需要做好三件事，即企业运营的铁三角：开发出好产品（产品管理）、卖个好价钱（需求管理）、以适当的成本生产出来（供应管理），如图 4-2 所示。在外包盛行的模式下，生产、组装主要发生在供应商处，采购部门是供应管理的主力军。而要做好供应管理，采购部门得跟设计部门、营销部门更紧密地合作，积极影响需求，从更多方面为公司增值。

有些公司说，"我们的采购处于全面增值阶段"，的确关系到公司的存亡，因为市场竞争白热化，采购"买"得不好，销售就没法"卖"得好。采购部门的压力很大，但是，采购的能力，或者说解决问题的手段，却还停留在第二个阶段的价格谈判，说白了，就是利润转移，通过转移问题来解决问题。结果是根本问题还是没有解决，反倒因为转移到不合适的对象，更加难以解决。

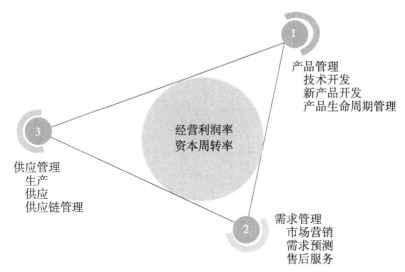

经营利润率
资本周转率

产品管理
　技术开发
　新产品开发
　产品生命周期管理

需求管理
　市场营销
　需求预测
　售后服务

供应管理
　生产
　供应
　供应链管理

图4-2　企业运营铁三角示意

这就如扛着土枪土炮来打核战争。美国的汽车行业可谓代表：整车厂的采购致力于压榨供应商的最后一个银圆，结果是双方关系恶化，势同水火。长期下来，整个美国的汽车行业面临崩溃。原因很简单：采购的全面增值不是通过优化供应链、解决问题来降低供应链成本，而是通过强势做法转移问题和成本到供应商处。采购的失败体现在无法打造一流的供应链，公司自然也就无法在供应链之间的竞争中脱颖而出。

采购的这五个发展阶段很难割裂。事实上，不管是处于哪个阶段，五个阶段的工作采购都在做。比如，采购处于总成本阶段（第三个阶段），并不是说采购就不催供料（第一阶段）、不砍价（第二阶段）。当然，采购还是应试着向需求管理（第四阶段）、全面增值（第五阶段）发展。关键是将主要资源用在哪个阶段：在采购能力强的公司，更多的资源是用在高阶段的事上，是"大采购"；在采购能力弱的公司，采购更多的是做低阶段的事，是"小采购"。要定期评估采购所处的阶段，是否与业务需求匹配；如果不匹配的话，需要什么样的能力建设，比如组织、流程和系统方面的提升。

【案例】

英国石油（BP）构建市场导向的"大采购"①

如图4-3所示，"大采购"主要做三件事：管理需求（需求规划）；找到合适的供应商（战略寻源）；管理总体供应绩效（供应商管理），从管理需求开始到满足需求结束。

---

① 刘宝红：《采购与供应链管理：一个实践者的角度》，根据 P466 原图重新绘制。

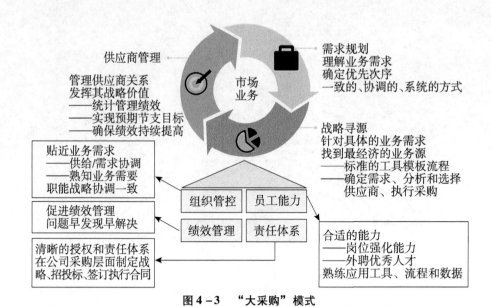

图 4-3　"大采购"模式

【案例】

整合需求和供应商降低企业总成本

美国迪尔公司年销售额百亿美元，很多采购工作由工厂分散进行，采用统一合同、统一供应商很困难。

为整合需求，采购部门派专人走遍集团下属 16 个工厂，从其中普遍使用的手套入手。发现各工厂使用的手套有 424 个品种和规格，由 6 家供应商供应，即使是同一个供应商、同一种品种，各工厂采购的价格也不同。

采购部门对手套采购需求进行整合，把 424 种手套摆出来请各厂长参观，大家一致认为这 424 种手套可以合并为 24 种。

形成共识后，采购部门整合供应商，6 个供应商整合为一个，采购批量大幅增加。通过竞价采购，手套采购合同价格减半。

这个项目采购之所以能够成功，是采购部门形象地让决策部门认识到问题所在并付诸实际行动。

【案例】

大采购理念的技术整合①

2017 年 4 月，vivo 召集手机行业顶级供应商到东莞总部，vivo 首席执行官胡柏山告诉这些供应商，vivo 的合作方式和合作节奏要调整。vivo 将改变原来的跟随战略，在涉及手机创新的关键领域把技术跟踪、合作的期限提前到 18 个

---

① 胡柏山：vivo 执行副总裁，原文《技术创新"敢为人先"解密 vivo 供应链整合术》，载于中国证券报·中证网，本书引用时做了删节和补充。

月，甚至 36 个月。

一直以来，vivo 会等供应商的技术方案已经成熟应用在几个大企业的产品上以后，再根据供应商的设计理念去推出自己的产品。但是，在新的战略思路下，vivo 要将自己的设计理念和需求告诉供应商，让供应商根据 vivo 的思路和要求去推进技术演进发展。

回报是巨大的，比如，屏幕指纹技术，vivo 及早和供应商合作做到了全球首创。供应商之所以提供最新技术给 vivo，是因为该供应商和 vivo 是战略合作商，是长期合作的伙伴。试想如果每次招标采购，项目合同都不确定，双方缺乏信任基础，供需双方就不可能如此紧密合作。

4.2　对采购实体的要求

4.2.1　采购实体应管理企业采购工作，宜包括制定采购战略规划、采购管理制度，管理供应商、管理采购咨询专家、组织绩效评价等。

4.2.2　采购实体应组织实施采购活动，宜包括确定采购需求，提出整合供应商计划、执行方案，确定采购组织形式和采购方式并组织实施等。

【释义】

本标准将企业采购实体定义为："指企业内负责采购决策管理、日常管理和实施采购的部门或机构。"

一、采购实体中的决策管理职能

（一）采购决策管理的机构

针对国有企业采购的特点，财政部 2018 年 2 月 5 日印发《国有金融企业集中采购管理暂行规定》，自 2018 年 3 月 1 日起施行。该文件第七条第一款规定"国有金融企业应成立集中采购管理委员会，成员由企业相关负责人以及财务、法律等相关业务部门负责人组成，负责对公司集中采购活动进行决策管理。国有金融企业纪检、监察、审计等部门人员可列席集中采购管理委员会会议"。

财政部对金融企业采购管理的模式在国有企业中得到广泛的应用，但是名称各异，有的将其称作"招标采购领导小组"，也有的将其称作"招标投标管理中心""招标采购管理委员会"等。

为加强对企业采购工作的领导，一般企业由高级管理人员统一管理企业的采购工作，其中所谓兼职指企业某副总分管采购工作，有的企业设立专职采购总监职位专管采购供应，也有的企业模仿美国企业的做法设立首席采购官 CPO（Chief Procurement Officer）等。

在轻资产和外包战略的驱动下，公司运营中心的很多业务从内部转到外部，原来生产运营部门的职责现在转移到采购部门。伴随企业竖向集成的解体而来的是对供应商的依赖的增加，供应越来越重要了。采购从部门目标向公司目标过渡，从部门效率向公司效益转变。在公司组织结构方面，这一转变的标志是首席采购官（CPO）进入 C 级别，即高级管理层级，首席采购官（CPO）和首席执行官（CEO）、首席财务官（CFO）、首席运营官（COO）并列，越来越多的美国公司开始研究首席采购官的薪酬和职责，采购地位的提升，使其职责也在扩大。采购管理从价格谈判、签订合同延伸到供应商评估、选择、管理。尽早把供应商纳入设计阶段，进而降低采购的总成本，采购与供应管理才能提高到战略地位。

（二）采购决策管理机构的主要职责

包括但不限于：

（1）审议批准企业采购管理相关规章制度和其他制度规定。

（2）审议批准企业采购战略规划。

（3）审议通过企业年度重大项目采购计划或采购预算和采购实施报告。

（4）审议批准企业年度集中采购目录、企业框架协议采购目录和其他有关制度规定。

（5）组织开展对企业内部单位执行采购制度情况的检查。

二、采购实体的日常管理职能

（一）采购日常管理机构

企业采购管理部门的设置与行业特点、企业规模有关。上述工作属于采购管理范畴，和决策管理相比还具有对决策的细化和执行的属性。如果说采购决策管理机构类似军队中的司令部，其领导称为司令员，采购管理部门则承担参谋部的职能，该部门的领导可称作参谋长，负责处理管理的日常事务。

（二）采购日常管理机构的职责

包括但不限于：

（1）拟订企业采购管理规章制度和其他制度规定，建立健全采购管理规章制度体系。

（2）编制企业年度集中采购目录、企业框架协议采购目录和其他有关制度规定。

（3）组织编制企业采购战略规划。

（4）协调企业内部的采购需求管理，审批管理决策部门授权管理的采购计划。

（5）会同有关部门开展对企业采购活动的风险防控和监督检查。

（6）负责组建和管理企业咨询专家库和供应资源库。

（7）受理和处理供应商的投诉。

（8）制订采购业务人员培养计划。

三、采购实体的执行职能

（一）采购执行机构

《国有金融企业集中采购管理暂行规定》第八条规定："国有金融企业可指

定具体业务部门或根据实际设立集中采购日常管理机构，具体实施集中采购活动。根据集中采购项目具体情况，国有金融企业可自行采购或委托外部代理机构办理采购事宜。"

企业采购宜建立统一和分级管理相结合的采购执行部门/机构。企业采购的集中度应依据企业战略并兼顾采购效率统筹考虑，不是集中度越高越好，统分的边界应当由企业根据采购的效果确定。

采购管理机构和执行机构的职能有分工，但是否一定要分设两个部门，则应通过实践结合企业产品特点决定，有些企业通过设立招标采购中心的办法，将管理和招标集中采购统一在一个单位，这种做法兼顾了效益和效率。

（二）采购执行机构的职责

采购执行部门/机构主要负责采购需求的收集、采购计划的制订、供应商的选择与管理、执行采购、合同谈判与签约、参与采购验收及结算付款等工作。

包括但不限于：

（1）负责企业采购寻源管理。

（2）承担供应资源库的日常管理。

（3）承担企业咨询专家库日常管理。

（4）负责或协助有关部门对企业电子采购平台进行业务管理。

（5）负责或协助有关部门管理企业供应市场信息，综合分析并提供市场趋势报告，为企业领导及有关部门提供决策信息，有效控制和降低企业成本。

（6）根据采购计划安排实施采购工作，确保及时准确、保质保量地完成各项采购任务。

（7）对采购数量及质量负责，并对质量异常和质量纠纷妥善公正处理。

（8）受理答复供应商的异议。

（9）负责对采购付款的审查。

上述列举了采购执行部门的 9 项职责，核心是根据采购计划安排实施采购工作，确保及时准确、保质保量地完成各项采购任务，如果说采购管理部门是参谋部，采购执行部门就是执行战斗任务的团队、连队。

4.3　对需求实体的要求

需求实体应协助采购实体完善采购文件，可依企业制度规定参加采购活动，参与采购物资验收、服务评价等。

【释义】

企业采购的需求部门一般负责提出请购申请，从供应链视角看，需求部门是采购执行部门的客户，采购执行部门是需求部门的供应部门。企业应建立请购管理体系，若未建立采购申请系统，可能会造成组织管理混乱。未经批准或未经授权的审批购买，可能导致库存积压或短缺，影响组织正常生产经营。但是也有例外，如在造船行业，通过 MRP（物资需求计划）/ERP（企业资源计划）产生的 materials release（物料放行）可直接转化为 PO（订单）给供应商，在 JIT（准时制生产方式）采购或 VMI 采购中供应商按照进度看板或库存水平自动补货，也不是每次都需要请购。

需求部门一般不参与具体采购活动，但是应采购执行部门邀请，可帮助采购执行部门对采购文件的技术条件完善、细化，或者参与采购标的物的验收等工作。采购执行部门应充分发挥第一线需求部门员工的作用，虚心听取他们对需求物资、设备或其他服务的要求，在年终绩效评价阶段，需求部门参加对供应部门的评价。

企业请购系统属于采购管理的组成部分，常用请购单有以下种类。

（一）标准请购单

标准请购单是请购单的基本形式，它是企业内部客户用来传达采购什么、何时需要以及需要多少产品或者服务的（纸质或者电子）企业文件。采购活动取决于这些信息。一般而言，请购单或者采购订单的副本会传回请购部门，用来反馈已经订购了的产品或者服务的信息。

（二）电子请购单

采购过程自动化已经减少了很多基于纸张的请购单。请购方与采购方通过计算机相连接，产品或者服务的请求及其活动确认书通过网络传输。这消除了对文书式系统的需求，而且优化了决策过程以及记录保存功能。

（三）物料清单

在请购过程中，物料清单（Bill of Materials，BOM）成为越来越重要的内容。物料清单是生产产品或者服务所需的所有材料和零件的清单。正如医生为病人开的处方，物料清单向各方提供了采购物料的详细说明。在一些企业中，作为采购方即购买计划方，利用 BOM 产生订单或者针对现有订单启动发货时间表。

物料清单的第二个应用理念是针对具体项目。在这种情况下，向采购方提供一份项目所需的材料和服务的清单，并且指导采购方按照项目进展需要进行采购。

（四）系统生成的请购单

目前使用的很多计算机管理系统可自动或者半自动生成请购单，或者是供应商根据既定的采购计划提示采购方下订单。

（五）请购卡

请求大量类似的产品或者服务，可使用请购卡。在手动采购系统中，通常用一张卡片记录标准部件或者相关项目的信息以及以往的请购内容和订购方的资料。使用方法是采购方下订单，然后在请购卡中添加企业、数量以及预订交付日期，并且存档。随着请购过程日益电子化，请购卡的使用率越来越小了。

4.4 采购咨询专家管理

【概说】

目前，企业关于咨询专家的规定大多是参照《评标专家和评标专家库管理暂行办法》制定的，但该制度是在采用招标方式的采购活动中对专家的管理制度，且具有中国特色，其最大的问题是专家的权利和义务不对等。企业的采购方式多种多样，本标准的该部分内容，应当对咨询专家管理制度改革起到引领的作用。

一、国际通行的评审专家制度

（1）《示范法》规定的各种采购方法及其程序中并没有类似我国组建评标委员会的评标制度。开标以后的环节由第43条"投标书的审查和评审"规定。审查和评审的主体是采购实体。采购实体认为需要聘请专家咨询时可通过合同聘请自己认可的专家或咨询机构，提供决策参考意见。没有规定是否必须有一个临时组织参与对投标文件的评议。

（2）世界银行《采购指南》附件4第10段"世行建议由借款人指定一个由至少3名有资格的成员组成的评标委员会，在一个安全的、存放所有投标书的办公室进行评标工作。由参与编制招标文件的成员参加评标委员会会有很多好处。"世界银行的规定和《示范法》相比，规定了应组织一个临时机构参与对投标文件的评议。但是这个组织是由借款人指定的，同时也允许参与编制招标文件的专家成为评标组成员。

二、现行专家管理制度必须改革

我国现行评标制度是参照世界银行、亚洲开发银行的评标制度加以修正而来，目的是通过专家咨询帮助招标人减少决策失误。由于我国公共采购没有实行"采购官"制度，只是试图从内部机制约束采购人，所以评标制度修正了招标人自主决定是否聘请、如何聘请咨询专家的权利，试图通过程序公正保证采购目标的实现，缘于其反腐败的立法定位。殊不知这种制度设计破坏了权利和责任义务的平衡，且剥夺了招标人的定标权，评审专家有权但没有相应责任是造成目前招标领域各种乱象的主要原因之一。

三、国有企业采购方式多样化要求改革现行专家管理制度

我国现行招标制度的弊病已经受到立法部门的关注，有关部门也在试图进行修改，2019年12月19日，住房和城乡建设部颁布《住房和城乡建设部关于进一步加强房屋建筑和市政基础设施工程招标投标监管的指导意见》（建市规〔2019〕11号），该文件第二条优化招标投标方法的第（四）项规定："探索推进评定分离方法。招标人应科学制定评标定标方法，组建评标委员会，通过资格审查强化对投标人的信用状况和履约能力审查，围绕高质量发展要求优先考虑创新、绿色等评审因素。评标委员会对投标文件的技术、质量、安全、工期的控制能力等因素提供技术咨询建议，向招标人推荐合格的中标候选人。由招标人按照科学、民主决策原则，建立健全内部控制程序和决策约束机制，根据报价情况和技术咨询建议，择优确定中标人，实现招标投标过程的规范透明，结果的合法公正，依法依规接受监督。"

上述规定回归了专家报告属于咨询意见的本质属性。

国有企业采购的项目很大一部分不属于依法必须招标的项目，评审专家的聘请应当由采购人依据项目特点自行决定；评审专家在评审活动中的工作结果报告应当定位为咨询建议；评审专家工作的范围也不能仅包含评审工作，应当在采购全过程发挥专业技术作用。

因此，本标准对企业专家管理制度进行了重要的调整。

4.4.1 采购实体应建立采购咨询专家管理制度。

【释义】

采购实体建立的采购咨询专家管理制度应当包括但不限于以下内容。

（1）咨询专家的一般条件及专家库使用与专家管理方法。

（2）依据企业采购工程、货物、服务类别分类管理。

（3）专家的权利、义务和责任的规定。

（4）对专家咨询工作支付报酬的规定。

（5）对专家咨询工作进行绩效考核并和其本职岗位的考核挂钩的规定。

4.4.2 入库专家标准：应参照学历、不唯学历，重在对项目评审能力的考察。

【释义】

关于专家的资格条件，本标准与《评标专家和评标专家库管理暂行办法》最大的区别是关于专家的资格规定。

《招标投标法》第三十七条第三款规定，"前款专家应当从事相关领域工作满八年并具有高级职称或者具有同等专业水平"。

本标准关于资格条件的条件是"参照学历、不唯学历，重在对项目评审能力的考察"。该条规定聘请的专家如果没有在本领域工作八年具有高级职称，可视为符合该条规定的"同等水平"，或者说是对"同等水平"的具体化。因此，企业咨询专家库的专家也可参与企业依法必须招标的项目。

4.4.3 入库专家程序：应采取自愿报名、基层组织推荐、咨询专家库管理部门审核的方式组建；对确有专长但不符合一般条件的专业人士，可采取其他专家联名推荐的方式入库。

4.4.4 入库专家信息：应包括专家的学历、专业职称、主要工作经历、现工作岗位、曾参与或评审的项目管理、运营管理业绩、主要近亲属名单等信息。

【释义】

关于咨询专家库的建设，4.4.3规定了自愿报名、基层组织推荐、专家联名推荐等路径，目的是保证聘请的专家有对咨询项目进行评价的能力。4.4.4规定了入库专家的信息，判断专家是否具备对采购项目的评审能力的关键是参与或评审项目的经历。信息包括主要近亲属名单，主要是为了判断该专家是否符合应当回避的条件。

4.4.5 专家工作评价：采购实体应在采购结果评价中对咨询专家的评审能力进行回顾性评价；对优秀的咨询专家宜依据项目需要列入专家短名单。

【释义】

本条规定了对咨询专家评价的要求，不是现场评价，现场评价只能加剧咨询"走过场"的现象。对咨询专家的评价应该通过咨询结果价值来体现。因此，一般只能事后评价。当然，通过长期实践公认的优秀专家，这种"事后"指为企业多年服务的"事后"，可以直接纳入专家短名单。

4.4.6 短名单制度：采购实体可依据项目需要，从本企业在职或离退休专业人员中选拔聘用若干专业的常用咨询专家，建立专家短名单；本企业内部专家参与采购咨询服务的工作量，应纳入其工作绩效考核体系；专家短名单应保持稳定性，企业可根据项目需要和专家条件的变化，进行必要的调整。

【释义】

本条是对咨询专家库建设的补充，在一些复杂项目的采购活动中，需要有一批采购领域的高级专家组成专家库短名单，短名单的专家除了德高望重外主要是具有评审采购项目的真才实学，能够给采购人提供有价值的咨询建议。

本条规定，本企业内部咨询专家在采购活动的工作应纳入企业绩效评价体系，即该咨询的工作成果应当视为其考核工作量并和个人收入等挂钩。在实践中，有些企业规定依照评审项目给咨询专家发放适当的评审费，属于咨询合同报酬；有些单位将其作为工作量计入其考核任务，属于工作任务安排。总之，对专家工作的评价应当遵循权利和义务对等的原则，虽然该项工作属于本单位的范畴，但毕竟不一定是其核定工作岗位的任务，同时还要承担相应的责任，因此，给付专家适当的报酬是应该的。

本条规定短名单不搞"终身制"，在发挥短名单制度优点的同时，注意防止"评审常委"可能产生的弊病。对短名单的调整，一是由于项目需要，二是由于专家条件的变化，如绩效评价不合格，群众反映强烈的专家；或年龄偏大，身体条件难以承担工作需要的专家。专家年龄一般不应超过70周岁（具有一定社会影响且身体健康的高级专家除外）。

5 采购战略管理

【概说】

采购战略（Procurement Strategies），指的是企业通过分析自身的采购需求、市场状况、竞争状况和采购品类的变化来制订的，基于现实和未来的、指导采购工作的长远规划。

如果说，通常国有企业采购管理关注的是降低采购价格、防范腐败、提高采购流程效率，采购战略则着眼于建立并提高采购方对供应方的影响力，创造新价值或降低整个供应链的总成本，驱动供应方技术革新和产业升级，提升供需双方甚至多方总体效能，确定并维护与供应商的关系层级和合作路线。

采购战略的主要内容包括三个方面，即资源战略、供应商战略以及采购控制战略。

本章针对以上三方面对采购战略管理作了原则规定。

从企业发展期望的角度来看采购战略表现为一种计划；从供应链系统的视角来看，采购战略表现为一种定位；从企业市场竞争角度来看，采购战略则表现为一种策略。因此，企业采购战略的制定，是以企业整体发展战略目标为中心，经过业务需求分析、经营策略和目标确认、供应市场细分，并结合内外部环境、优势劣势、未来挑战、企业战略方向及供应链中的角色定位等因素分析，形成采购战略方案。换言之，采购战略规划（方案）是为企业发展战略服务的。

采购战略规划（方案）的制订原则主要包括全局指导、目标明确、分段分步、便于实施等。其涵盖的内容主要包括企业领导力、社会价值实现、合同关系管理、战略风险管理、技术创新及信息化工具开发等内容。

（1）企业领导力是企业决策者和采购决策者或者采购部门高级管理人员，在参与采购决策时，依据供应链的角色定位和议价能力，分析企业在供应流程中的价值链增值过程，凸显企业核心价值，挖掘采购的价值增值过程，并明确供应链和企业的采购战略，实现企业领导力的提升。

（2）社会价值实现，从商业角度来看，可以概括为企业通过采购战略的制定与实施为社会和环境效益（和价值）的实现或提升所创造的财务业绩或非财务业绩（或两者兼而有之）。具体则是指国有企业采购战略中社会功能的具体表现，包括金融和非金融的影响，如在促进服务社会特殊群体、促进节能减排等方面，所产生的价值和影响作用。

（3）合同关系管理，是企业通过采购战略获取、保持和增加可获利客户的方法和过程。其目标是通过提高客户的价值、满意度、营利性和忠实度来缩减销售周期和销售成本，增加收入，寻找扩展业务所需的新的市场和渠道。CRM（客户关系管理）① 是选择和管理有价值客户及其关系的一种商业策略，CRM 要求以客户为中心的企业文化来支持有效的市场营销、销售与服务流程。

（4）战略风险管理，是针对企业采购实践中对企业发展战略目标、资源、核心竞争力及企业效益产生影响而造成损失的不确定性，而对相应风险做出的识别、评估、控制、应对（回避、减弱、转移、自留）举措，从而避免企业运营、企业资产、企业商誉等方面受到影响。采购战略风险也是影响整个企业的发展方向、企业文化、信息和生存能力或企业效益的因素。

（5）技术创新及信息化工具开发，是指企业为适应数字化、信息化的发展趋势，充分利用"互联网＋采购"的产业新生态，积极创新采购信息化技术工具和采购业务流程，进一步提高企业采购效率，并通过采购战略的实施，为企业采购的智能化发展和智慧化布局奠定基础。

5.1 采购战略

5.1.1 采购实体应依据企业发展战略与供应链战略目标，制定采购战略规划。

5.1.2 采购战略应响应国家政策和宏观发展战略，落实企业发展战略，履行社会责任。

5.1.3 企业的采购战略规划应涵盖采购资源战略管理、供应商战略管理和采购控制战略管理等内容。

【释义】

5.1.1 规定了企业制定采购战略的依据，强调了采购战略与企业发展战略、供应链战略目标的一致性。

企业发展战略，通俗地讲就是研究并决定企业要做什么、做多大、与谁争、由谁争，如何动态转换、优化整顿、多元化、专业化等。所谓供应链战略目标就是依据企业发展战略在满足客户需求的前提下，对整个供应链（从供货商、制造商、分销商到消费者）的各个环节进行综合目标管理，例如从采购、物料管理、生产、配送、营销到消费者的整个供应链的货物流、信息流和资金流，把综合成本降到最低。在这一框架内，采购实体分门别类地针对采购细目确定采购战略。

5.1.2 规定了国有企业采购战略的特殊性，应当体现"共和国长子"的责

---

① CRM：指企业用 CRM 技术来管理与客户之间的关系。在不同场合下，CRM 可能是一个管理学术语，也可能是一个软件系统。通常所指的 CRM，是用计算机自动化分析销售、市场营销、客户服务等流程的软件系统。

任担当，如国产化政策、环保政策、就业政策等；国有企业是国家战略的重要实施主体，在国家安全、国计民生等关键领域不断取得突破。国企承担了很多重大战略工程的实施，比如载人航天、探月工程、国产大飞机等。国企在航天、高铁、特高压输变电等许多领域达到了世界领先的水平。为实现国家战略目标，国企抓住发展机遇，成为"一带一路"建设的主力，央企承担了"一带一路"沿线3116个项目，在基础设施建设中，央企承担了50%左右的项目，合同额超70%。

近五年来，国企营业收入和利润实现了较好的增长，2018年营业收入58.8万亿元，利润总额3.4万亿元，形成了巨大的产业资产，吸纳了6000万人就业。实际上，国有企业的第一责任就是提供高质量、高水平的就业机会。此外，在生产绿色产品、保护环境、节约资源等方面，国有企业也是社会的榜样和国家政策的模范执行者。

众所周知，从采购环节降本对企业盈利的杠杆作用，一般可以达到1:7，甚至更高。2018年全国国有企业资产总额为210.4万亿元，如果国有企业管理上ROA（资产回报率）能增加1个百分点的回报率，就是增加2.1万亿元。全国税收2018年近14万亿元。国有企业资产回报率增加1%就大约相当于中国税收增加15%。因此从这个意义上讲，加强企业采购管理，降本增效体现了国有企业的责任担当。

5.1.3是关于制定企业采购战略规划内涵的要求。以下案例通过三国时代的历史故事对5.1.3作了具体的诠释。

【案例】

采购战略在采购管理中的重要作用[①]
——赤壁之战的启示

一、赤壁之战

公元208年，曹操带军80多万南下，意欲扫平最后两个军阀——刘备和孙权。孙刘慌乱不已，最后决定两家联盟，共退曹军。庞统巧献连环计，将曹操战船连为一片。后诸葛亮先是利用草船借箭，再巧借东风，黄盖假降乘机举起烈火，火烧赤壁，并烧毁了曹操所有战船，毁其精锐，定下三足鼎立之势。

此场战役异常精彩，是三国演义中大大小小的战役里最著名的一场。若从战力上分析，曹操当时的部下有80多万人，而刘备和孙权的兵加在一起有多少呢？"孙权有水军三万""刘备有水军一万"，又加"步军一万"，联军后不过五万人左右，兵力悬殊，所以孙刘恐慌，几乎不可能取胜。但最后却反败为胜，所以堪为经典。

---

① 此文引自微信公众号：原标题为《采购人，不懂采购战略，你为什么那么累？案例分析》发布于2018-12-15，引用时加了段落标题，对个别文字进行了修正。

图 5 - 1　赤壁之战

仔细分析我们不难看出，其中运用了很多精彩的军事战略。

孙权刘备联合（联合采购）；

曹操的北方部下不习水战被利用（供应市场分析）；

佯装投降诱敌深入（声东击西，合作模式的搭建）；

巧借东风火烧连船（借助内外资源）等。

若无这其中一环紧接一环的谋略，此役必败无疑，三国的局面会被扭转。

多谋者胜，战略何其重要。

二、战略的定义

战略：一种从全局考虑对如何实现全局目标进行的规划，战术只是实现战略的手段之一。那么采购战略就应该为：为了完成采购目标，从全局考虑而进行的规划，是指引采购活动有效而合理进行的一种方针。

采购活动中重要的参与对象有采购方和供应商方，采购的目的简而言之就是为企业寻找一定时期内最佳的供应商合作伙伴。合作双方均为独立的实体企业，都有自己的利益点所在。如何在合作中找到最佳的配合方式和有利于双方的合作点，这就涉及博弈，有博弈就有摩擦，把商业活动比喻成商业战场也并不为过，只不过这是一个无硝烟的战场。在这个战场中，如何能准确定位双方的优劣势，不产生无谓的损耗，正确布局和规划就显得极为重要了。而不讲究采购战略，一味地追求暂时的输赢是目光短浅的做法，无法支撑企业站在最后的制高点。所以采购战略几乎是每一个采购管理人员都经常挂在嘴边的词，都熟知其重要性，听起来也很"高大上"，但是"高大上"的东西也很容易腾空落不了实地，比如只停留在喊口号的层面，并没有真正深入推行下去。

三、成熟的采购战略

成熟的采购战略应该是上能承接企业发展战略，下能指导各部门的工作。不同的企业发展阶段会有不同的企业发展战略，采购战略也应随之而调整。

从企业的角度出发，处于起步上升期的企业重心一般是在如何快速占领市场和创造好口碑，此时企业的采购部门一般不会以成本为核心，而是更注重供应商的研发配合能力以及质量控制水平。企业发展接近稳定期时，当市场已经积累到了一定的规模后，这个时候的采购战略应该是如何与供应商一起优化成本，让企业能够开源节流，还有如何维护与优质供应商长期的合作关系，如何提升供应商与企业之间的黏性等，从而让企业实现长远发展。如果企业不幸进入衰退期，那么如何稳定与供应商的关系进而实现成功转型应该是采购战略制定时应该考虑的。如果按照项目发展的进程来考虑，不同项目阶段的采购战略都要重新规划。

从供应商的角度出发，一个好的采购战略一定要结合供应商的实力和所处供应市场的环境来考量。供应商本身的实力有差别，能提供的产品和服务会有差异，他们所处的供应市场地位不一样，那么采购方与其合作模式也是有差别的。

比如：

（1）对于在市场处于垄断地位和完全竞争环境下的供应商，企业所采取的采购战略是不同的，一个需要注重与其合作保证生产，同时培养替代供应商；另一个则需要注重其成本、质量、交付、库存等能力的考核。

（2）对于同样处于完全竞争环境下的供应商，但若其实力不一样，采取的采购战略也是不一样的。对于实力强的供应商可以考虑新品研发方面的合作，因其反应能力会更快，同时考核其成本优化空间。对于实力较弱的可以重点管理其质量和交付等，与其合作相对成熟的产品。

同时，也需要监控供应商在配合过程中的表现，这些都会影响采购战略的制定。

所以，引申出另外一个观点，采购战略是随着内外环境而动态变化的，有一定的周期性。一般而言，采购管理人员实时调整或重新规划采购战略最长的周期间隔不应超过一年。比如，在年初或年尾时应该准备好下一个自然年的采购战略，或者在新旧项目交替的时候准备好相应的采购战略。

四、采购战略和企业发展战略目标的一致性

从流程角度来讲，确定企业采购战略大概可以分为以下几步。

（1）企业发展战略梳理：明确企业的发展方向。

（2）采购物品分析：分析各品类的特点及其差异化的表现。

（3）供应市场分析：供应商在供应市场的位置（垄断/竞争等）；供应市场未来发展趋势。

（4）供应商实力分析：各供应商的优劣势分析以及供应商的合作意愿。

（5）企业内部关联部门梳理：综合其他供应商管理相关部门的管理重点。

结合以上信息，从而进行第6~7步。

（6）新供应商：约束新供应商选择开发的范围和重点，确定与新供应商的合作方式等。

（7）现有供应商：不同类别供应商的日常管控标准、现有供应商的考核重点、现有供应商的优化方向、现有供应商竞争模式的搭建等。

（8）执行及反馈：采购活动中对战略的执行，定期反馈及调整。

其中，第1~4步是采购部门对内外环境信息或大数据的分析提炼，这些环节尤为重要，不能轻视。获取信息的完整性及分析的准确度将直接影响第 5～7 步中决策的准确性。在信息的分析提炼中，我们可以采取大数据分析法或者专家意见法。

——大数据分析法：根据历年累积的供应商表现数据或者市场反馈的数据进行汇总分析，找出其规律以预测接下来可能出现的变化。

——专家意见法：通过资深采购专家给出的意见对未来的变化趋势进行预判。

若能将两者结合在一起使用，分析将会更完善、更全面。

从第 1 步到第 7 步，步步为营。并不是只在制定采购战略的时候才去考虑如何走这几步，反而日常的工作观察和积累更为重要。在采购活动中，潜移默化的一些采购方式，深究起来，其实都是某一种采购战略的表达式，比如集中采购、全球采购、JIT① 采购、研发前期渗透采购、竞争性采购、委托代理采购、渠道采购等。厚积而薄发，平时认真思考和观察才能在关键时候亮剑。

一个只有战术而没有战略的军事指挥官是不合格的，同理，一个采购管理者也要懂得战略和战术的结合。在"战争"开始前，谋略先行。采购战略形成后可以渗透至采购的核心工作流程、供应商选择及考核、采购员的 KPI 考核② 等工作中去。对供应商的管理工作和内部成员的管理工作均意义非凡。

五、产品战略和供应链战略的一致性

1997 年，马歇尔·费舍尔（Marshall Fisher）在《哈佛商业评论》发表文章③阐述了产品战略和供应链匹配的关系，创新路线的产品应配置快速响应供应链，其核心是供应链的灵活性，意味着高成本；低端功能性成本路线的产品，应该选用高效供应链，其核心是供应链的低成本。

功能性产品需要经济型供应链，创新性产品需要响应型供应链，供应链的主要区别如表 5-1 所示。

表 5-1　　　　　　　　经济型供应链和响应型供应链的区别

	经济型供应链	响应型供应链
主要目标	针对可预测性较高的需求； 最低成本	针对不可预见的需求； 快速响应，减少缺货、打折和过期库存

---

① 准时制生产方式（Just In Time 简称 JIT）：又称作无库存生产方式（stockless production），零库存（zero inventories）生产方式。

② KPI 考核：Key Performance Indicator 的缩写，指的是关键绩效指标考核法。按管理主题来划分，绩效管理可分为两大类，一类是激励型绩效管理，侧重于激励员工的工作积极性，比较适用于成长期的企业；另一类是管控型绩效管理，侧重于规范员工的工作行为，比较适用于成熟期的企业。

③ 引自 Marshall L. Fisher，《你的产品需要什么样的供应链》（*What is the right supply chain for your product?*），刊于 1997 年《哈佛商业评论》。

续　表

	经济型供应链	响应型供应链
生产焦点	保持高水平产能利用率	保持一定缓冲产能
库存战略	高库存周转率； 供应链各阶段低库存水平	大量缓存库存（零件或成品）
交货周期	不增加成本的同时，尽可能缩短交货周期	投入大量资源，以各种方式缩短交货周期
供应商选择	成本和质量	速度、灵活性和质量
产品设计战略	最大化性能； 最小化成本	模块化设计、尽可能延后产品差异化

应当说明的是，即使是功能性产品，当新产品导入时，也经常以创新性产品的形式出现；创新性产品随着生命周期的推进也难免大众化成为功能性产品。产品的属性变化较快，但供应链的调整比较刚性。采购部门可以采取以下办法满足两者的适应性。

（一）差异化供应链管理

在功能性产品的供应链管理中，基本流程、系统都是围绕量产确定的，在新品开发阶段的寻源阶段，应按照响应型供应链进行调整，成立专门寻源小组，尽快满足新品需要的快速响应，成本是第二位的；在量产阶段，低成本是采购目标，因此，两阶段采购经理应当由同一人担任，有利于实现采购目标，降低企业总成本。

（二）分散经营管理

有些企业规模较大，有创新性产品也有功能性产品，难以统一到一个供应商库，如华为，原来的主打产品是电信设备，设备类产品配置多，市场可预测程度低，需要响应型供应链来支持；后来开发了手机产品，手机产品需要经济型供应链来匹配，华为就成立了终端公司围绕手机构建合适的供应链，实现企业利益最大化。

（三）关停并转

有些企业，为实现企业利益最大化，在发展到一定阶段后放弃部分业务，如计算机行业的 IBM，原来的响应型供应链太贵了，没有成本优势，就退出 PC（个人计算机）市场，专注高端创新性产品的研发，如高端服务器，实现产品战略和供应链战略的匹配。

我国的华为和联想发展战略就体现了这种一致性。联想对研发的投入微不足道，华为对研发投入巨资，两者没有对错之分，都是尽可能保证产品战略和供应链战略匹配。华为投入巨资追求产品的差异化，联想不断挖掘供应链追求经济性。同理，苹果昂贵的响应型供应链保证手机做得最好，小米的经济型供应链保证手机做得足够便宜。

5.2 资源战略管理

5.2.1 采购实体宜组织销售、技术、生产、质量等跨部门的采购战略研究团队，依据风险、复杂度维度和价值维度等诸因素的相关性对采购品目、细目进行分类管理。

5.2.2 采购实体宜依据采购品目、细目的分类制定相应采购战略。

5.2.3 采购实体应依据供应链需求部署实施品目、细目采购战略。

示例：如确定某品类属瓶颈供应类，对该类供应商纳入合作类供应商管理并部署替代供应计划，确保供应安全。

【释义】

制定采购战略的程序：分类与分析，按照采购品目、细目确定战略并付诸实施。其中，5.2.1 和 5.2.2 列示了分析的相关因素。

制定资源战略是整个价值采购的基础，是以企业总拥有成本（TCO①）为核心，从发现机会、实现价值到保持成果并不断发现机会的循环管理过程。

资源分类矩阵、采购战略因素矩阵、SWOT 分析（态势分析）工具是制定采购战略典型的分析工具。

5.2.3 规定了采购实体部署和实施分类采购战略的职责要求。

一、关于品目和细目

企业标的一般划分为品目或细目实施采购。

在市场交易中，为满足某种需要，采购实体根据一定目的，选择适当的分类标志或特征，将商品集合总体科学地、系统地、逐次地划分为不同的大类、中类、小类、品类或品目、品种以及规格、品级等细目。在实物形态的货物类交易中，品目是细目的集成。但在工程或服务中细目既包括实物形态也包括非实物形态的"商品"。

二、资源分类矩阵

企业采购品目或细目的编码是分类制定资源战略的基础。在此基础上，采购实体依据风险和复杂度维度以及价值维度（卡拉杰克模型）对采购标的进行分类并确定采购战略。

在品目或细目分类中，过于复杂的维度会给物料分类造成一定的难度。因此一般可以将物料的一些主要分类因素全面地归纳为风险和价值两个维度。风险维度涵盖如下因素：采购一旦中断对企业造成的影响；采购物料设计的成熟

---

① TCO（Total Cost of Ownership）：指总拥有成本，包括产品采购到后期使用、维护的成本。这是一种公司经常采用的技术评价标准。

度和制造、服务、供应的复杂性;企业在采购该类物料方面的熟练程度以及供货市场的市场供给能力、竞争性、进入壁垒、供应市场范围、供应链复杂性等方面的因素。

价值维度体现的是总拥有成本（TCO）和价格弹性。采购物料细分模型从价值和风险两个维度把企业采购物料分为四类。第一类是高风险、高复杂度且高价值的物料，定义为核心物料，这类物料的采购需要企业和少数关键供应商结成战略性合作关系，实现 TCO 的优化。第二类是高风险、高复杂度且低价值的物料，称为瓶颈类物料，在采购战略实施过程中，对于瓶颈类物料有两种采购办法：一是与供应商形成战略合作伙伴关系，但在对方的积极性不高时，尽量做一个好顾客，采取准时付款、经常性与对方沟通等措施；二是修改自己的需求，将瓶颈类物料转化为其他物料。第三类是低风险、低复杂度且高价值的物料，定义为杠杆类物料。杠杆类物料采购需要扩大寻源范围，通过招标降低总拥有成本（TCO）。最后一类是低风险、低复杂度且低价值的物料，即常规类物料。这类物料可以通过标准化和自动化的采购流程简化采购过程、降低采购成本，重点应该放在采购管理费用控制方面。

三、采购战略因素矩阵和 SWOT[①]

针对采购战略，美国供应链管理专家蒙茨卡和彼得森总结绘制了采购的战略因素矩阵评价表，如表 5-2 所示。需要指出的是，并不是所有企业的采购战略都需要对表中的各种因素进行全面评价。采购战略的范围和重点取决于企业的环境和成熟度。表中的"★"表示关联评价。

表 5-2 　　　　　　　　　　采购的战略因素矩阵评价表

因素	PESTEL[②]	SWOT	五动力分析[③]	开支分析	战略成本管理	供应商分析	供应商业绩	客户价值	时间	资源	库存	风险	持续性
1. 企业结构和管理	★	★		★						★			
2. 商品/品类策略			★	★		★	★						

---

① SWOT：指一种战略分析方法，通过对被分析对象的优势、劣势、机会和威胁等加以综合评估与分析得出结论，SWOT 分别代表：Strengths（优势）、Weaknesses（劣势）、Opportunities（机遇）、Threats（威胁）。

② PESTEL 分析模型：又称大环境分析，是分析宏观环境的有效工具，不仅能够分析外部环境，而且能够识别一切对组织有冲击作用的力量。它是调查组织外部影响因素的方法，其每一个字母代表一个因素，可以分为 6 大因素：政治因素（Political）、经济因素（Economic）、社会因素（Social）、技术因素（Technological）、环境因素（Environmental）和法律因素（Legal）。

③ 五动力分析：指供应商动力、买方动力、竞争对手、替代产品挑战和新供应商挑战。是迈克尔·波特首先提出用于评估市场结构的模型。

续　表

因素	PESTEL	SWOT	五动力分析	开支分析	战略成本管理	供应商分析	供应商业绩	客户价值	时间	资源	库存	风险	持续性
3. 供应商整合联合			★	★		★	★		★	★	★	★	★
4. 成本管理				★	★								
5. 采购能力	★								★	★		★	
6. 人才管理	★									★			
7. 全球采购和供应	★		★		★	★	★		★	★		★	★
8. 标准化和复杂性						★			★	★			
9. 可持续性	★	★											★

SWOT 分析示例如表 5 – 3 所示。

表 5 – 3　　　　　使用 SWOT 分析工具对企业环境的分析

优势	机遇
*大多数品类有市场 *强大品牌效应吸引供应商合作 *全球分布 *明确的战略方向 *年轻职工有创新的欲望	*与关键合作商建立关系 *供应商对非关键款项的优化 *利用供应链管理创造的优势 *供应链管理战略供应基地的二氧化碳排放
劣势	威胁
*对企业战略影响有限 *工作量过大 *分散化的结构削弱了一些能力 *有些地区市场不理想 *未能始终成为消费者的理想选择	*来自发展经济体的竞争 *经济衰退带来的成本压力 *人才流失率高 *物流部门的支持有限

5.3　供应商战略管理

供应商战略管理的主要内容参照第 9 章规定。

【释义】

供应商战略管理的重点是组织、流程和系统的构建和运行。

一、为什么应加强供应商管理

在企业采购管理中，供应链的绩效直接取决于供应商的绩效。离开供应商管理，供应链管理无从谈起。不能直接持币购买供应商，只能加强管理，但管理的难度却不断增加。

一方面，伴随全球化和技术发展，供应链管理的跨度、长度在增加，可见度和可控性在提高，受自然灾害、政治危机和金融危机等影响也更大；另一方面，在技术相对成熟的行业，经过多轮的选择、整合，供应商的议价能力增强，管理难度上升，存在供应链中断的风险。因此，如何有效管理供应商就成为采购战略管理的重要问题。

二、如何管好供应商

1. 管理的内容

供应商战略管理的内容，包括战略寻源（选择）、绩效评价和集成管理（管理）等，由本标准第9章规定。

2. 管理的保障条件

（1）供应商管理组织。

在企业采购环节，采购部门和供应商直接打交道，采购部门要求合同价格低；但是采购标的的规格、型号和质量由设计部门决定，供应的数量和时间由生产部门决定，各部门之间的利益诉求就可能不一致。采购部门可能抱怨设计部门要求过高，价格谈不下来；生产部门可能抱怨库存太少，应该多采购一些；设计部门可能抱怨采购的产品不是名牌，会影响质量。这时，就必须要有一个部门牵头协调单位内部利益的平衡，这个部门只能是采购部门。因此，企业应当有一个供应商管理的协调机制，如联席会议制度或专门机构；同时任命有资历、经验和能力的干部担任采购部门的领导，这就是战略采购的领导力。

（2）供应商管理系统。

"系统"指信息系统。没有信息系统，采购金额、供应商份额、地区分布、市场平均价格等相关信息不能沟通，组织就难以协调。目前很多企业普遍应用ERP系统。使用该系统后管理效果就大不一样。信息系统是供应链管理的神经系统。第一，信息系统是供应商相关信息的收集工具；第二，信息系统是相关信息的反馈渠道；第三，信息系统会形成固定的流程和数据，使得固化流程成为可能。

（3）供应商管理流程。

供应商管理通过制度固化流程，可分为两个阶段五个步骤，第一阶段为选择合适的供应商，分为三个步骤：分类、评估、选择；第二阶段为评价、集成供应商，分两个步骤：绩效评价和集成供应商，其中，绩效评价是把供应商管好，集成供应商是让供应商发挥更大的作用。

企业固化供应商管理流程可以避免供应商管理中的"公共草地"现象。

所谓采购"公共草地"现象指企业采购缺乏组织和协调机制，各部门片面强调部门利益，又缺乏统一的信息系统和管理流程，"各吹各的调"，个别人说了算，使供应商无所适从，变成各部门的"公共草地"，其结果是供应商的合法权益得不到保护。为了生存，只能产生两个结果：一是优质供应商大多选择主动退出供应链，造成企业竞争力下降；二是在企业内部找更大的靠山，找靠山就是腐败的过程，"靠山"的干扰影响采购部门的正常决策，可能被迫作出有利于供应商而不利于企业的决定，造成更大的腐败。

因此，供应商战略管理的重点是组织、流程和系统的构建和运行。

管理供应商成功的关键取决于结构清晰、健全的组织，供应商管理是跨部门、跨职能的行为，职能与职能、部门和部门之间分工如果不清，就难以形成合力，也难以有统一的供应商战略，特别是难以应对强势的供应商。统一的信息系统为信息采集、整合、分析、反馈建立了工作平台；在系统的基础上通过制度固化流程，比如，在供应商管理的五个步骤中，采购人员都按照流程严格采集数据，维护数据的准确性，增加决策中的客观因素，就可以防止个人决策的随意性。吸引优秀的供应商的集成加盟，成为企业供应链的组成部分，企业的竞争说到底是供应链的竞争。

5.4 采购控制战略管理

【概说】

采购控制战略也可称为采购策略，或者说采购策略是采购战略的构成要素。

【示例】

采购策略是采购战略的构成要素①

采购策略包括：采购什么、质量、数量、主体、时间、价格、地点、策略选择、外部管理等问题的决定，这些要素的选择构成企业采购战略。

（一）采购什么

"采购什么"面临的最基本问题是自制或外购。具有强大采购实力的组织可能倾向于采取外购战略。采购企业可以大量采购制成品并贴上"自己的标签"。采取该战略是因为采购企业通过大量采购或获得价格上的优惠，或者是采购企业规模大，具有扶持该产品的能力。例如，一家规模很大的个人电脑采购企业可与供应商（制造商）达成协议，以它自己的品牌购买并销售同一批电脑。虽然这不是典型战略，但它有带来收益的可能性，擅长开拓性工作的采购部门会考虑这类战略。

另一个问题是，该组织是采购市场上易得的标准部件还是符合特定需要的部件。标准部件在市场容易采购到，但它们不能带来竞争优势。与此相反，符合特定需要的部件在市场上不易采购，但它们可使该组织的制成品更具竞争力。

---

① 作者何娟，《采购管理策略：采购战略的构成要素》，引自百度文库，2019-04-05。

（二）采购质量

"采购质量"主要涉及产品获得的项目或服务。许多企业已认识到稳定的制成品质量对保持或扩大市场份额绝对必要。为达到这一点，供应商必须提供质量更稳定的原料和零部件；这也会使采购企业的生产成本和厂内质量控制费用明显下降。因此，让供应商更多地了解采购企业的质量要求并帮助它们实施规划以达到预期的结果十分必要。可供采用的三个规划是：

（1）无缺陷规划，这是基本的激励培训规划，它使供应商及其员工相信只能按商定的质量生产和交付产品。"第一次就做好它"远比事后校正要节省成本。

（2）过程质量控制规划，即利用统计控制图表来监控各个生产过程，分离出潜在的问题，并在次品产生之前进行必要的调整（校正）。采购企业要帮助供应商了解必需的统计技术。

（3）质量证书规划，这要求供应商同意按商定的质量标准对货物进行检验，在向采购企业交付货物时要提供质检数据。如果供应商进行必要的出厂质量检查，并且这些检查可信的话，采购企业可不必进行来料检验，从而节省了相关的费用。这一规划方法在任何准时制采购中几乎总是关键要素。

（三）采购数量

"采购数量"指的是全部及每次采购的数量。应当在保证稳定生产和合理库存的平衡边界上决定采购数量，理想的情况是，采购企业与供应商力图查明并消除系统中导致库存存量的不确定性根源，从而减少整个系统中的库存量。可供选择的战略是由供应商持有库存。

（1）由供应商持有库存。

供应商在制成品库存（即采购企业的原料库存）管理方面可能要比采购企业更专业，因为供应商对其经常提供的产品系列的库存管理程序有更多的了解。同时，由于供应商可能在向几家采购企业提供同样的货物，因此它所需要的安全库存量可能会远远小于这几家采购企业的安全库存量之和。这一概念对成功实施系统合同是不可缺少的。从战略角度看，采购部门希望对其所有主要物料的库存状况作出分析，然后与主要供应商达成合伙协议，让供应商同意持有这些库存，并根据采购企业的生产进度需要交付物料。当然，理想的情况是，库存在送往生产线的路上。

其他可选择的战略是准时制采购和托付式采购。

（2）准时制采购。

如果供应商保证能在特定时间、小批量地交付符合商定质量的物料，采购企业可极大地减少其在库存上的投资，享有连续的供应并减少物料收验费用。要做到这一点，需要由采购企业与供应商共同制订长期计划，双方加强合作与理解。

（3）托付式采购（供应商管理库存 VMI）。

有时，供应商可能在采购企业内拥有库存仓库，但由该采购企业控制。采购企业有责任说明从托付仓库中提出库存的用途，支付这部分货款，并通知供应商补充库存。双方定期共同对库存量进行查验。该战略对供应商（保证了销量）和采购企业（减少了库存投资）都有好处，并经常用于分销行业。其他行业也可考虑采用这一方案。

（四）采购主体

指负责采购工作和采购决策的主体。其涉及的内容包括供应职能应该集中在最高管理部门还是交由采购部门来履行，采购职员应具有什么样的素质，最高管理部门在多大程度上参与整个采购过程。其他决策包括物料管理、项目管理和跨职能采购团队的选择问题。

（五）采购时间

"何时采购"与"采购多少"这两个问题是紧密联系的，并要在现有采购和未来采购之间作出选择。关键的战略问题是期货购买和库存政策。在商品方面，存在进入期货市场利用套期保值的机会。

（六）采购价格

价格战略实施的关键是：打算支付高价从而获得供应商的额外服务和其他承诺，还是打算支付低价以取得成本优势，除价格外，还可以采取价格分析、降低运输成本、租赁或外购等战略降低成本。

（1）价值分析/价值工程。

"功能与成本"比较方法在近几十年（始于20世纪50年代）得到了有组织的应用。价值工程以提高实用价值为目的，以功能分析为核心，以开发集体智力资源为基础，以科学分析方法为工具，以最少成本支出取得最合适的产品功能。它的实施需要有统一的组织、严密的计划和时间表及对具体职责分工。

（2）降低运输成本。

取消运输计划管制使得许多新的降低成本战略成为可能，如合同货运服务、单程运输供应商协议、协商费率、协商联运系统、自有运输设备的使用以及第三方物流系统。

（3）租赁或外购。

从生产厂家或第三方（也许是一家金融企业，它从生产厂家那里购买到设备，然后租赁给用户）租赁设备也是降低成本的一个途径。有些情况下，企业可能决定先售出一座建筑或一台生产设备，然后再将它租回。尽管这一战略的主要目的是腾出资金用于别的生产方面（具有较高的收益率），但同时它也会给企业带来很大的收益。这种降低成本战略通常是企业综合财务战略不可分割的一部分。

（七）采购地点

"在哪里"采购，包括当地、地区、国内还是国际采购的选择，选定大供应商还是小供应商，单一供应源还是多供应源采购，选择销售额大的还是小的供应商，以及供应商证书和供应商所有权。

（1）供应商开发。

供应商开发是指采购组织为帮助供应商提高运营绩效和供应能力以适应自身的采购需求而采取的一系列活动。供应商开发是有效降低所有权总成本的战略举措。

其步骤主要包括：①供应市场竞争分析；②寻找潜在供应商；③对供应商实地考察；④对供应商询价；⑤合同谈判；⑥确定供应商等。

（2）单一供应源采购。

传统观点认为，对于主要的物料（或关键物料，而不论其金额多大），要选定两个以上的供应商以保证供应的连续性。然而，多供应源采购对于每一供应商而言采购量相对减少，因此采购企业可能得不到价格优惠。如果在确保可以避免供应风险的前提下，采购企业只从一个供应商那里采购所需要的某种物料，那么就有可能得到价格折扣。另外，采用单一供应源采购战略，一方面会减少交易次数，从而降低采购管理费用；另一方面，由于采购量相对较大，采购企业可享受到由供应商提供的更快、更可靠的交货服务。

（3）全球采购。

在过去的十年中，国际采购活动大大增加，其原因主要有两点：一是国外供应商的设计、生产及销售能力增强；二是制造过程面临降低成本的压力。

全球采购中的主要问题是时间和距离。为了尽可能解决这些问题，采购企业可与国际供应商达成协议，让他们在周边国家从事产品的生产、仓储、经销、维修以及产品支持。由于这些协议是长期的，因此，拟订时需要有意识地采用战略采购方法。

（4）长期供应商预测。

采购企业对供应商的状况和未来大约五年内可能发生的变化把握得越好，就越容易与供应商达成合作协议。采购企业对未来的预测与把握需要供应商的大量合作并提供有关信息。采购企业需要以下方面的信息：

①有关产品线生产能力的发展计划；

②研究、开发以及设计能力；

③财务稳定性及支持新产品/应用开发工作的能力；

④管理实力与潜力；

⑤技术先进性。如果采购企业与主要供应商达成了长期协议，就为其制定长期战略打下了较好的基础，从而可使按优惠价格采购物料得到保证。

（八）策略选择

（1）长期战略合作。

达成5年以上长期的供应合同会使供应商和采购企业双方的经营具有相互依赖性。这就要求双方对计划和进度进行严密的协调与监控。对采购企业来说，此战略优势是：更强的供应保证与稳定性、更多的供应商设计支持以及通常较低的采购价格。供应商的经营稳定性得到了保证，从而有利于其降低长期成本。这会刺激供应商去开发生产某一产品（供应商开发）。在此类战略合作作出决策之前，必须对成本、优势及风险进行长期预测。

（2）供应环境预测。

由于通过合并与收购产生联合大企业造成的供应不确定性和世界的地缘政治形势，许多企业预测供应环境的变化变得至关重要。如果采购部门通过对市场状况进行深入研究，预测出未来供应变动趋势，那么就可以及时采取措施，从而找到以合理的成本确保供应的方案。

（3）供应商风险分担。

在开发一种新的重大产品，例如新一代喷气式飞机时，需要大量的投资。此类产品的技术极其复杂，只有通过采购企业与供应商达成合伙协议，由双方共同来完成对它的开发。

（4）企业数据共享。

作为达成伙伴关系的一部分，采购企业与供应商一定要达成双方可共享的计划与生产信息的协议。采购企业需要获得供应商的成本数据、生产进度、定价安排、库存情况和交货周期。供应商需要掌握有关采购企业生产计划与进度、物料需求和未来产品及销售计划方面的信息。

（九）外部管理

（1）政府规章和管理。

为解决已觉察到的经济问题，政府要对企业供应决策过程采取特定的经济限制。例如，历届政府都在不断地调整关税及进口限制。如果采购活动要符合法律规定并利用总在变化的经济可能性，那么任何采购战略都必须在整个框架内制定。

（2）产品责任。

企业采购决策过程中对产品安全和产品责任问题进行了更多的考虑。当企业与供应商以及自己的工程、制造和销售部门协同运作时，潜在的财务风险已经增加，必须在长期采购战略中把这一额外法律风险考虑进去。从战略角度考虑，采购企业希望借助法律咨询把产品责任转嫁给供应商，把由产品责任诉讼带来的财务风险减至最小。采购部门也必须考虑与各种物料采购相关的潜在风险并向本企业中其他部门发出预告。

（3）环境保护。

企业对保护环境（空气、水、土壤）应负的责任已引起人们的极大关注，各种环境保护措施及规章相继出台。这迫使供应商和采购企业不得不在产品和服务以及经营方法上作出许多调整。例如在制造业，供应商的总体数量减少了，一些供应商的产品线也作了相应的调整。

在 20 世纪的七八十年代，制造商和环境组织在零排放这一概念上存在分歧。然而，当前的一些环境管理研究将污染防治与全面质量管理相比较，二者都基于消除浪费和可持续发展的概念，将实际的生产过程与用来消除污染的净化操作系统相结合，而不是在生产结束后过滤或净化。正如无缺陷活动要求无缺陷制造一样，零排放规划要靠设计出消除污染物的工艺来保证。

企业在制定战略时要充分考虑如何实现可持续发展的问题。企业不能为了短期的经济利益而牺牲未来的生活质量。1999 年《哈佛商业评论》报告 "*Bringing the Environment Down to Earth*" 称：管理人员应该走在 "这些投资是为了环保吗?" 这类问题的前面，并建议通过将环境管理与企业战略相结合，企业就能形成竞争优势。

为实现可持续发展，企业必须决定研制什么样的产品、采用什么物料以及怎样进行包装。产品的生命周期费用应该包括该产品对环境影响产生的相关费用，如掩埋费用、可能的法律罚金以及用于处理空气或水质量下降问题的费用。

采购部门在同本企业其他部门制定综合采购战略时，一定要把这些限制考虑进去。下面的一些举措可能会成为长期战略：

①调整供应商基地；

②重新设计产品使得某些物料具有可替代性；

③开始制造以前要全部外购的某些零件。

（4）废物处理。

在大多数企业中，采购部门总是负责对制造过程中那些无经济价值的残余物（废物）进行处理。然而，生产过程中，在物料和技术方面出现了一些变化，许多废物在自然界中是有毒的，需要专门的处理程序。政府应该制定法规来管理废物运输及处理程序。如果某个企业产生了废物，采购部门就必须在其综合处理战略中对环境保护的特殊要求和有毒物料进行考虑。

5.4.1 采购策略管理

采购实体宜依照企业采购战略制定采购策略，采购策略宜包括：

——采购管理政策；

——采购管理目标；

——企业工程、货物、服务采取的采购组织形式、采购方式、定价方式；

——资金结算方式；

——采购周期；

——库存策略；

——订货策略等。

【释义】

采购实体应依照国家政策、宏观经济、行业发展、技术发展以及外部资源市场、供应商关系等因素，在充分调研预测分析的基础上制定采购策略指引清单，指导企业采购。

采购策略是为了达成采购目标，根据所采购产品或服务的形态、市场变化情况等因素，制订符合企业和品牌发展战略的应变方针与方法。采购策略是战略管理的具体化，是在资源战略管理、供应商战略管理基础上对企业采购活动的行动指南。

采购策略应随着外部环境、供应商关系、产品变化进行调整，一般应以年度为限。

某企业年度物资采购指南示范如表5-4所示。

表5-4　　　　　　　　某企业年度物资采购指南（简表）

	物资品类	采购主体	采购组织	分类	采购方式	资金支付
	—	总部、二级公司…	框架、集中	战略、常规	招标、竞价、谈判、直接采购…	支付时间、支付方式
一	石化产品 1.（细目） 2. 3.…	示例： 总部	示例： 总部集中	示例： 战略	示例： 公开招标	示例： 先款后货； 现汇
二	线路器材 1.（细目） 2. 3.…	示例： 二级公司	示例： 区域集中	—	—	示例： 货到付款； 三个月承兑
三	钢材 1.（细目） 2. 3.…	—	示例： 框架协议采购	—	示例： 竞价	示例： 延期支付； 六个月承兑
四	金属制品 1.（细目） 2. 3.…	示例： 三级公司	—	—	示例： 直接采购	…
五	混凝土采购 1.（细目） 2. 3.…	—	—	—	—	—
…	…					

5.4.2 年度采购规划

采购实体宜制定年度采购规划，采购规划宜包括：

——企业年度采购任务；

——供应商优化计划；

——采购组织和方法优化计划；

——采购管理质量目标；

——采购人员素质标准；

——年度采购时间节点（预）安排。

示例：采购组织和方法优化指标包括集中采购比例、框架协议采购比例、网上采购比例、绿色采购比例等。

【释义】

如果说企业物资采购指南一般属于集团公司管理层次，年度采购方案或计划则是采购执行部门的行动计划，也是企业采购管理部门对企业采购执行部门考核的内容。

【示例】

企业采购年度规划示范（见表5-5）

表5-5　　　　　　　　　企业采购年度规划示范

	考核项目	指标	主要被考核单位	协助单位	考核牵头处室
一	供应商优化指标	%			
1	年采购成本降低幅度		示例：采购部	设计院…	综合部
2	BOM外购比例				
3	标准件比例				
4	BOM供应商数	家			
5	供应商早期介入比例				
6	ISO 9000认证供应商比例				
二	直接上生产线指标（如需要）	%			
1	来料免检比例				
2	平均交货批次准时率				
3	平均交货周期	天			
4	JIT供应商比例				
三	采购组织和方法优化指标	%			
1	集中采购比例				
2	框架协议采购比例				

	考核项目	指标	主要被考核单位	协助单位	考核牵头处室
3	招标采购比例				
4	网上采购比例				
5	绿色采购比例				
四	采购管理质量指标	%			
1	管理现代化程度（ERP）				
2	供应管理比例				
3	废弃材料比例				
五	采购人员素质指标	%			
1	采购人员本科以上学历比例				
2	采购人员年培训时间	小时			
3	采购人员轮岗比例				

5.5 采购人才战略管理

【概说】

采购人员培训在采购管理制度建设中具有重要战略意义。采购人才的培养既是企业采购实体的日常工作也是提高企业采购能力的战略任务。

由于采购对企业利润有重要杠杆作用，采购人员往往很关注交易过程中通过竞争降低合同成本并引以为豪。但是，有专家[①]认为，"仅仅关注'交易'"是目光短浅的表现，因为这将分散人们对采购战略性地位的注意力，即其对长期竞争优势的影响。采购是通向供应商基地的门户，能带来创新、技术和通往新市场的途径。认识不到这一点，是重大的疏漏。因此人才培养管理虽然不是企业采购战略管理的本质内涵，但关系到企业战略发展，本标准将其列入战略管理章节。

5.5.1 人才发展战略

采购实体应配合人力资源部门制定与企业发展战略规划相匹配的采购人力资源发展规划。

5.5.2 岗位设置

企业宜设立采购工程师或采购专员岗位，采购工程师岗位宜保持适度稳定；可实行采购人才评级、晋级管理制度；不同专业等级的考核办法可由行业协会

---

① 卡洛斯·梅纳、罗姆科·范·霍克、马丁·克里斯托弗：《战略采购和供应链管理：实践者的管理笔记》。

或企业制度规定。

示例：××细目管理工程师、××段位采购工程师等。

5.5.3　职业培训制度

采购实体应建立针对采购人员的职业培训、在职教育与评价的制度：

——通过学校教育、专业培训、岗位轮换提高采购人员的素质，并制定职业培训和在职教育年度计划；

——采购人员上岗应通过必要的理论和技能培训；

——采购人员上岗后，应定期接受在职培训、轮训，提高业务水平和综合素质。

5.5.4　技能评价

采购实体宜通过行业协会或企业组织的采购职业能力认证或相关水平评价考试，对采购人员进行技能评价。

5.5.5　绩效评价

采购实体应按第10章进行采购人员绩效评价。

【释义】

一、人才发展战略规划

企业是人运作的，企业的转变也是由人主导的。企业采购从"小采购"向"大采购"转变，人才的培训是关键。换句话说，企业的竞争说到底就是人才的竞争。因此制订企业人才发展战略规划是企业发展战略的重要组成部分。

5.5.1要求采购实体配合人力资源部门制订与企业发展战略规划相匹配的采购人力资源发展规划。即人才发展战略规划的制订主体是人力资源部门，采购实体应发挥其专业优势协助人力资源部门制订符合采购专业需要的人才发展规划，包括引进人才、开发人才、培养人才和使用人才等；建立科学的选才用才机制；建立正确的用人机制，创造激励性的工作平台；充分发挥人才型员工的积极作用等相关内容。

人才发展战略包括引进人才和培训现有员工两方面路径。

采购实体应结合企业实施大采购战略的需要引进企业急需的关键人才。首先，应制定明确的选聘标准来引导整个人才引进工作，重点引进尖端人才、复合型人才、创新型人才、管理型人才。其次，拓宽人才引进的渠道，丰富人才引进的途径。①利用媒体、网络、人才交流中心以及猎头公司等多种渠道进行招聘；②定点与高校的就业中心联系，采取推荐或委托培养等方式，广纳贤才；③在集团公司内部，对优秀的员工进行岗位调整，在内部形成推荐、竞聘的方式，使内部优秀员工得到晋升；④采用内部员工引荐的方式。通过引进补充现有采购队伍，实现采购工作的战略转变。

采购实体对现有员工的开发、培养等相关培训办法由5.5.3规定。

二、关于采购工程师或采购专员的岗位设置

在采购实体设置采购经理人制度是国外现代企业管理的基本制度，是"大采购"活动的基础保障。但是由于我国外部环境条件还不完备，法律制度、道德环境和市场秩序等生态环境还有待完善，比如没有建立公务人员财产公示制度，在赋予官员权利的同时缺乏有效监督手段，容易滋生腐败。因此该项制度的建立和推行还需要时间。

为推行"大采购"制度，降低企业总成本，提高企业竞争力，国内有些企业已在采购部门试行建立采购工程师岗位、采购细目工程师岗位、采购专员岗位（统称采购专员）等制度。总结这些企业的经验，标准 5.5.2 规定："企业宜设立采购工程师或采购专员岗位，采购工程师岗位宜保持适度稳定；可实行采购人才评级、晋级管理制度；不同专业等级的考核办法可由行业协会或企业制度规定。"

三、国有企业人才培训制度化

5.5.3 规定了对现有员工培训的三个路径，包括引进人才在内也有继续受教育的需要。在"小采购"活动中，采购实体主要是忙于订单的招标采购，采购人员熟悉招标采购法规和规章制度就是称职的采购员工；但在"大采购"活动中，即使是获得"招标师"资格的采购人员其知识结构也难以满足"大采购"任务的要求。因为在"大采购"中，采购管理的对象从订单管理上升到供应商管理，任务也从价格谈判、签订合同延伸到供应商评估、选择、管理以及把供应商纳入早期设计阶段、降低企业总成本阶段。在职业认证上，ISM（美国供应管理协会）也从注册采购经理向注册供应管理专员（CPSM）过渡。采购本科专业所学的专业课包括：采购供应管理、供应管理、供应商管理、采购洽商、项目采购、采购合同管理、库存管理、商品检验与质量认证、卓越采购绩效系统、供应链管理、质量管理 11 门课程，采购专员在协调采购需求、管理供应商、引导供应链管理方面需要学习的知识，除了上述书本知识外，有资料①认为采购专员至少还应具备以下方面能力：

（1）鉴别、发现商业需求潜在作用的能力。

（2）把功能型专业知识看作入门的基础。

（3）优秀的内部协同能力②。

（4）有根据不同商业需求进行不同日程安排的灵活性，以及无论商业需求有何不同，仍能使既定日程按计划进行的灵活性。

（5）有通过参与过程，而非使用权力和地位推销"想法"的能力。

（6）坚守企业价值，将"用户第一、价值第一、不计名利、不断学习、永不自满"作为座右铭。

---

① 卡洛斯·梅纳、罗姆科·范·霍克、马丁·克里斯托弗：《战略采购和供应链管理：实践者的管理笔记》。

② 该书中译文为："集中服务同事需求，而不是采购部门价值驱动。"

四、未来采购部门的人才

在经济全球化的社会背景下，企业社会责任（CSR）已成为核心竞争力的重要组成部分，成为继价格、质量竞争之后衡量企业实力的重要标准之一。企业要想在更高层次和更广范围内参与国际合作与竞争，就必须模范履行社会责任。随着采购的活动扩展到CSR，采购人才管理供应商关系和促进创新等领域的能力就显得尤为重要，采购人才需要具备降低风险等不同的行为技能。其中，重要的技能包括：以开放的态度向供应商学习；为商业问题创造性地开发（备选）解决方案；以特使的身份（供应商辅导员）在供应商中推销展示企业；具有远见卓识，能够想到使公司脱颖而出的途径；能够结合供应商的市场情报赢得客户、制定战略性目标、拓展关系及提高供应商的参与能力。

【示例】

英国萨里都学院培养采购人才①

通过把人才培养放在首位，萨里都学院把采购部门视为人们最想进入的部门。不仅投资和培养采购人员，而且确定对关键的利益相关人进行投资，保证整个董事会都明确采购部门的目标。

2011年，当学院对采购服务进行完整的策略审查时，意识到通过改进合同和供应商管理能够产生更高的效益。应用培训需求分析的方法后，学院制订了针对每个采购团队成员特点的、更加个性化的发展计划。把这些结合起来就能形成这个部门员工发展的多重方法，并吸收采购人员、利益共享人以及供应链主管。培训计划每年评估两次，并且每个明确的职业都会为每个职能部门颁发皇家采购与供应学会级别证书。另外，员工可以进入辅导和指导系统。

为了改善供应商关系管理，学院开启实施"解决方案"，通过外部专家与小组合作与关键的供应商保持合作关系。当局的"星系"培训计划会用结构化的方式与利益共享人和供应链主管共同合作，提高整个企业对采购的认知并建立更加坚实的关系。

关于实习生，萨里都学院与伦敦城市大学共同开设了专门的课程，并提供了一个为期两年的一揽子培训计划，合格的人将获得英国皇家采购与供应学会4级证书，此计划吸引了200多个求职者，其中3个被录用。同时，学院同公有和私有部门的8个企业来制定采购经理的资格标准。现在这些学生的能力已经超越了这个标准。

这些努力成果显而易见。2007年有7个团队成员获得英国皇家采购与供应学会证书。目前持有资格证书的人数已达到42人，并且经英国皇家采购与供应学会授权的人数已经占到采购团队的85%。因为获得了新的能力，采购团队的

---

① 卡洛斯·梅纳、罗姆科·范·霍克、马丁·克里斯托弗：《战略采购和供应链管理：实践者的管理笔记》，引用时有删节。

收益已经远远超过上年同期水平，其美誉远扬，员工参与到多种合作的采购实践中。萨里都学院的采购系成为雇主的首选。

【示例】

中交建供应链知识培训体系建设①

针对供应链管理以及采购管理人才匮乏的问题，中国交通建设股份有限公司（以下简称"中交建"）建立了符合企业要求和特点的POCAS——采购人员能力评估系统。

一、供应链知识体系的内容和创新

中交建供应链知识体系的内容从操作、策略、拓展三大层级进行划分：A——基础课程（操作）、B——中级课程（策略）、C——提升课程（拓展）。另外，此体系包括16门课程所涵盖的1500个知识点，可根据培训需求任意节选成高级综合课程，故此称"16＋X"知识体系。供应链知识体系的创新点是在应用POCAS（采购人员能力评估系统）进行能力扫描的基础上，为供应链有关人才匹配针对性的提高课程，从而提升其全面的供应链管理能力。还将通过专业化的学习和锻炼，培养中交建供应链管理内部的讲师，不仅可以节约人才培养成本，还可以将理论和实践更好地结合。

二、POCAS——采购人员能力评估系统的内容和创新

欧美专家一直认为，以员工持续产生高绩效所需要的关键行为为核心的任职资格标准，最能客观评价任职者的胜任程度。中交建在借鉴欧美模式的基础上，设计了独特的POCAS模型，此套中西合璧的系统可为公司在以后的管理活动中，更加高效选人、用人和育人提供客观、科学的依据。

（1）该体系是依据企业发展战略需要建立的，对采购人员职类、职种进行清晰的分类、分层以及对各层级类别采购人员需要的知识、技能、行为素养标准测评及应用的战略规划。

（2）本系统有三大特点：第一促进人与制度进步；第二视觉创新；第三体制创新。

通过应用该系统对供应链采购人员岗位能力进行评估，将员工能力进行量化，识别能力短板，并与正在建设的CIPC（注册国际心理咨询师）知识体系进行匹配，对能力短板进行有针对性的培训，迅速提高员工能力和水平。

此系统可以使企业不同类型的员工拥有自己的职业"段位"，以及不断提升"段位"的机会，帮助员工达到职业行为的规范要求，不断走向职业化产生高绩效。

---

① 王燕、李贞伟：《中国供应链发展报告（2019）》中《建筑企业供应链知识体系创新与应用研究》（有删节）。

6 采购活动实施管理

【概说】

依据企业采购战略，采购部门接到采购任务后实施采购活动。本标准对采购需求管理、采购计划与预算管理、采购组织形式和采购方式管理、采购范本管理、采购信息管理、采购质量管理、采购风险管理、采购验收管理、采购合同管理、采购结算与支付管理、采购文档管理等主要环节作了规定。其中采购质量管理、采购风险管理、采购合同管理等贯穿供应链全过程。采购环节的相应管理是管理系统的组成部分，相关条款的规定，一是要清晰采购部门在系统中的位置和关系，二是要规定采购环节在该系统的独特作用和主要环节，力求清晰边界，把握重点。

此外，考虑到企业采购管理的需要，本标准将采购组织形式和采购方式管理、采购信息管理、供应商管理作为独立章节另行规定。

采购活动实施管理是企业采购的重要环节，同传统采购不同，现代采购管理要求企业采购部门在采购实施中确定采购需求、评估供应商、选择供应商、履行采购程序、签订合同、管理供应商绩效评价确保以合适的成本保质保量地获取资源。从时间跨度上，采购管理向前延伸到设计和新产品开发，向后延伸到产品的生命周期结束；从影响的对象讲，采购管理影响公司的资产、现金流等管理，影响企业的盈利。因此，企业实施采购活动是团队的活动，需要团队分工协作。一般规定是采购团队工作的指南。

6.1 采购需求管理

【释义】

需求管理是企业采购管理最重要的前置工作。由于牛鞭效应[①]的影响，采购需求预测的结果是相对的，需要不断修订完善。

采购需求的结果应当完整、明确，包括以下内容。

（1）确定的需求结果应实现的功能或者目标，以及为落实政府采购政策须

---

① 牛鞭效应：指供应链上的一种需求变异放大现象，是信息流从最终客户端向原始供应商端传递时，无法有效地实现信息共享，使得信息扭曲而逐级放大，导致需求信息出现越来越大的波动，此信息扭曲的放大作用在图形上很像一个甩起的牛鞭，因此被形象地称为牛鞭效应。

满足的要求。

（2）确定的需求结果应执行的国家相关标准、行业标准、地方标准或者其他标准、规范。

（3）确定的需求结果应满足的质量、安全、技术规格、物理特性等要求。

（4）确定需求结果的数量、采购项目交付或者实施的时间和地点。

（5）确定的需求结果应满足服务标准、期限、效率等要求。

确定采购需求需要企业各部门通力合作。本节综合管理条款依据"大采购"的理念对采购执行部门/机构在需求管理中明确了更重要的责任，在专项管理条款中针对国有企业的特殊属性须承担的义务作了必要的规定。

6.1.1　采购需求的日常管理

6.1.1.1　采购实体应协调企业内部确定采购需求，并提出整合供应商计划和执行方案。

企业内部的协调应至少包括：

——引导企业设计和营销部门协作，安排关键供应商早期参与新品设计；

——协调供应链和营销部门协作，评价需求复杂度造成的成本变化；

——分析企业各部门采购需求，明晰采购目标、确定标的功能、量化技术指标；

——整合优化采购计划，包括标准化、通用化、模块化零部件以及各种劳务外包方案和采购计划。

6.1.1.2　供应商的整合应依据企业采购战略和采购计划在执行采购任务中实施。

【释义】

需求决定供应，需求不确定，管理不到位，势必造成成本的不确定性。在"小采购"理念下，采购部门仅是采购执行部门，采购需求由设计部门、生产计划部门确定，采购部门相对生产部门就是供应部门，其工作围绕计划部门提交的订单不停地组织招标满足生产需要；但在"大采购"理念下，采购部门要参加对需求的确定，并作为牵头人协调企业设计、质量、生产等部门，通过引导、协调、分析相关工作，最后整合成完整的采购计划。工作重点是通过管理供应商，不仅在采购环节，更主要的是在设计生产环节通过供应商的配合、参与、贡献，降低供应链成本。

一、采购部门确定需求

某采购部门接到采购需求订单，要1000件椭圆形容器盖。这是需求吗？采购部门向设计部门咨询提问：这个盖子的用途是什么？回答：防止容器的液体泄漏。再问：为什么瓶口设计为椭圆形，不能设计成好加工又便宜的圆形呢？回答：好看。采购部门转而咨询销售部门的意见：椭圆形的设计是否更符合市场需要？回答：不是，顾客关键是看企业商标。于是，采购部门和造价部门沟通测算，同面积的圆形容器盖 25 元，椭圆形容器盖 75 元。于是，采购部门将上述情况报告采购总监。采购总监认为，本次的需求是防止容器内部的液体泄漏，容器盖只是解决需求的方案。因此，满足容器液体不泄漏需求的方案中，在不影响销售的前提下，应选择造价低的方案，采购总监和分管技术的副总协调，要求设计部门修改设计。

采购部门工作的主动性从源头上为企业降低了成本。关键是确定真正的需求，不能把解决问题的方案误认为是采购需求。

二、采购部门协调的重要工作

（一）引导企业设计部门和营销部门协作，促进企业产品的标准化、通用化、模块化

设计对成本的贡献如图 6 - 1 所示。

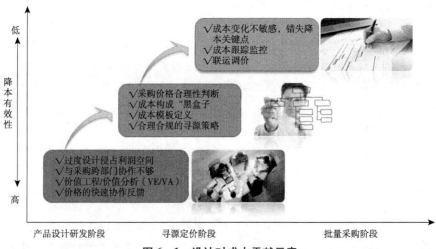

图 6 - 1 设计对成本贡献示意

通常企业的设计研发部门基本掌握了采购的控制权，有些甚至明确要求材料、零部件的品牌，采购环节降低成本的空间很小。因此，采购部门应主动将原材料的供应规格、生产企业向设计部门通报。对于供应商和供应链，采购部门有专人负责相应品目，对供方市场熟悉。比如，某灯具行业，为节省太阳能板，设计太阳能板规格为 3.1cm×3.1cm，这种需求规格成了供应商的"噩梦"，太阳能板看似玻璃但非玻璃，切割很困难，边角料也不能用，增加了供应复杂度，如没有规模效应，供应商一般都不愿加工，即使愿意加工，报价也不便宜。在这种情况下，采购部门可邀请一些供应商向该产品设计部门讲解太阳板加工过程，使其尽量在设计上选用不需要再加工的标准件，采购环节降低成本就有了空间。所谓通用化，表示某个部件在同一产品中的同一性，如紧固件等标准件应尽可能实现同一性，同一性的设计可以增加采购量以降低采购成本，同时

也方便了生产；所谓模块化，即产品中部件的集成，模块化的部件如洗衣机中的定时系统、运转系统等可以通过外包来生产，外包企业组织专业化生产效率高，质量相对有保证，企业通过外包降低了生产成本，减轻了企业资产负担并最终通过减少资产折旧，降低企业综合成本。这项工作属于标准化工作范畴，即企业应建立设计优选零部件库，采购部门优化相应供应商管理库。

标准化、通用化、模块化的目的是降低产品的复杂度，企业只有控制复杂度，才能提高供应链的规模效益。采购部门应在其中发挥引导作用。

（二）协调供应链和营销部门协作，准确评价需求复杂度造成的成本变化

在供应链管理中，复杂度控制是降低供应链成本的"牛鼻子"。

在供应链管理中，设计标准化可以降低产品的复杂度；精益生产可以降低生产流程的复杂度；组织优化可以降低管理复杂度。通过上述整合降低了需求的复杂度，在此基础上，整合供应商降低供应的复杂度，从而在源头上降低了采购成本。作为采购部门，应协调有关部门注意复杂度对成本造成的影响。

控制复杂度的难点在于企业各部门对复杂度的认识不同。摩托罗拉前首席采购官梅提说，当复杂度降低 25% 的时候，供应链总成本降低 30% ~ 45%，库存减少 35% ~ 50%，过剩库存、过期库存减少 70%，按时交货率提高 70%。

（三）分析企业各部门采购需求，明晰采购目标、确定标的功能、量化技术指标

竞争性采购最容易降低价格，但影响产品成本的程度最小，最多影响 10%，生产流程优化可影响成本 20%；设计优化难度最大，包括价值工程、价值分析都需要营销、研发、供应链的跨职能部门协作，但影响度最大，一般不少于 70%。

1. 采购环节竞争采购降低采购成本

（1）注意合同价格的底线。

需要注意的是采用招标、竞争谈判等方式可以"扫浮财"，但一般工业的利润点大都在 10% 左右，采购人员应以该行业的平均利润率确定采购价格的下浮比例。

（2）风险高报价高。

在汽车行业，供应商对日本的丰田、本田的支持度远远大于美国的汽车厂商。据 Planning Perspectives 统计，十多年来，供应商对整车厂的贡献，丰田、本田分别排名第一、第二，美国通用、克莱斯勒分别排倒数第一、第二。为什么？关键是日本企业和供应商有良好的商务关系，体现在采购环节，日本是"牧人模式"，和零部件行业的龙头企业采取订单采购，长期合作。美国招标或竞争谈判采购把供应商价格压到极点，是"猎人模式"，每年还要求再降低几个百分点。但是最终统计表明，由于美国企业和供应商是短期关系，一般认为短期竞争最充分，同类零部件美国企业的价格应该最低。但统计表明，恰恰相反，

供应商给美国企业的价格最高，因为短期关系，合同存在不确定性，风险高，所以报价也高，表面上轰轰烈烈的"竞争"是在高风险评估基础上的竞争。

目前我国企业大都采用招标采购。有专家指出，在制造行业，企业的采购主要是以招标为主，一定是"小采购"，"小采购"注定影响供应链的成本，削弱企业的国际竞争力。

2. 生产环节优化流程降低供应链成本

通过精益生产降低生产成本；通过电子商务平台，降低管理成本；帮助供应商改造生产流程，一方面缩短生产时间，降低生产直接成本，另一方面提高产品质量，降低废品率，从而降低供应成本，这个阶段可以影响产品成本的20%左右。其中，应充分认识电子商务的重要作用。凡是手工操作的管理模式，一方面需求管理落后，订单一出就是紧急采购；另一方面需求信息滞后，不能把供应商的信息及时反馈到设计部门，失去优化设计的机会等。

3. 设计环节通过价值工程、价值分析降低供应链成本

产品的成本取决于设计优化，设计优化使材料选型合理，可制造性好，产品的成本自然就低。

价值工程（Value Engineering）简称 VE，是以产品功能分析为核心，力求用最短的生命周期成本实现产品的必备功能，从而提高价值的一种有组织、有计划的创造性活动和科学管理方法。价值工程是在产品开发设计阶段进行的价值与成本革新活动，因为仍在工程设计阶段，故称为价值工程；而一旦开始量产后，往往因为成本或利润压力，若非进行详尽的价值分析难以发掘可以降低成本或提高价值的改善点。此阶段以后持续的分析是降低成本的主要手法，就称为价值分析（Value Analysis），简称 VA。在制造业，DFMA[①] 得到广泛应用。所谓 DFMA 是用以简化设计实现低成本、高质量的生产制造的结构性方法，是在价值分析和价值工程（VAVE）方法的基础上，更适合落地实施的产品降本方法。价值工程是通过产品的功能及价值分析，找出成本投入不合理的功能模块，在设计过程中降低相应功能模块的成本，而 DFMA 是直接在产品上找出可以取消或合并的零部件，通过简化设计降低成本，比 VAVE 方法更加直接。

DFMA 让产品以最少零件、最优工艺和最合适材料得以实现，可以很好地解决结构优化、成本降低、质量提升方面的问题。DFMA 设计体现了精益研发原则，可以保障企业成本工程更好地落地。它为两部分：一是面向装配的设计；二是面向制造的设计。如图 6-2 所示，该案例来自麦格纳公司在开发座椅时运用 DFMA 方法进行的简化设计方案。我们可以看到，原始设计的座椅有大量的零件，通过两轮的简化概念设计，零件数量从 105 个减少到了 9 个，相应的装配时间也从 1145 秒减少到了少于 100 秒。可以看到，不管是零件成本的降低还

---

① DFMA 是 Design For Manufacturing and Assembly 的简称，面向制造及装配的设计。

是装配效率的提升都是非常显著的。采购部门的任务是为这些模块的制造选择合适的分包商，或者在供应商库由具备该能力的供应商推荐设计或工艺部门进行 DFMA。

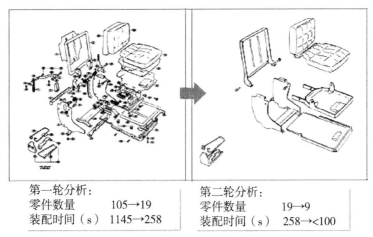

第一轮分析：
零件数量　　　　　105→19
装配时间（s）　1145→258

第二轮分析：
零件数量　　　　　19→9
装配时间（s）　258→<100

图 6 - 2　DFMA 方法示意

在很多情况下，因为采购的能力和作为，产品设计与供应商的工艺设计不能有效对接起来，主要有以下两个原因。

（1）采购没有技术力量，不能有效对接研发部门和供应商。

（2）商务关系没有理顺，供应商不愿意帮助优化设计。

上述问题的解决，应当由采购部门牵头，首先在采购部门增添工程师，其次管理好供应商。

（四）分析企业各部门采购需求，制定采购清单

采购部门最终的任务是在上述工作的基础上汇总一份可操作的采购清单。所谓可操作即表现为订货的名称、规格型号、数量、质量要求、供货时间等信息明确；可选择供应商、价位标准等并起草采购计划。

三、管理整合供应商

6.1.1.2 规定了在上述工作过程中整合供应商的路径，提出了管理供应商的原则。必须依照企业采购战略和物类品目策略管理供应商，供应商管理的详细内容由第 9 章规定。

【案例】

海尔模块化探索与实践[①]

进入互联网时代，由于技术的飞速发展，产品的寿命周期逐渐缩短，以及

---

① 孙新涛、刘玉平、姚洪娟、张涛：《海尔模块化探索与实践》，摘自《2016 年中国家用电器技术大会论文集》，作者单位：青岛海尔工业智能研究院。

消费者需求的碎片化，用模块化来快速满足消费需求已经成为越来越多行业的发展趋势。白色家电制造领域，海尔是全球最早推进模块化的企业之一。

海尔的模块化之路从 2009 年开始，已经经历了多个阶段，2009 年到 2011年年底，是一个摸索与认知的过程。海尔探索的模块化是先通过总装线的 SKD（半散件）剥离，把不需要在生产线组装的零件全部剥离下来，剥离下来的零件组成一个个的小模块，最终在总装线上只组装模块，即可以在最短的时间内把产品提供给客户，而实际产品则由大量的模块和少量的零件组成。这是一种超越现有任何制造模式的高效制造模式。

从 2011 年年底开始，海尔的模块化进入全流程统一目标的实施阶段，这个阶段的挑战主要体现在协同合作体系上。是企划、设计、采购、制造、营销、运输、售后全流程从头走到尾统一目标的体系。挑战无处不在，比如，工作方法与流程的改变与内化。因为模块化会带来整个工作流程和做事方法的改变。企划不能再像以前那样直接企划出产品，而要企划模块，要用模块的变化去满足用户的需求，设计等流程同样如此。

通过生产线的 SKD 组装来撬动或倒逼内部的全流程团队，当产品投产时，生产线上大量的标准化、通用化的大模块可快速组成产品的基本部分，在生产线最后甚至到用户家里安装个性化的模块。由于模块的标准化、通用化和自动化相结合，大大缩短生产周期。同时标准模块的设计是高度自动化的，因此也大幅降低了产品的制造成本，增加了企业的利润。

6.1.2　特殊采购项目的需求管理

执行政府和社会政策目标或企业重大战略决策而实施的采购项目，应按照企业制度规定的程序进行审批，并作为特殊项目编制专项采购需求计划。

【释义】

鉴于国有企业的特殊属性，国有企业无疑应坚决执行政府为实现社会目标特别规定的项目任务。

如某省委会议纪要决定，要求该省属国企在一年内应增产若干数量的天然气保证全省城市、农村在年内普及天然气使用，使全省环境得到明显改善。这类项目需要立即启动才能保证在省委规定的时间完成。但是该项目既没有项目任务书，也没有审批监督部门。企业接受任务后需要增加设备、材料和其他投入，就是专项采购需求。

又比如，某市决定限期在某辖区实现"三通"（通水、通电、通路），也没有项目任务书，企业必须在办理正式手续前进场施工，甚至施工完成还没有立项。

这类项目属于企业专项任务。这类任务的特点是"急"，可分为以下两类。

（1）必须招标的项目如市政达到 400 万元以上的项目，可参照国家发展计划委员会《工程建设项目可行性研究报告增加招标内容和核准招标事项暂行规定》，特事特办。其中，有审批手续的，自觉接受法定监督部门对采购办法的监督；绝大多数项目没有审批手续，也没有监督部门进行监督，经企业上级部门批准，可直接采购，但不能超过项目预算。

企业以国家和企业利益最大化为目标决定采购程序，俗话说"小道理应服从大道理"。

（2）非必须招标的项目如企业扩大生产规模需要采购的设备、材料等，可依照《操作规范》的有关规定，从供应资源库中选择优秀的供应商谈判或直接采购。

6.2 计划与预算管理

【概说】

预算是管理之母。

预算的真谛在于对影响企业盈亏的重要收支项目做好事前规划，以利于事后控制，而不在于会计科目的账务处理及资产负债表或损益表之编制。预算管理是一个执行、监督、动态的过程，市场发生不可预见事件的时候会适当调整，不能一成不变。

一般来说，预算管理主要分为业务预算、资本预算和财务预算。业务预算主要是生产和销售过程中确定一个业绩指标，也跟业绩考核有比较大的关系；资本预算包括企业中长期的投资项目，这方面的预算一般会反映企业的长期战略目标，跟企业未来发展方向息息相关；财务预算包括企业的现金流情况，资金紧张不紧张，经营状况好不好，赚多少亏多少，其实也算是业务预算和资本预算的综合体现，企业财会人员一般根据现金流情况填制资产负债表和现金流量表等各种会计表格。

采购实体涉及的预算管理属于企业业务预算管理范畴。

全面预算管理组织体系由预算管理决策机构、预算管理工作机构和预算管理执行机构三个层次构成。它是全面预算管理有序开展的基础环境，企业全面预算管理能否正常运行并发挥作用，全面预算管理的组织体系将起到关键性的主导作用。

预算管理决策机构是指组织领导企业全面预算管理的最高权力组织；预算管理工作机构是指负责预算的编制、审查、协调、控制、调整、核算、分析、反馈、考评与奖惩的组织机构；预算管理执行机构是指负责预算执行的各个责任预算执行主体。

预算管理决策机构和工作机构不仅承担相应的预算管理责任，而且预算管理决策机构和工作机构中的某些成员就在预算管理执行机构中担任负责人的职务。因此，对于企业的绝大多数职能管理部门而言，它们都具有预算管理工作机构和预算管理执行机构的双重身份。所以，预算管理决策机构、工作机构和执行机构并非绝对相互分离的三个机构。

预算管理的内容可以分为三大部分：预算编制、预算控制和预算考核。对于年度预算的控制往往要落实到月度预算上，而月度预算的控制可以分为事前控制、事中控制和事后控制三个环节。

在月度预算的事前控制中，每月月初财务部门根据月度、年度预算和预算执行进度给各部门下达财务指标，指导业务部门制订本月业务计划。月度计划不是总预算在各月份间的简单分配，而是根据上月度预算的执行情况和总预算的进度，以及实际情况的变化重新作出的更符合实际的安排。这里就有一个以上月预算差异分析结果为基础的调整措施。所以在事前控制中要利用差异分析的结果。

月度预算的事中控制主要是财务审核，即各级财务部门根据下达的财务指标对各级业务部门的日常业务进行审核，保障预算目标的实现。这里的重点环节是支出审批，与差异分析的关系不大。

月度预算的事后控制是通过差异分析报告来反映预算执行进度、指标完成情况及分析建议。它要达到三个目的：提供决策信息；指导下月计划；提供考核依据。月度预算执行结果的差异分析起了主导作用。

【示例】

企业年度材料采购预算示范（见表6-1）

表6-1　　　　　　　　某企业2020年原辅料采购预算计划

| 预算项 | 2019年预计消耗 | | | 每吨产出消耗量 | | 含税单价 | | | 2020年需求额 |
	1—10月实际	11—12月预计	全年预计	1—10月实际	11—12月预计	2019年平均单价	变化系数	2020年预算价	
一　原辅料采购									$\Sigma J_1 - J_{10}$
1　金属材料采购									J_1
2　Q345及以下板（示例）				0.06	0.06	x	0.95	y	J_2
3　Q460板									J_3
4　Q550板									J_4
5　Q690板									J_5
6　Q890及以上板									J_6
7　棒材									J_7
8　管材									J_8
9　焊丝（示例）	10483.4	2263.43	Σ	0.03	0.03	8291.82	0.95	7877.23	93628755.78
10　其他金属材料									J_{10}
二　液压电控系统采购						示例	示例		$\Sigma Y_1 - Y_4$
1　电控系统							1	0.9	Y_1

续 表

预算项		2019 年预计消耗			每吨产出消耗量		含税单价			2020 年需求额
		1—10 月实际	11—12 月预计	全年预计	1—10 月实际	11—12 月预计	2019 年平均单价	变化系数	2020 年预算价	
2	主控阀							1	0.9	Y_2
3	辅助阀							1	0.9	Y_3
4	过滤站及其他							1	0.9	Y_4
三	产品配套件采购							1	0.9	$\Sigma P_1 - P_7$
1	密封件							1	0.9	P_1
2	胶管总成							1	0.9	P_2
3	管路件							1	0.9	P_3
4	油漆							1	0.9	P_4
5	防护类							1	0.9	P_5
6	其他配套件							1	0.9	P_6
7	外购立柱千斤顶							1	1	P_7
四	辅料采购							1	0.9	$\Sigma F_1 - F_6$
1	油脂化工							1	0.9	F_1
2	机加耗材							1	0.9	F_2
3	燃料气体							1	0.9	F_3
4	劳保用品							1	0.9	F_4
5	包装材料							1	0.9	F_5
6	其他杂品							1	0.9	F_6
五	成套产品采购							1	0.95	C
	合计	$X = \Sigma J_1 - J_{10} + \Sigma Y_1 - Y_4 + \Sigma P_1 - P_7 + \Sigma F_1 - F_6 + C$								

注：该企业在 2019 年 10 月供应部门针对某老产品起草 2020 年采购预算计划，因此，1—10 月有准确数字，11—12 月只有预估数字，由此计算出年度平均值。金属材料用"价格"标示，其余用"1"标注表示以"1"为基数比较，2020 年预算分别提出降低指标或指数。最后统计出该产品采购材料辅料的预算价格。

表中各栏目空白的数字涉及企业商务秘密没有全部列出，仅填了部分示例。

6.2.1 采购计划审批流程

6.2.1.1 采购实体应依据需求实体提出的采购建议编制采购计划。

6.2.1.2 采购实体可针对常规采购计划、专项采购需求计划规定不同的审批流程，其流程设计应考虑审批效率和执行风险控制；生产性采购项目的流程设计，应考虑经济批量、采购周期、库存、物流等因素。

6.2.1.3 采购计划涉及采购组织形式的,可依照下列程序执行:

——需求实体提出拟选用采购组织形式的意见,经企业制度规定的程序批准后,符合有关目录要求的集中采购或框架协议采购项目,可由采购实体汇总采购列入采购计划;

——重大项目的采购计划宜聘请咨询专家评估后实施审批。

【释义】

计划的天职是管理需求,而不能堕落为执行。

6.2.1.2 关于采购计划审批流程的规定,流程类别建议分为常规和紧急两种情形;流程涉及因素包括效率和风险,如经济批量、采购周期、库存、物流等因素。

《国有企业采购操作规范》规定了采购计划的内容。

"3.4.1 提出需求计划

采购人应依据生产、经营计划提出采购需求计划建议书。在同等条件下,应优先选用绿色产品、节能产品。需求计划建议书应包括:

——采购标的名称、数量、规格及需实现的功能或者目标;

——采购标的应执行的相关国家标准、行业标准、地方标准或者其他标准、规范;

——采购标的应满足的质量、安全、物理特性等要求;

——采购标的交付或者实施的时间和地点;

——采购标的应满足的服务标准、期限、效率等要求;

——采购标的验收标准;

——采购标的其他技术、服务等要求;

——采购预算;

——采购组织形式和采购方式建议。"

上述内容最后一项有关于采购组织形式和采购方式的建议。6.2.1.3 对此作出管理规定,按照企业制度规定的程序执行,一般程序为:

采购需求部门提出需求目录清单,汇总至采购中心,经分析整合决定是否列入采购计划;采购计划在职能部门审核获批准(包括品质保证、风险、供应商管理和专业部门审核),超过一定金额或特殊采购由采购部门领导批准。纳入采购任务交执行部门明确采购责任小组或责任人执行采购。

符合集中采购目录的汇总至集中采购执行部门。

6.2.1.3 规定了对重大项目采购计划需要咨询专家论证的程序:应由采购实体组织实施,以避免采购风险。

6.2.2 采购预算管理

6.2.2.1 采购实体应及时向财务部门反馈项目或合同签订的价格信息。超过合同预算的应进行预算差异分析,并应依企业制度规定的程序及时调整合同预算。

6.2.2.2 重大项目采购预算应经企业最高预算管理部门批准。

【释义】

6.2.2.1 是关于合同缔约或履约过程依照企业预算管理制度规定的价格信息反馈环节。其中超过预算的可以分级管理。如超过预算价格 10% 以上可规定提请预算管理部门进行预算差异分析，经领导批准后执行。

其中，预算差异分析就是通过比较实际执行结果与预算目标，确定其差异额及其差异原因。如实际成果与预算标准的差异重大，企业预算管理部门应审慎调查，并判定其发生原因，以便采取适当的矫正措施。

其分析方法如下：

预算差异数量化分析法。数量分析应根据不同情况分别采用比例分析法、比较分析法、因素分析法、盈亏平衡分析法等方法，从定量充分反映预算执行单位的现状、发展趋势及存在的问题和潜力，从产销量品种结构、价格、变动成本、边际收益、费用等诸因素进行分析。

预算差异原因分析方法。预算差异原因分析主要目的是找到差异的原因，预算差异原因的主要分析方法有：所涉及特定主管、领班及其他人员开会磋商；分析工作情况，包括工作流程、业务协调、监督效果，以及其他存在的环境因素；直接观察，由职员直接进行实地调查，由辅助者（明确指定其责任）进行调查；由内部稽核辅助进行稽核工作；特殊研究等。

6.2.2.2 规定重大项目是相对概念，包括项目的范围和规模。

1996 年第十四届中央纪律检查委员会第六次全体会议上，对国有企业管理提出"三重一大"事项管理的议事规则。其中包括关于重大项目的管理规定。

"三重一大"，即"重大事项决策、重要干部任免、重要项目安排、大额资金的使用，必须经集体讨论做出决定"的制度。

其中，重大项目安排事项，是指对企业资产规模、资本结构、盈利能力以及生产装备、技术状况等产生重要影响的项目的设立和安排。

大额资金的使用事项，是指超过由企业或者履行国有资产出资人职责的机构所规定的企业领导人员有权调动、使用的资金限额的资金调动和使用。

法规没有规定重大项目的范围和规模，在政府采购领域，一般以 1000 万元人民币以上的项目确定为"重大项目"，实践中，企业不能照搬，应结合行业特点、企业规模，依企业章程、制度决定。一般需要董事会决策的项目，国家政府有关部门审批、核准的项目应纳入重大项目的范围。

6.3 采购组织形式和采购方式管理

采购实体应确定采购组织形式和采购方式的原则、适用条件等，并符合 T/CFLP 0016—2019 中 3.5 的规定。

【示例】

某国有企业关于采购组织形式管理的规定（摘要）

第五章　采购组织管理形式

第二十八条　采购组织管理形式包括项目采购、集中采购、框架协议采购。

第二十九条　项目采购是指各采购单位为实现项目管理目标而产生的采购需求，对项目按照品类进行分散采购的活动，包括项目建设期采购、运营期采购以及各采购单位的日常采购。

第三十条　集中采购是指针对同类、功能相近或关联项目的采购事项，在公司体系内进行捆绑采购的组织管理形式。集中采购适用于公司体系内能够形成一定规模优势的大宗、批量且标准化程度高的同类设备或服务。

第三十一条　框架协议采购是指针对公司体系内存在的重复性采购，进行分阶段缔约和履约的采购组织管理形式。框架协议采购适用于公司体系内对所采购标的的需求预计将在某一特定时期内不定期出现或重复出现。

第三十二条　战略采购中心负责公司集中/框架协议采购组织工作，编制公司集中/框架协议采购目录，报公司战略采购委员会审批后实施采购。业务中心/大区/事业部根据管理需要，可以汇总本部门生产经营和基本建设所需的工程、物资、设备和服务等的采购需求（公司集中/框架协议采购品类外的），组织集中/框架协议采购，集中/框架协议采购方案应该报战略采购中心审批，采购结果报战略采购中心备案。采购结果经审批生效后签署《集中/框架采购协议》。

集中/框架协议采购按照公司《集中/框架协议采购管理办法》执行。

第三十三条　已完成公司集中/框架协议采购品类的，各采购单位根据《集中/框架采购协议》的原则在电子商务平台单一来源采购模块签订采购合同。

第三十四条　战略采购中心的集中/框架协议采购结果在公司系统范围内适用。业务中心/大区/事业部的采购结果适用于各所属项目公司。

6.4　采购范本管理

采购实体可依据本行业、本企业特点编制标准的项目采购范本。采购范本中应规定其适用条件和范围。采购范本的编制、审核、批准程序宜符合 T/CFLP 0016—2019 中 3.6 的规定。

【释义】

在依法必须招标的项目中，《中华人民共和国招标投标法实施条例》（以下简称《招标投标法实施条例》）第十五条第四款规定："编制依法必须进行招标的项目的资格预审文件和招标文件，应当使用国务院发展改革部门会同有关行政监督部门制定的标准文本。"

标准文本具有强制性属性，参考性质的采购文件用"范本"表述。

采购文件一般包括以下四项内容。

（1）招标方式：公告、邀请书或订单。

（2）采购规则：①供应商须知；②评审或确定成交办法；③合同文本。

（3）技术要求：（邀约邀请）。

（4）格式要求：投标书、授权委托书、保函等。

其中，技术要求中关于标的的说明，示范法规定，可以标的的构成为基础，称之为"投入型"，也可以标的应具有的功能为基础，称之为"产出型"。

合同文本有三类：工程施工合同、货物合同、服务合同。

实践中，可以把各种采购程序做成模板，和工程、货物、服务三类合同文件分别组合，构成各种类别标准化的采购文件。

【示例】

某央企谈判采购管理办法示范（见表6-2）

表6-2　　　　　集团公司谈判采购程序规定（摘要）

编号	活动名称	活动内容	角色	输入	输出
010	接收采购申请	1. 审核采购申请的有效性：技术要求是否满足采购要求、直接原因是否存在合规性风险、推荐的潜在供应商是否满足各项资质及项目技术要求 2. 确认需求是否满足采购周期 3. 确认是否为异常特殊情况	采购负责人	《××采购任务单》《技术要求》	满足要求的《××采购任务单》《技术要求》
020	制订采购方案	1. 制订采购方案，完成采购方案汇报材料 2. 若为异常或特殊情况，须由合规合议小组组织进行项目审核，根据合议结果制订采购方案，完成采购方案汇报材料	采购负责人/合规合议小组	满足要求的《××采购任务单》《技术要求》	采购方案汇报材料
030	编制采购文件	根据采购需求和方案编制采购文件，采购文件主要包括以下内容： （1）采购公告或采购邀请书 （2）供应商须知 （3）评审办法 （4）合同草案 （5）采购需求 （6）响应文件格式 （7）其他内容	采购代理机构	相应级别集体决策会议纪要	采购文件

编号	活动名称	活动内容	角色	输入	输出
040	发布采购公告或采购邀请书	采用公告邀请的，通过媒介发出采购公告；采用直接邀请的，向两家以上被邀请供应商发出采购邀请书	采购代理机构	采购文件	采购公告或采购邀请书
050	发售采购文件	向供应商发出采购文件	采购代理机构	采购公告或采购邀请书	采购文件
	（组织供应商踏勘现场）	根据采购项目实际需要，组织供应商踏勘现场（如需要）	采购代理机构	—	—
	（采购文件澄清或修改）	提交响应文件截止之日前，可对已发出的采购文件进行必要的澄清或修改，澄清或修改的内容作为采购文件的组成部分（如需要）	采购代理机构	答疑文件	澄清文件
060	组建谈判小组	采购人或采购代理机构协助采购人组建谈判小组，谈判小组由三以上单数人员组成	采购负责人／采购代理机构	采购文件	谈判小组名单
	（收取响应保证金）	根据采购文件规定，收取响应保证金（如需要）	采购代理机构	采购文件	响应保证金
070	接收响应文件	在采购文件规定的时间和地点安排专人接收响应文件	采购代理机构	采购文件	响应文件
	（开启响应文件）	采购文件规定公开开启响应文件的，在采购文件确定的时间和地点公开组织开启响应文件会议，宣布参加谈判的供应商以及采购文件规定的其他内容（如需要）	采购代理机构	开启响应文件	响应文件开启记录
080	组织谈判及评审	1. 初步评审：谈判小组对供应商提交的响应文件进行初步评审，初步评审包括对供应商进行资格审查和对响应文件的响应性进行复查 2. 谈判：谈判小组按照采购文件规定的轮次与所有通过初步评审的供应商进行谈判	采购代理机构	响应文件	评审报告

续　表

编号	活动名称	活动内容	角色	输入	输出
080	组织谈判及评审	3. 重新提交响应文件（如需要）：供应商按照采购文件修改后的内容和要求重新提交响应文件 4. 供应商按采购文件及谈判要求，提交最终报价或最终方案：所有供应商在规定时间内提交最终方案及其最终报价 5. 公开开启最终方案及其最终报价（如需要） 6. 详细评审及推荐候选成交供应商：谈判小组对供应商的最终方案及其最终报价进行评审，按照采购文件规定的数量推荐候选成交供应商 7. 编写评审报告：谈判小组应根据谈判情况和评审结果编写评审报告	采购代理机构	响应文件	评审报告
	（候选成交供应商公示）	按采购文件规定进行候选成交供应商公示	采购代理机构	评审报告	候选成交供应商公示
	（协助确定成交供应商）	协助采购人依据采购文件确定成交供应商	采购代理机构	—	—
090	发出成交通知书	在响应文件有效期内向成交供应商发出成交通知书	采购代理机构	相应级别集体决策会议纪要	成交通知书
	（告知成交结果）	发布成交公告，或向所有未成交供应商发出成交结果通知书	采购代理机构	相应级别集体决策会议纪要	成交公告
100	确定合同文本	采购负责人确定商务合同，需求部门负责人确定技术协议	采购负责人/需求部门负责人	成交通知书	合同/技术协议
110	上传合同	采购负责人将合同/技术协议上传合同审批系统	采购负责人	合同/技术协议	系统中的合同/技术协议

续 表

编号	活动名称	活动内容	角色	输入	输出
120	合同审核	1. 审计与法务部负责人对采购合同进行审查 2. 财务管理部负责人对采购合同进行财税审核	审计与法务部负责人/财务管理部负责人	系统中的合同/技术协议	审核通过的合同/技术协议
130	签订合同	采购负责人负责组织供应商签署商务合同，需求部门负责人负责组织完成技术协议签字	采购负责人/需求部门负责人	审核通过的合同/技术协议	签署后的合同/技术协议
140	履行合同并完成验收	需求部门负责人与供应商履行合同并完成项目验收工作，同时做好付款准备工作	需求部门负责人	签署后的合同/技术协议	验收/结算文件
150	付款	财务管理部负责人根据财务部结算付款管理规定进行款项支付工作	财务管理部负责人	合同、验收/结算文件	完成付款

6.5 采购信息管理

采购实体应建立采购信息管理体系，并符合 T/CFLP 0016—2019 中 3.3 的规定。

【释义】

T/CFLP 0016—2019 中 3.3 是关于采购平台的规定，电子采购平台是企业采购信息管理的载体，采购信息管理体系是企业信息系统的组成部分，采购信息管理由第 8 章予以规定。

6.6 采购质量管理

【概说】

一、质量管理

质量管理是指确定质量方针、目标和职责，并通过质量体系中的质量策划、控制、保证和改进来使其实现的全部活动，EMBA、MBA 等主流商管教育均对质量管理及其实施方法有所介绍。

朱兰①对质量管理的基本定义：质量就是适用性的管理，市场化的管理。费根堡姆②的定义：质量管理是"为了能够在最经济的水平上并考虑到充分满足顾客要求的条件下进行市场研究、设计、制造和售后服务，把企业内各部门的研制质量、维持质量和提高质量的活动构成为一体的一种有效的体系。"

国际标准和国家标准的定义：质量管理是"在质量方面指挥和控制组织的协调的活动"。

二、质量管理体系

质量管理体系（Quality Management System，QMS）是指在质量方面指挥和控制组织的管理体系。质量管理体系是组织内部建立的、为实现质量目标所必需的、系统的质量管理模式，是组织的一项战略决策。

它将资源与过程结合，以过程管理方法进行系统管理，根据企业特点选用若干体系要素加以组合，一般包括与管理活动、资源提供、产品实现以及测量、分析与改进活动相关的过程组成，可以理解为涵盖了从确定顾客需求、设计研制、生产、检验、销售、交付之前全过程的策划、实施、监控、纠正与改进活动的要求，一般以文件化的方式形成组织内部质量管理工作的要求。

三、质量管理体系标准

针对质量管理体系的要求，国际标准化组织的质量管理和质量保证技术委员会制定了 ISO 9000 族系列标准，以适用于不同类型、产品、规模与性质的组织，该类标准由若干相互关联或补充的单个标准组成，其中为大家所熟知的是 ISO 9001，它提出的要求是对产品要求的补充，经过数次的改版。在此标准基础上，不同的行业又制定了相应的技术规范，如 ISO 13485《医疗器械质量管理体系用于法规的要求》等。

四、企业采购质量管理

采购质量管理是企业全面质量管理体系的重要组成部分。采购质量管理是指对采购质量的计划、组织、协调和控制，通过对供应商质量评估和认证，从而建立采购管理质量保证体系，保证企业的物资供应活动。

采购质量管理工作的内容包括三个方面：

（1）采购部门的质量管理。

（2）供应商的评估和认证。

（3）采购质量保证体系的建立和运转。

采购部门的质量管理体现在采购活动实施的全过程；关于对供应商评估和

---

① 约瑟夫·M. 朱兰博士（Joseph M. Juran，1904—2008）——举世公认的现代质量管理的领军人物。引自百度百科栏目。

② 阿曼德·费根堡姆（Armand Vallin Feigenbaum）——全面质量控制之父、质量大师、《全面质量控制》的作者。引自百度百科栏目。

建立采购质量保证体系建设的规定由第 9 章予以规定。

6.6.1 采购质量保证体系

采购实体应建立采购质量保证体系，通过相关认证后有效实施。

【释义】

一、质量保证体系

企业靠市场，市场靠产品，产品靠质量，质量竞争已成为市场竞争的关键。

质量保证体系就是要通过一定的制度、规章、方法、程序和机构等把质量保证活动加以系统化、标准化、制度化。质量保证体系的核心就是依靠人的积极性和创造性，发挥科学技术的力量。质量保证体系的实质就是责任制和奖罚。质量保证体系的体现就是一系列的手册、汇编和图表等。换句话说，质量保证体系就是质量管理体系建设的成果。

二、质量保证体系认证

本条规定的"相关认证"指对质量保证体系的认证或对产品的认证，认证的主体包括采购实体或第三方组织的认证。

质量保证体系认证亦称"质量体系注册"。由公正的第三方体系认证机构，依据正式发布的质量体系标准，对企业的质量体系实施评定，并颁发体系认证证书和发布注册名录，向公众证明企业的质量体系符合某一质量体系标准的全部活动。

ISO 9000 是由西方的质量保证活动发展起来的。"二战"期间，因战事扩大，武器需求量急剧增长，美国军火商因当时的武器制造工厂规模、技术、人员的限制未能满足"一切为了战争"。美国国防部为此面临千方百计扩大武器生产量，同时又要保证质量的现实问题。分析当时的企业：大多数管理是"No.1"，即工头凭借经验管理，指挥生产，技术全在头脑里，而一个"No.1"管理的人数很有限，产量当然有限，与战争需求量相距很远。于是，国防部组织大型企业的技术人员编写技术标准文件，开设培训班，对来自其他相关原机械工厂的员工（如五金、工具、铸造工厂）进行大量训练，使其能在很短的时间内学会识别工艺图且掌握工艺规则，掌握武器制造所需关键技术，将"专用技术"迅速"复制"到其他机械工厂，从而奇迹般有效地解决了战争难题。战后，国防部将该宝贵的"工艺文件化"经验进行总结、丰富，编制更周详的标准在全国工厂推广应用，并同样取得了满意效果。当时美国盛行文件风，后来，美国军工企业的这个经验很快被其他工业发达国家军工部门所采用，并逐步推广到民用工业，在西方各国蓬勃发展起来。

随着上述质量保证活动的迅速发展，各国的认证机构在进行产品质量认证的时候，逐步增加了对企业的质量保证体系进行审核的内容，进一步推动了质量保证活动的发展。到了 20 世纪 70 年代后期，英国一家认证机构 BSI（英国标准协会）首先开展了单独的质量保证体系的认证业务，使质量保证活动由第二方审核发展到第三方认证，受到了各方面的欢迎，更加推动了质量保证活动的迅速发展。

通过三年的实践，BSI 认为，这种质量保证体系的认证适应面广，灵活性大，有向国际社会推广的价值。于是，在 1979 年向 ISO 提交了一项建议。ISO 根据 BSI 的建议，当年即决定在 ISO 认证委员会"质量保证工作组"的基础上成立"质量保证委员会"。1980 年，ISO 正式批准成立了"品质保证技术委员会"（即 TC176）着手这一工作，从而导致了"ISO 9000 族"标准的诞生，健全了单独的质量体系认证的制度，一方面扩大了原有质量体系认证机构的业务范围，另一方面又引起一大批新的专门的质量体系认证机构的诞生。目前质量认证是进入国际供应链的资格证，否则一切免谈。企业质量体系的国际标准化已成为参与国际竞争的重要条件。

三、质量保证体系认证和产品质量认证的区别

质量保证体系认证的对象是质量体系，即质量保证能力。它依据的是等同于 ISO 9000 族系列标准的有关国家标准（如 GB/T 9001、GB/T 9002、GB/T 9003）。它的作用是能够提高顾客对供方的信任，增加订货，减少顾客对供方的检查评定，有利于顾客选择合格的供方。质量保证体系认证是自愿的，企业通过体系认证获得的体系认证证书不能用在所生产的产品上，但可以用于正确的宣传，它是 ISO 向各国推荐的一种认证制度之一。

产品质量认证是对产品做型式试验，又对与产品有关的供方的质量体系进行评定，评定内容包括供方的质量体系对其生产、设备、材料采购、检验方法等能否进行恰当的控制，能否使产品始终符合技术规范。产品质量认证通过后不仅颁发认证证书，而且还允许在产品上使用认证标志。

质量保证体系认证与产品质量认证最主要的区别是认证的对象不同。产品质量认证的对象是特定产品，而质量保证体系认证的对象是供方组织的质量体系。由于认证对象的不同，引起了获准认证条件、证明方式、证明的使用等一系列不同。但它们也有共同点，就是都要求对供方组织的质量体系进行体系审核。

四、如何选择认证对象

企业选择以哪种方式进行认证大致有以下几个需要考虑的因素：企业的产品品种有多少；产品是否执行国家规定的强制性标准；用户的性质属于哪一类；用户对质量认证形式的具体要求等。

因此，对于生产的产品是单一品种，或执行强制性标准的产品，或成批大量生产的产品，或产品的用户较分散，或需方要求供方获得指定产品质量认证证书的企业，都应该考虑进行产品质量认证。对于多品种、小批量，或没有权威性产品标准可作为产品认证的依据，或需方要求供方获得指定质量体系认证证书的企业，应该考虑进行质量保证体系认证。

质量保证体系认证有覆盖面广的优点，但对外影响不如产品质量认证。产品质量认证可以将标志直接印在产品的包装上，具有影响面大的优点。但它的局限性也很大，只能在某一特定的产品上使用。两者各有利弊，企业在选择时，要根据自身的情况和客户的要求，慎重选择，不要认为质量保证体系认证范围大、水平高、信誉好，而产品质量认证水平低。

五、企业质量管理制度

企业质量管理制度是企业质量管理体系的核心制度保障。采购实体应在企业质量管理部门的统一领导下做好采购环节的质量保证管理工作。以下示例是某企业质量管理制度的节选，该体系建设中的（四）（五）（六）项是采购部门牵头负责的管理事项。

【示例】

质量保证体系认证

一、企业质量保证体系建设要点

企业建立质量保证体系应从以下几个方面着手。

（一）质量保证负责人

选择好质量保证负责人是建立质量保证体系的关键。一般来说，中小企业组织机构简单，有经验、懂管理和技术的人员少。因此，为满足国家强制性产品认证的要求以及为建立一个有效的质量保证体系，关键就是要明确质量保证负责人的职责，并选择合适的人选，这样才能为企业各项职能的正常运行打好组织基础。

首先，应考虑该人员在本企业的权威性，如果没有一定的权威和地位，质量保证负责人是不可能有效地履行这个重要职能的。而这个权威性，一方面要靠企业领导层对其的正式授权，另一方面要靠其个人的领导才能和魅力。

其次，选择质量保证负责人，此质量保证负责人应了解国家有关的法律、法规和强制性产品认证的程序规则以及本企业产品适用的安全认证标准。这样，质量保证负责人才能组织本企业有关人员学习安全标准，并独立地、公正地执行 CCC 认证（强制性产品认证）采用的安全标准，行使有效的监督。

（二）生产过程控制

加强生产过程中对工艺的控制是落实质量保证体系的基础，对于中小企业，由于制造的产品比较简单，而且技术上比较成熟，甚至直接采用外来的图样设计。因此，应该加强对生产过程中工艺的控制，识别产品生产的主要工艺，了解强制认证规定的安全检测点和安全质控点，并加以明确标识。同时，要明确这些关键点的具体操作要求，并根据国家或行业有关标准要求编写作业指导书，并且作业指导书应力求详细、明确，具有可操作性，必要时可在相关岗位上添置技艺评定准则，如印刷电路板插件岗位，可在工位上放置一块印刷电路板，标识出待插孔位，这样就便于员工操作，并要求员工严格地按作业指导书规范操作。

（三）员工培训

加强对员工的培训是实施质量保证体系的先决条件，应特别注重操作人员的实际操作技能。在中小企业，大部分员工受教育水平不高，对本企业的产品一知半解，因此，培训显得尤为重要。企业最高管理者，主要是质量保证负责人，应明确不同岗位的知识和技能要求，尤其是检验、实验岗位的要求，在对员工的素质全面调查的基础上，确定不同员工、不同岗位的培训内容和程度，制订全面的培训计划并实施。需要强调的是，管理者要确保培训的有效性，使员工接受其培训内容，并在实际操作中能切实地按操作要求作业。

（四）强化工序检验

加强检验手段和对设备的管理是质量保证体系建设的标志。一般来说，中小企业检验和实验设备不多，或者根本就没有，或者量程、精度等达不到检验或实验的要求，或者根本没有经过计量就直接使用，使检验结果不可信，检验和实验流于形式，因此也无法控制和判断各个工序产品的质量。国家对于实施强制认证的产品，都规定了生产企业必须具备的仪器和设备，以及企业自身必须进行的检验和实验项目。因此，企业应按照要求购置必备的仪器和设备，并要对用于测量产品质量的仪表进行定期计量，并且凡有计量标准的，一定要按计量标准进行计量，对工装夹具也应纳入正常管理。

（五）重视供应商的选择

重视对供应商的选择和评价，提高关键安全元器件和原材料的质量，是建设质量保证体系的外部因素。关键元器件和原材料的质量直接影响着产品（包括整机和元器件）的安全性。因此，中小企业应非常注意对关键元器件和原材料的选择。

（六）加强采购管理

1. 满足要求

在选择元器件和原材料时，还应该确认该元器件和原材料的型号、规格和特性满足企业产品设计的要求。

2. 认证

对于选择的关键元器件和原材料，如果已经纳入国家强制认证的目录中，则应该选择已经取得强制认证证书的元器件和原材料。

对于采购的安全元器件和原材料，如果企业不具备对各种性能的检测条件，这种检测大部分应由元器件或原材料制造厂进行，只要制造厂能够提供证明该批产品符合规定要求的合格证书或检验记录，企业都可以采取验证的方式来确认提供的元器件或原材料满足要求。

3. 入厂送检

即使供应商提供了合格证书，企业也不能免除元器件或原材料应符合有关标准的责任。对于没有附合格证的元器件或原材料，企业则必须按规定（包括抽样方法、检验水平和合格质量水平）送往质量技术监督部门对其重要性能进行检测。

4. 整体评价

选择时，还应该注重对供应商的质量体系、交货期限、服务态度、价格等方面进行综合评价，以使供应商能长期稳定地向自己提供能满足各项要求的产品。

二、企业质量保证体系运行原理

采购质量保证体系建立后应遵循 PDCA 管理办法循环运转。

PDCA 循环是美国质量管理专家戴明博士首先提出的，又称戴明环。全面质量管理的思想基础和方法依据就是 PDCA 循环。PDCA 循环的含义是将质量管理分为四个阶段，即计划（plan）、执行（do）、检查（check）、处理（action）。在质量管理活动中，要求把各项工作按照作出计划、计划实施、检查实施效果，然后将成功的纳入标准，不成功的留待下一循环去解决的工作方法，这是质量管理的基本方法，也是企业管理各项工作的一般规律。

6.6.2 供应商质量管理体系认证

采购实体宜推行供应商质量管理体系认证制度。

【释义】

一、供应商质量管理体系认证

在供应链质量管理中，采购实体的质量管理体系应当包括经认证的供应商质量体系，其中，认证要评定的内容主要包括企业的组织管理结构、人员和技术能力、各项规章制度和技术性文件以及内部监督机制等体现其质量保证能力的内容，采购实体在供应商管理中应将其作为重要工作之一。"认证"可以由采购实体依企业制度规定组织认证，也可要求供应商聘请第三方组织认证，从而在源头上保证采购质量的可靠和安全。

二、采购实体针对供应商质量管理体系认证的审核

供应商质量体系审核是选择长期合作供应商和管理供应商的重要程序。制造业在选择长期合作供应商的程序一般包括：识别供应商、基本情况调查、供应商质量管理体系认证审核、样品认定、小批生产、批量订单、供应质量管理和供应商表现评估等阶段。在对供应商质量体系认证的评估中，采购实体一般是牵头责任单位。

供应商质量管理体系认证审核流程如图 6-3 所示①。现场质量体系审核总结表如表 6-3 所示。

---

① 图 6-3 及表 6-3 引自复旦大学凌练云硕士论文《供应商质量体系审核》，引用时重新绘制。

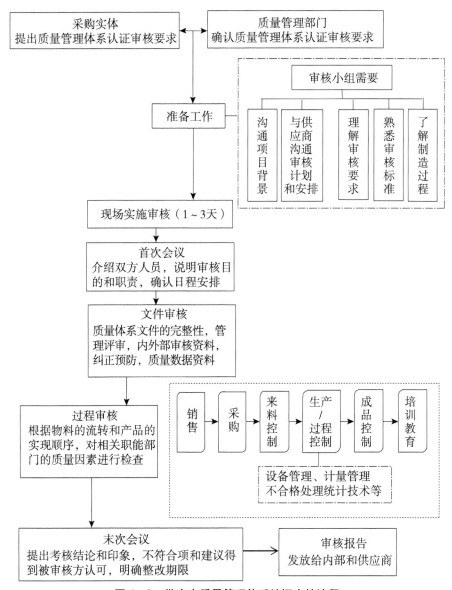

图 6 - 3　供应商质量管理体系认证审核流程

表6-3   现场质量体系审核总结表

审核要点	职能部门	具体内容	支持性文件或记录	供应商的普遍问题和建议
管理职责	管理层规定	公司的质量方针和质量目标；组织结构和职责权限	质量手册	
质量方针目标	管理层规定跟踪部门	质量目标的分解和达成情况统计分析	质量目标达成的情况报告和质量月报等	欧美企业相对注重质量成本，因此国内企业应对内部和外部的质量损失进行统计并设定合理目标
管理层和质量体系	管理者代表	管理层对质量体系的评价	管理评审资料	
顾客要求	销售部门	合同评审和顾客满意度调查	合同评审记录和顾客满意度调查记录	特别是合同的初次评审要留下书面记录
采购和供应商控制	采购部门	对供应商的管理，对供应商提交样品和产品的控制，图纸规格控制等	合格供应商清单、对供应商供货资格的考核、供应商供货业绩评价、采购样品验证等	对供应商的管理可以按照采购物品的重要程度区别对待
原料控制	进货检查部门和仓库	进货检查的规范和进货检查记录，不合格时的处理，原料库管理	进货检查指导书、检查记录、不合格处理记录、供应商整改要求	需要明确进货物料检查状态，仓库要先进先出
生产控制产品实现	制造和过程检查	过程的控制，如生产条件和工艺监控，过程检查，过程中半成品的状态和保护	工艺记录、条件确认表、过程检查记录，如首检、巡检、半成品的流转记录和可追溯记录	生产条件不符合工艺要求，特别是特殊工序的管理应按照要求进行；有使用流转卡但信息不完全，不能保证整个过程的追溯，如原材料批次等
设备管理	设备部门	日常点检，计划性的预防维护	每日点检表、维护记录、设备管理的文件	仅有修理，没有预防性维护

审核要点	职能部门	具体内容	支持性文件或记录	供应商的普遍问题和建议
计量管理	计量部门	检查器具的管理和计量	计量的周期和计划、计量状态的标识、计量的证书和记录	忽略部分应当计量的检具，如塞规、设备的关键仪表等
成品管理	出厂检查部门和仓库	最终检查的标准和最终检查记录，成品仓库的管理	最终检查指导书、检查记录、不合格批次的处理记录、成品仓库管理	
改进和数据利用	质量管理部门	纠正预防、统计技术的运用	内部纠正预防记录、顾客投诉的处理、统计报告等	缺乏对纠正措施的验证
设计开发	技术部门	新产品的开发和质量控制	样品检查的记录、产品控制计划、失效模式分析等	建议建立跨部门的小组
文件记录控制	文控部门	文件版本控制	发放回收记录	面对众多的记录不能迅速检索
培训	人力资源	培训	培训计划和记录、质量相关的培训活动	

6.6.3　货物质量检测

6.6.3.1　采购实体宜组织对拟采购或已采购的货物品目、细目开展有计划的质量检测，并将检测结果应用到采购相关环节。

6.6.3.2　货物质量检测宜包括：

——采购前评价（选型）检测：采购实体可对拟参加采购的供应商产品进行检测；可考查供应商所提供的产品能否满足企业相关技术规范、标准和质量要求。

——新品首次检测：采购实体对首次采购的新品应组织有关部门进行考核检测。

——现场检测：对重要供应商的产品可运用物联网技术监测供应链生产工作状态。

——出厂检验：采购合同签订后即将发货阶段，采购实体可在供应商工厂现场抽样检测，查验供应商按照合同约定履行产品供应的情况。

——到货检测：采购实体可对到货物资品目检测，包括抽样送检和现场检测；确保供应商所提供的产品质量符合采购合同相关约定。

——运行质量监测：在合同约定的保修期内，采购实体可对运行的设备功能、性能和可靠性进行质量监测。

【释义】

企业质量保证体系建设包括了确定全面质量管理主体、生产过程控制、员工培训、强化工序检验、供应商管理和采购过程管理等方面。本节主要对其中的检测程序作了规定。

企业可制定《采购××质量检验管理规定》，分类对企业采购的货物、工程和服务验收进行管理，制度规定包括企业检测主体、检测流程、检测方法、检测不合格处理、检测费用结算（如有）等内容。本标准仅对质量检测的环节作了基本规定。

6.6.3 规定了货物质量检测的环节，包括采购前、生产过程中、出厂检验、到货检验和运行监测五个环节。

【案例】

陕西奥凯电缆事件对采购检测的启示
——过程检测的必要性

陕西奥凯电缆事件是 2017 年 3 月 13 日发生在陕西西安的一起地铁问题电缆事件。

一、事件起因

2017 年 3 月 13 日，一名自称是陕西奥凯电缆有限公司员工的网友，在网上发布了一篇名为《西安地铁你们还敢坐吗》的帖文。帖文称，西安地铁三号线存在安全事故隐患，整条线路所用电缆"偷工减料，各项生产指标都不符合地铁施工标准"，电缆线径的实际横截面积小于标称的横截面积，会造成电缆电线的发热过大，不仅会损耗大量动力，还可能引发火灾，业内专家说，"问题电缆"在使用中由于铜导体偏小，而电流大，会造成发热，引起燃烧。因此，使用"问题电缆"等于埋了枚"地雷"，随时随地都可能"引爆"，其后果不堪设想。

2017 年 3 月 16 日，西安地铁官方回应称，已经成立调查组开展广泛核查。3 月 16 日晚，西安市政府就有关舆情作出回应称，送检随机取样 5 份样品。3 月 20 日晚 9 时 30 分，西安市政府公布抽检结果：5 份电缆样品，均为不合格产品。

二、处理结果

西安市政府现场表态：在保证三号线安全运行的前提下，积极实施整改，争取用最短的时间将问题电缆全部更换。

陕西奥凯电缆事件受到铁路部门高度重视。铁路部门迅速组织专门力量，要求铁路在建工程项目中的施工单位根据奥凯电缆的情况进行全面排查。目前，有关铁路企业已对宝兰、西成、渝黔、兰渝等铁路项目使用的奥凯公司提供的电缆，全部进行更换。

2017年6月，国务院决定依法依纪对西安地铁"问题电缆"事件严厉问责，依法依纪问责处理相关地方职能部门122名责任人，包括厅级16人、处级58人。

三、事件对采购检测的启示

本批电缆通过招标采购采用低价竞标的方式获得订单。在生产过程中，为了获得一定利润，使用劣质材料降低成本，西安地铁三号线需要95平方的电缆，企业采购70平方的电缆用95平方规格进行包装。在该类产品中只通过出厂检验或到货检验都很难发现问题，所以，对重要采购供应还应进行生产过程的检验。

6.6.4　工程质量检测

6.6.4.1　工程质量检测应依照国家有关法律法规、行业有关标准和合同约定进行。

6.6.4.2　对隐蔽工程，采购实体应及时安排检测，并做好摄影、摄像等记录工作。

【释义】

工程质量检测包括过程检测和竣工检测。一般竣工检测和验收工作一并进行。工程过程检测的关注点应当是对隐蔽工程的质量管控。其中，施工监理对隐蔽工程的质量检测是工程质量管理的重要措施之一。

由国家发展改革委等部委编制的《标准施工招标文件》"第四章　合同条款及格式"关于工程质量检测作了如下规定：

"13. 工程质量

13.3 承包人的质量检查

承包人应按合同约定对材料、工程设备以及工程的所有部位及其施工工艺进行全过程的质量检查和检验，并作详细记录，编制工程质量报表，报送监理人审查。

13.4 监理人的质量检查

监理人有权对工程的所有部位及其施工工艺、材料和工程设备进行检查和检验。承包人应为监理人的检查和检验提供方便，包括监理人到施工场地，或制造、加工地点，或合同约定的其他地方进行察看和查阅施工原始记录。承包人还应按监理人指示，进行施工场地取样试验、工程复核测量和设备性能检测，提供试验样品、提交试验报告和测量成果以及监理人要求进行的其他工作。监理人的检查和检验，不免除承包人按合同约定应负的责任。

13.5 工程隐蔽部位覆盖前的检查

13.5.1 通知监理人检查

经承包人自检确认的工程隐蔽部位具备覆盖条件后，承包人应通知监理人在约定的期限内检查。承包人的通知应附有自检记录和必要的检查资料。监理人应按时到场检查。经监理人检查确认质量符合隐蔽要求，并在检查记录上签字后，承包人才能进行覆盖。监理人检查确认质量不合格的，承包人应在监理人指示的时间内修整返工后，由监理人重新检查。

13.5.2 监理人未到场检查

监理人未按第13.5.1项约定的时间进行检查的，除监理人另有指示外，承包人可自行完成覆盖工作，并作相应记录报送监理人，监理人应签字确认。监理人事后对检查记录有疑问的，可按第13.5.3项的约定重新检查。

13.5.3 监理人重新检查

承包人按第13.5.1项或第13.5.2项覆盖工程隐蔽部位后，监理人对质量有疑问的，可要求承包人对已覆盖的部位进行钻孔探测或揭开重新检验，承包人应遵照执行，并在检验后重新覆盖恢复原状。经检验证明工程质量符合合同要求的，由发包人承担由此增加的费用和（或）工期延误，并支付承包人合理利润；经检验证明工程质量不符合合同要求的，由此增加的费用和（或）工期延误由承包人承担。

13.5.4 承包人私自覆盖

承包人未通知监理人到场检查，私自将工程隐蔽部位覆盖的，监理人有权指示承包人钻孔探测或揭开检查，由此增加的费用和（或）工期延误由承包人承担。

13.6 清除不合格工程

13.6.1 承包人使用不合格材料、工程设备，或采用不适当的施工工艺，或施工不当，造成工程不合格的，监理人可以随时发出指示，要求承包人立即采取措施进行补救，直至达到合同要求的质量标准，由此增加的费用和（或）工期延误由承包人承担。

13.6.2 由于发包人提供的材料或工程设备不合格造成的工程不合格，需要承包人采取措施补救的，发包人应承担由此增加的费用和（或）工期延误，并支付承包人合理利润。"

6.6.5 服务质量评价

6.6.5.1 采购主体应根据服务类采购合同对服务质量进行评价。

6.6.5.2 采购主体可通过第三方测评、被服务对象的模糊评价等方式对服务质量进行事后评价。

【释义】

企业在运行过程中，需要采购大量服务。包括技术咨询、劳务服务、产品运行维护服务、物流与仓储服务、其他服务如金融、广告、法律等。

服务采购的最大特点就是服务的模糊性，包括采购需求模糊、采购方法模糊、采购结果模糊、采购验收评价模糊。因此，对服务项目的验收大都是事后评价，或第三方评价。如在《〈国有企业采购操作规范〉释义》一书中（P138）案例"动车转让技术实施评价"中，考核老师的办法是第三方出题，学生考不及格不给老师发工资或扣工资。

服务活动的评价可由服务对象来进行。如某企业通过学员问答对培训效果进行评价，用于第下一阶段选聘教师的依据，如表6-4所示。

【示例】

表6-4　　　　　　　　　培训效果评估表

培训效果评估表

课程名称：

| 参加单位名称： | 姓名： | 培训地点： |

亲爱的学员：

我单位非常感谢您的参与！非常希望能得到您的宝贵意见以改善讲师培训效果和培训组织工作，请您根据客观情况填写下表，谢谢您的合作与支持！

讲师部分满意度调查，请客观评价。

讲师姓名	表达能力满分20分	课件准备满分20分	针对性满分10分	教学方法满分20分	达成目标满分30分	其他	总分

课程部分满意度调查，请客观评价。

1. 培训内容？

　　　　　□A 非常符合补充受益　□B 基本符合简单应用　□C 不合需求无收获

2. 培训形式？

　　　　　□A 生动＼精彩＼交流互动　□B 比较生动有一定吸引力　□C 呆板不吸引人

3. 表达清晰准确？

　　　　　□A 清晰完整　□B 一般　□C 模糊欠完整

4. 培训时间安排？

　　　　　□A 时间合理＼长短适中　□B 较为合理　□C 给予调整

5. 培训师准备？

　　　　　　　　　□ A 充分准备　□ B 良好准备　□ C 仓促且经常出错

6. 培训氛围效果？

　　　　　□ A 活跃保证学习效果　□ B 不是很好需要改进　□ C 氛围很差

7. 是否达到预期目标？

　　　　　　□ A 达到或超过预期　□ B 基本达到预期　□ C 没有达到预期

8. 培训组织满意程度？

　　　　　　　　　　　　　　　□ A 满意　□ B 一般　□ C 不满意

9. 班主持服务？

　　　　　　　　　　　　　　　□ A 满意　□ B 一般　□ C 不满意

10. 您认为此次培训还应增加哪些方面的课程（您还需要增加对什么方面知识的了解和提高？）？

11. 您认为培训师授课还需在哪些方面提高？

12. 您从此次课程学到了哪些知识点？

13. 意见与建议：您认为我们应如何改进此类培训课程？

6.7　采购风险管理

【概说】

一、风险管理的起源

　　风险管理作为企业的一种管理活动，起源于 20 世纪 50 年代的美国。当时美国一些大公司发生了重大损失使公司高层决策者开始认识到风险管理的重要性。其中一次是 1953 年 8 月 12 日，通用汽车公司在密歇根州的一个汽车变速箱厂因火灾损失了 5000 万美元，成为美国历史上损失最为严重的 15 起重大火灾之一。这场大火与 50 年代其他一些偶发事件一起，推动了美国风险管理活动的兴起。后来，随着经济、社会和技术的迅速发展，人类开始面临越来越多、越来越严重的风险。科学技术的进步在给人类带来巨大利益的同时，也给社会带来了前所未有的风险。

20世纪50年代风险管理发展成为一门学科，风险管理一词才形成。20世纪70年代以后逐渐掀起了全球性的风险管理运动。中国对于风险管理的研究开始于20世纪80年代。1983年在美国召开的风险和保险管理协会年会上，世界各国专家学者云集纽约，共同讨论并通过了"101条风险管理准则"，它标志着风险管理的发展已进入了一个新的阶段。1986年由欧洲11国共同成立的"欧洲风险研究会"将风险研究扩大到国际交流范围。1986年10月，风险管理国际学术讨论会在新加坡召开，风险管理已经由环大西洋地区向亚洲太平洋地区发展。风险管理是指如何在一个肯定有风险的环境里把风险减至最低的管理过程。

二、风险

指生产目的与劳动成果之间的不确定性，大致有两种定义：

一种定义强调了风险表现为收益不确定性；另一种定义则强调风险表现为成本或代价的不确定性。若风险表现为收益或者代价的不确定性，说明风险产生的结果可能带来损失、获利或是无损失也无获利，属于广义风险，所有人行使所有权的活动，应被视为管理风险，金融风险属于此类。而风险表现为损失的不确定性，说明风险只能表现出损失，没有从风险中获利的可能性，属于狭义风险。

三、风险管理

风险管理是社会组织或者个人用以降低风险的消极结果的决策过程，通过风险识别、风险评估，并在此基础上选择与优化组合各种风险管理技术，对风险进行有效控制并妥善处理风险所致损失的后果，从而以最小的成本收获最大的安全保障。风险管理含义的具体内容包括：

（1）风险管理的对象是风险。

（2）风险管理的主体可以是任何组织和个人，包括个人、家庭、组织（包括营利性组织和非营利性组织）。

（3）风险管理的过程包括风险识别、风险评估、选择风险管理技术对风险进行控制等。

（4）风险管理的基本目标是以最小的成本收获最大的安全保障。

（5）风险管理成为一个独立的管理系统，并成为一门新兴学科。

四、采购风险

采购风险通常是指采购过程可能出现的一些意外情况，包括人为风险、经济风险和自然风险，具体来说，如采购预测不准导致物料难以满足生产要求或超出预算、供应商群体产能下降导致供应不及时、货物不符合订单要求、呆滞物料增加、采购人员工作失误或和供应商之间存在不诚实甚至违法行为等。这些情况都会影响采购预期目标的实现。

关于供应链的风险研究最早是由英国交通部（Department for Transport）发起，并由英国克兰菲尔德大学管理学院（Cranfield School of Management）组织研究。在其研究报告中首次提出形成供应链风险的"驱动因素"可归纳为外部驱动因素和内部驱动因素两类。

五、采购风险管理

采购风险管理应以采购策略的制订和执行为基础，以发布的采购价格、质量预警为引导，以企业内控制度的完善和采购过程的监督为保障，对企业采购的风险综合管理。

通俗讲，采购风险就是我们买到的不是自己想要或满意的，或因买不到而影响生产，甚至可能引起诉讼的情形，企业应当运用识别、评估、控制的办法避免或减少企业不必要的损失，即所谓企业对采购风险的管理。

依据风险驱动理论，我们从外部风险和内部风险两方面对企业采购进行风险管理。

本节包括一般规定、风险防控组织系统的建设和运行、外部风险管理和内部风险管理。

企业风险管理体系覆盖采购、生产运营、物流等供应链管理的全部环节。

采购风险管理应以采购策略的制订和执行为基础，以发布的采购价格、质量预警等重要指标为引导，以企业内控制度的完善和采购过程的监督为保障，对企业采购的风险防控综合管理。

在企业采购环节，不同的采购策略其风险表现不同，比如，针对瓶颈类供应商，其风险表现是能否保证基本供应，针对杠杆类供应商的风险表现是价格出现异常等，因此应以采购策略作为风险管理的基础；在采购环节，质量、价格、交货期（工期）无疑是最重要的预警信号，"大风起于青萍之末"，采购部门针对预警信号应当依据风险管理制度规定的程序启动风险管理预案，在企业风险管理部门的统一领导下，在采购环节积极应对，包括在供应商库启动预备寻源方案，增加库存等。

6.7.1 采购风险信息系统的建设和管理

6.7.1.1 采购实体应建立包括设计、供应、生产、销售和服务等部门联动的采购风险管理系统，实现风险信息的收集、整合、分析、预警、监控。

6.7.1.2 采购实体通过风险管理系统发现异常情形，应及时提出预警信息报告。

6.7.1.3 采购实体应对主要采购风险防控点制订风险防控预案，明确相关部门的职责范围；在风险发生时，采购实体可依据实际情况选择并实施与之对应的应急方案，降低风险带来的损失。

【释义】

6.7.1是关于采购风险信息系统建设和管理的规定。

采购风险包括外部风险和内部风险，外部风险包括意外风险、价格风险、质量风险、技术进步风险和合同履约风险等；内部风险包括计划风险、合同风险、验收风险、库存风险和责任风险等。为应对企业经营风险，企业大都建立了企业经营风险管理系统。

6.7.1.1 是关于企业采购风险系统建设的规定。不言而喻，该系统是企业全面风险系统的组成部分。该系统和企业 ERP 系统连接，沟通采购、供应、生产、库存、销售等部门；系统应具备风险信息的收集、整合、分析、预警、监控等功能。

6.7.1.2 规定了采购实体在系统运行中的责任，即出现风险信息，采购实体应按照管理程序发出预警信息报告。

6.7.1.3 规定了采购实体处理采购风险的职责。采购实体应依据企业经营风险统一部署，针对采购业务部门的风险点实施监控，并制订应对预案，采购部门各职能岗位启动、实施应对预案的内容、程序。

企业电子采购平台应建立应急采购绿色通道。风险处理属于紧急应对的，采购部门可依据《国有企业采购操作规范》关于直接采购的规定直接采购。

【案例】

爱立信主动供应链风险管理系统的建设和运行[①]

2000 年，西门子的芯片库房遇到火灾，烧毁了大部分的芯片。当时诺基亚公司派人到受灾库房找到了一些未被烧毁的芯片，以减缓断货带来的冲击，那时诺基亚手机断货 7 天，而爱立信只顾与西门子打官司，造成爱立信手机断货 3 个月（或更长），从此退出手机领域，但是其他业务并没有受到影响。火灾事故之后，爱立信充分意识到不仅要管理好企业内部的风险，而且要管理好供应链上各成员企业风险。因此，爱立信成立了专门的风险管理委员会，设计并实施了供应链风险管理流程和工具，其目的就是要实现供应链风险的最小化。

一、风险识别

爱立信主要通过界定与供应商之间的业务流，定义流程中的关键部分和风险来源来识别风险。目前，爱立信已对一、二级供应商的一万多个风险因素进行了分析，将风险分为四个等级。一级：非常不可能发生；二级：不可能发生；三级：可能发生；四级：非常可能发生。

$$风险值 = 后果 \times 概率$$

1. 风险因素按产品的来源数量分类

一级：产品有一个以上的采购源；

二级：产品只有一个采购源，其他采购源能获得但没被采用；

---

① 徐娟、刘志学：《爱立信的主动供应链风险管理》，发表在《中国物流与采购》2006 年第 23 期。本书引用时做了修改，并改了标题。

三级：产品只有一个采购源，其采购源能获得但存在一定困难；

四级：产品只有唯一采购源，没有其他的采购途径。

2. 按照事故发生后影响分类

产品的采购源越少，发生业务中断造成的损失将越大。因此，爱立信按照事故发生后影响企业生产经营的时间长短（即业务恢复期），将风险影响因素也分成四个不同的等级：

一级：3 个月以下，能从其他采购源获取货物；

二级：3~8 个月，能从其他采购源获取货物；

三级：9~12 个月，重新寻找新的可替代采购供应源；

四级：12 个月，对产品进行重新设计，建立新产品单元供应源。

二、风险评价

爱立信开发了一个称之为 ERMET（Ericsson risk management evaluation tool）的风险管理评价工具，用以详细评价企业的各个方面，包括业务控制、环境风险、现场风险和业务中断处理。ERMET 主要集中用于生产事故以及企业流程中断处理。ERMET 中的每一个子领域都需要从不同的方面进行全方位的评价，如环境风险包括自然风险和人为风险，自然风险和人为风险又包含多个子风险因素。当风险或不确定性来源被识别后，再根据具体情况制订相应预防措施。而且被识别的风险和采取的措施都要求写进专门的档案，以备将来借鉴进行风险监控。

三、风险处理

爱立信的风险处理包括规划设计风险缓冲策略及风险决策。风险处理流程采取线型责任制。在事故发生后，供应商必须及时向爱立信的风险管理部门提交事故报告，风险管理委员会再集中生产部门、采购部门和供应部门共同决策事故处理对策，并通知各个产品部门和市场领域。绝不允许供应商不报告事故，也不允许先向新闻机构或媒体报告。

四、风险监控

爱立信对于经常性发生的事件或高风险事件，在缓解后若仍不能达到可接受的风险水平，都需要进行持续监控。在实施风险监控的过程中，特别重视供应商和下级供应商风险管理流程的实施状况。

五、持续性计划

为了规划持续性计划方案，爱立信在企业内部局域网中设计了专门的持续性计划管理建议箱，企业的每一个员工可以在建议箱里留言，提出自己的改进方法。爱立信以前的持续性计划重点在现场恢复，现在已转移到整个供应链，强调与供应商共同进行风险管理。

目前，爱立信正在与供应商协商，将以下要求写进合同条款以实现与供应商共同实施供应链风险管理：

（1）供应商应制订一个安全采购计划，包括定期制订企业持续性发展计划。

（2）供应商应为每一个相应的部门确定后备资源。

（3）负责安全采购计划的人员应在每一个相应的部门内指定。

（4）供应商应及时报告事故。

（5）允许爱立信对计划进行补充。

（6）供应商应和他的供应商及合作方积极开展风险管理工作。

六、关于 ERMET

爱立信风险管理评价工具（ERMET），如图 6-4 所示。

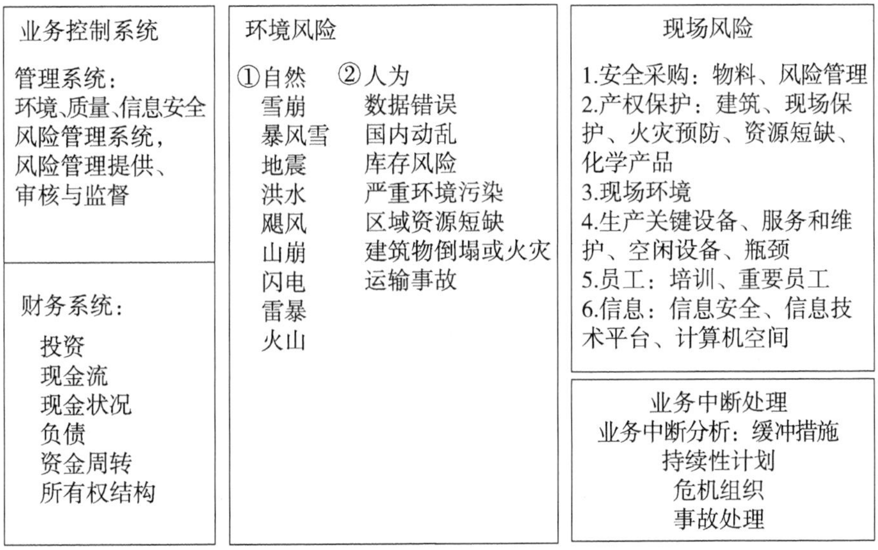

业务控制系统	环境风险	现场风险
管理系统： 环境、质量、信息安全 风险管理系统、 风险管理提供、 审核与监督	①自然 　②人为 雪崩 　　数据错误 暴风雪 　国内动乱 地震 　　库存风险 洪水 　　严重环境污染 飓风 　　区域资源短缺 山崩 　　建筑物倒塌或火灾 闪电 　　运输事故 雷暴 火山	1.安全采购：物料、风险管理 2.产权保护：建筑、现场保护、火灾预防、资源短缺、化学产品 3.现场环境 4.生产关键设备、服务和维护、空闲设备、瓶颈 5.员工：培训、重要员工 6.信息：信息安全、信息技术平台、计算机空间
财务系统： 　投资 　现金流 　现金状况 　负债 　资金周转 　所有权结构		业务中断处理 业务中断分析：缓冲措施 持续性计划 危机组织 事故处理

图 6-4　爱立信风险管理评价工具（ERMET）图

6.7.2　采购风险防控管理

6.7.2.1　企业应防范采购过程中来自外部的意外风险、价格风险、质量风险、技术进步风险和合同履约风险等，并重点管控价格风险、质量风险和合同履约风险。

【释义】

外部风险主要是指经济风险、政策风险、供应商风险等因素造成的不确定性。

6.7.2 是对企业外部风险管控的概括性规定，包括意外风险、价格风险、质量风险、技术进步风险和合同履约风险。而所谓意外风险就是发生概率很低的事件。如由于为诺基亚代工的 4600 万块手机电池存在过热风险，2007 年松下负责为诺基亚全球更换手机电池买单，估计更换成本为 8600 万至 1.74 亿美元。2006 年，索尼生产的笔记本电池被宣布召回，原因是电脑电池中混入的金属微粒可能与电池的其他部分相接触，从而导致在电池内部发生短路。索尼公司估计为苹果和戴尔笔记本电脑电池召回计划提供支持的总成本将达到20亿至30亿日元（1.721亿~2.581亿美元）。

又比如美国克莱斯勒公司在1984—1994年生产的400万辆厢式车因门锁常无故打开问题进行的召回事件中，仅更换门锁零件的成本就达2亿美元。

所谓技术进步风险，一是企业的产品由于社会技术进步引起贬值，无形损耗甚至被淘汰，原有已采购原材料积压或者因质量不符合要求而造成损失。二是采购物资由于新项目开发周期缩短，如计算机新型机不断出现，更新周期越来越短，刚刚购进了大批计算机设备，但因信息技术发展，所采购的设备已经被淘汰或使用效率低下。

在采购供应领域，采购价格、质量和合同缔约履约等方面风险是常见风险。

一、价格风险控制

在外部采购风险管控中，价格风险是集中体现。影响价格风险的因素很多，本条是针对由于外部因素造成的价格风险管理。所谓外部因素是指如汇率变化、原材料价格变化等对企业造成的影响。企业财务部门如财务中心、财务公司等可依法合规使用金融衍生产品支付采购合同款，财务部门对合同的风险敞口①应采取套期保值②的办法。下面的案例是商业银行的专家对外汇套期保值的讲解，供企业财务部门的新手学习参考。

【案例】
外汇套期保值：业务实践、风险防范和案例剖析③

2014年以来，随着国内、国际市场不确定性增加，人民币汇率呈现双向波动态势，且波动幅度逐年扩大，波动周期越发短暂。

汇率的市场化波动，无疑会对有外汇敞口的企业形成巨大挑战。商业银行有责任引导企业利用当前的重要时间窗口积累汇率避险经验，强化"风险中性"意识，协助企业尽快掌握正确的汇率避险理念与工具。

（一）企业外汇风险管理难点

一是许多企业，尤其是民营企业，在外汇风险管理领域缺乏专业的框架和人员，既存在主观上认知能力的局限性，又受到客观上企业内部流程和制度的制约。

这类企业往往在行情已经明显不利于生产经营时才开始关注汇率避险，在

---

① 风险敞口：是指未加保护的风险，即因债务人违约行为导致的可能承受风险的信贷余额，指实际所承担的风险，一般与特定风险相连。

② 套期保值（hedging），俗称"海琴"，又称对冲贸易，是指交易人在买进（或卖出）实际货物的同时，在期货交易所卖出（或买进）同等数量的期货交易合同作为保值。它是一种为避免或减少价格发生不利变动的损失，而以期货交易临时替代实物交易的行为。

③ 马志德：原文刊于《中国货币市场》，本文引自百度。

焦虑、恐慌以及内部压力下恐慌性入场"止损"，锁定之后经常遭遇行情反转，导致套保效果持续不佳。

二是依然有相当数量企业的管理层缺乏"风险中性"理念，将外汇套期保值视作对汇率走势的押注，并以交易盈亏来衡量财务团队套期保值管理效果，导致财务人员在执行过程中承担了巨大的心理压力，不是过分关注行情走势，就是尽量避免操作衍生产品。

三是企业所处的市场竞争越来越激烈，外贸商业合同的定价稳定性和收付款现金流的确定性均有减弱。同时外汇套期保值不再局限于贸易项下，资本项下的汇率避险需求也逐渐增多，依靠简单的外汇衍生产品和机械的外汇套保思路已经显得捉襟见肘，难以满足日益复杂的管理需求。

（二）商业银行助力企业管理外汇风险

企业在外汇风险管理中遇到的困境，反映出市场"风险中性"理念的缺失，这也进一步凸显了商业银行引导企业落实"风险中性"原则的重要性。

在和企业交流外汇风险管理的过程中，商业银行在分享经济基本面、市场技术面等汇率走势分析的同时，也要着重强调"风险中性"理念，协助企业制定一套以"风险中性"为核心的汇率管理机制，运用商业银行汇率管理工具管理汇率风险，从而适应人民币汇率双向波动的新常态。否则，若依然过度依赖市场预判，并根据汇率走势变动随意调整策略，就会使套保变为投机，其结果可能是"追涨杀跌"，适得其反。

此外，随着企业走向国际舞台的步伐加快，企业面临的内外环境更加复杂，外汇风险管理的设计需要考虑多重因素，商业银行在和企业沟通过程中需要避免机械式的单维指导，而应在充分沟通的基础上，围绕企业实际情况量身定制有针对性的避险工具和方案。

（三）业务实践及案例分析

1. 更加关注财务报表"汇兑损益"科目管理

过往进出口企业外汇套期保值做法通常基于企业未来外汇收支现金流预测，在汇率达到销售或采购要求的时候锁定一定时期的远期汇率。一方面，随着企业竞争加剧，外贸产品定价波动性上升，影响销售利润或采购成本的要素越发复杂，企业开始难以界定自身的"成本汇率"，传统的现金流避险效果也不容易得到客观科学的评估。

另一方面，在业绩承诺、股权激励等压力下，企业（尤其是上市公司）越发看重财务报表账面利润的稳定性，而财务报表中"汇兑损益"科目是评价企业外汇风险管理最直观的指标，也容易实现"风险中性"的财务管理效果，因此针对财务报表"汇兑损益"的外汇套期保值策略被越来越多的企业采纳。

2. 通过资产负债自然对冲，降低外汇敞口

大幅波动的外汇市场令企业产生了管理"汇兑损益"科目的强烈需求，但

部分企业受制于管理层"风险中性"理念的缺失，财务团队对衍生工具的使用较为谨慎和被动。在此环境下，不少企业转而选择通过调节自身外币资产负债平衡，或调整收付款币种，从而"静态"地消除外汇风险敞口，实现套保效果的同时，无须承担衍生工具可能带来的副作用。

举例说明：对出口企业，若企业外汇应收账款余额稳定在1000万美元上下，则企业可以通过增加1000万美元负债的方式，将财务报表外汇资产和负债敞口形成平衡，从而消除账面外汇净敞口，大幅熨平汇率波动对报表"汇兑损益"造成的冲击。

对进口企业，企业也会争取将付款币种转为人民币，或增持美元资产的方式达到同样的减小敞口的效果。

3. 结合会计周期和远期工具，管理"汇兑损益"

由于外币负债、转换收付款币种等操作会面临企业贷款额度和上下游商业议价的约束，许多时候企业不得不采用衍生工具进行套期保值，在此情况下，可推荐企业结合财务报表周期，通过短期限远期的方式规避"汇兑损益"波动风险。

多数企业财务报表"汇兑损益"的构成，主要为企业外汇资产或负债在不同会计周期中，由于不同的记账汇率重估计算的差额。银行推荐的做法是在本期记账日办理对应的远期交易，远期交易到期日为下个会计记账日，金额不超过企业下个会计记账日需要重估的外汇敞口预估，远期到期后做差额交割处理，差额交割产生的"投资损益"和"汇兑损益"形成互补，进而形成避险效果，稳定财务表现。

虽然一样会面临衍生交易盈亏，但相比于传统的"现金流"式远期避险，该策略远期期限较短，调整灵活，且可清晰表达"风险中性"的财务管理效果，投资者和管理层容易形成直观理解，因此也得到了企业的积极响应。

4. 丰富产品选择

在实际操作中，银行也会在远期的基础上提供多样化的产品选择，以满足企业不同的需求。举例如下。

（1）区间远期。

部分企业在管理财报"汇兑损益"科目时，更加关注对极端行情的规避，同时不想操作频繁的远期差额交割。在此情况下，可推荐企业办理区间远期替代普通的远期交易。

比如A出口企业对美元/人民币在某个点位以上的波动都能承受，则可以考虑办理区间远期进行锁定。假设区间远期的下限和上限价格分别为 X 和 $X+$ 1000pips，则到期日，若美元/人民币市场汇率低于下限价格，则企业用下限价格结汇；若美元/人民币市场汇率处于上下限区间之间，则银企双方没有结算要求，企业可用市场汇率即期结汇；若到期日美元/人民币市场汇率高于上限价格，则企业以上限价格结汇。

只要区间远期的价格下限优于或接近企业的保本汇率，则相比于普通远期，区间远期可在确保企业规避难以承受的不利行情的同时，保留了部分人民币贬值的机会收益，且一定程度降低了到期差额交割的频次。

（2）买入期权。

部分企业在规避风险的同时，希望保留行情波动带来的机会收益，同时内部有对应的财务预算去承担一定的对冲成本，这种情况下银行会推荐企业购买期权。

另外，对于部分资本项下的外汇套期保值，如海外并购等，面临着金额大，项目可能无法落地，以及期限不确定性等问题，这种情况下，买入期权也是比普通远期交易更为有利的选择。若采用普通远期对海外并购进行汇率避险，如果遇到收购失败的情形，远期交易将失去对应的基础资产，从而不得不做平仓处理，当中产生的损益将给企业带来额外的负担，相比之下，买入期权可以较好地避免这类"后遗症"。

比如 A 企业正在进行一笔 2 亿美元的海外并购项目谈判，预计 6 个月后签约付款，企业担心 6 个月后人民币兑美元大幅贬值，导致收购成本超出预算。为规避汇率风险，企业选择向银行购买 6 个月到期的美元兑人民币看涨期权，到期时，若人民币贬值，企业即按约定的执行价格购买美元，若人民币升值，企业可用更优的市场汇率购买美元；最为重要的是，若项目谈判失败，或期限发生变化，期权到期后也不会给企业增加额外的财务负担。

相信随着汇率的市场化波动加剧，以及企业走向国际舞台的步伐加速，市场对外汇套期保值关注度会不断上升，商业银行作为企业的专业合作伙伴，需与时俱进地提高服务能力，持续引导企业树立"风险中性"意识，帮助企业健全汇率避险工具和制度，以应对日益复杂多变的市场挑战。

二、质量风险控制

采购质量风险也是外部风险的因素之一。主要有以下两方面。

一是由于供应商提供的物资质量不符合要求，导致加工产品未达到质量标准，或给用户在经济、技术、人身安全、企业声誉等方面造成损害。

二是因采购的原材料质量有问题，直接影响到企业产品的整体质量、制造加工与交货期，降低企业信誉和产品竞争力。

如某电器厂商，由二级公司供应的 149 号部件经检测没有出现任何质量问题。但是，近来连续接到零售商投诉，用户反映有轻微的电击现象。更严重的是，致使一位患有心脏病的用户受到电击死亡。负面报道开始出现国内媒体上。对此，该电器厂商决定召回过去 4 个月中销售出去的 35000 台吸尘器，并发出指示，绝缘材料必须恢复到原来的标准。该事件给公司造成很大的经济损失，新供应商要达到这个要求至少需要 14 天，而且也必须要提高价格。在此期间，公司的生产组装线不得不停顿下来。但是，为了生存和发展这是企业必须付出的代价。

上述问题的解决需要企业各部门协商、沟通、配合、协作才能完成。

三、履约风险控制

从外部风险管控的意义上讲，合同风险主要是个别供应商钻合同漏洞、钻企业制度漏洞给该企业造成的危害。不属于恶意行为造成的质量、价格等风险可依合同约定提出修理、更换、退货、索赔等要求，恶意合同风险主要表现为合同的欺诈，构成合同的外部风险。表现为以下几方面。

（1）以虚假的合同主体身份与他人订立合同，以伪造、假冒、作废的票据或其他虚假的产权证明作为合同担保。

（2）接受对方当事人给付的货款、预付款，担保财产后逃之夭夭。

（3）签订空头合同，而供货方本身是"皮包公司"，将骗来的合同转手倒卖，从中谋利，而所需的物资则无法保证。

（4）供应商设置合同陷阱，如供应商无故中止合同、违反合同规定等可能性及造成损失。

6.7.2.2　企业应防范采购过程中来自内部的计划风险、合同风险、验收风险、库存风险和责任风险。

【释义】

采购内部风险主要是指人为风险和管理风险。

采购风险控制面对的风险因素很多，如果对所有的风险予以同等的关注会使风险管理成本显著提高，这与提高项目效益的原则是相悖的。在风险管理中，只要识别和量化影响采购主要目标的重要风险，就可以基本达到风险管理控制的目的。对目标影响较小和能被接受的风险可以进行一般性的管理。所以进行风险控制时，只有根据风险对采购主要目标的影响来评估确定风险管理的等级，才能有效制订风险控制的相关措施。

本标准将计划、合同、验收、库存和责任风险作为采购主要风险点予以规范。

一、计划风险控制

采购需求计划的主要风险表现形式有以下三种。

（1）需求或采购计划不合理；

（2）不按实际需求安排采购或随意超计划采购；

（3）与企业生产经营计划不协调。

上述表现形式的根源是需求预测不准确造成的，不准确的原因有以下三个方面。

一是在企业需求管理中，由于市场千变万化和牛鞭效应的影响，需求预测不准确是常态。可以看到：所有的短缺最后都以过剩收尾；而所有的过剩也都是从短缺开始的；所有的预测都不可能完全准确，但有比没有强。

二是需求预测需要多职能部门参与，采购、销售运营、计划和生产等都需要做计划，销售接触市场，是需求的最前端。但销售不熟悉供应，采购熟悉供应，可以弥补供应前端的信息，运营中库存的信息、生产量化信息补充供应链的需求和计划部门综合信息。每个部门都应各尽其责，互相配合。其实，预测就是一个区间，就是短缺和过剩的区间。

三是预测不是固定不变的，需要循环预测，逐渐迫近。一个需求信息，从产生到采购、生产完工，变动是正常的。所以对需求预测的修正是一个循环过程，前端的销售、后端的运营（计划）生产应及时沟通。

综合上述，预测风险的管控就是企业采购、销售、运营、计划和生产各部门的沟通协作和配合。

比如，某销售员接到一个订单，在签订合同前应和计划部门对接，计划员来预测，评估库存风险，如果定制件太多，呆滞库存的风险高，合同潜在利润低或亏本，就应通知销售员这个合同可以不签。

二、采购合同风险控制

从风险驱动因素划分合同风险分为外部风险和内部风险。从合同风险阶段划分，又分为合同签订过程和合同履行过程的风险。

采购风险管理的内容包括风险的识别、评估和控制三个步骤，其中关于合同风险控制管理指由于企业内部因素造成的风险应对。

【示例】

采购合同的风险管理

（一）合同是预防和规避风险的重要手段

企业采购过程是满足生产运营需要确定供应商的活动，不仅其自身充满不确定性的风险，而且是对未来项目实施风险的预防性安排。采购形成的合同是其具体的采购成果，是项目风险管理的重要手段，合同管理贯穿采购的全过程。

在交易活动中，合同管理的目的是采购人通过在合同的制订和实施过程中所进行的计划、组织、指挥、监督和协调等工作，促使项目各参与方、各环节相互衔接、密切配合，以确保各项目标最终得以实现。

合同管理风险可以分为合同制订过程和合同实施过程两个阶段的风险。合同制订的目的是满足合同实施的管理需求；合同实施的成效是合同制订工作质量的体现。

（二）合同制订过程风险的管理

合同制订过程的风险是采购的主要风险之一。合同制订过程的采购风险管理分为识别、评估和控制三个步骤。

1. 采购合同制订过程的风险识别

采购项目的成果主要是确定供应商和项目合同：一方面成交供应商应具备

兑现合同要求的项目履约能力和诚信；另一方面采购人与供应商都有着各自的利益诉求，因此合同应该与采购人、供应商的能力、诚信及其利益需求有机衔接，能够构建确保采购人与供应商共同顺利完成合同要求的工作平台。协调双方的利益是采购及其合同制订过程的基础工作。

（1）识别采购人与供应商利益诉求的不同点。

（2）评价采购人与供应商之间利益平衡的条件和可行性（包括变更、调价、索赔）。

（3）评估确定平衡利益诉求措施的有效性和风险。

（4）制订合理科学、具有预见性的相关管理措施。

（5）把相关管理措施与采购方案结合实施。

（6）各方利益诉求的平衡规定应在最终的合同中得到有效体现。

上述活动实际是项目采购人、供应商在采购过程中预见性的策划、系统的实施运行和反复协调沟通的过程。

合同制订过程应充分满足项目实施的风险预防需求。采购项目的目的是通过合同的制订使采购人与供应商共同确保项目目标的实现。采购程序与合同条款制订的关系是相互关联、相互作用的工作整体，充满了各种不确定性，因此采购项目的合同制订必须以项目实施过程的风险预防为基点。

2. 采购合同制订过程的风险评估

风险评估时，应根据风险事件对招标采购主要目标的影响程度来确定风险管理的等级。

（1）采购实施过程的风险评估。

采购实施阶段的风险主要来自资格预审。资格预审是招投标实施过程中的重要步骤，通过资格预审招标人可以筛除那些信誉度不高、承担项目能力不强的供应商，在很大程度上降低了采购产生的风险。在资格预审中，主要进行以下两个方面的评估。

①道德风险评估：采购人的道德风险主要指"串标"，采购人和某供应商达成私下交易，帮助其实现成交；供应商的道德风险主要指"挂靠"。"串标"和"挂靠"在采购实施过程中具有一定的普遍性，发生的风险概率较高，潜在损失极大，是采购活动实施环节的最大风险。

②认知风险评估：认知风险来源于对供应商的信息不能全面了解，资格预审文件编制范围定得宽泛，就会起不到资格预审的作用，增加项目风险；如果用一个标准衡量，又会失去利用风险的机会。认知风险发生概率较低，潜在损失不大，是采购实施环节风险较小的风险。

（2）招标采购合同条款的风险评估。

合同风险中的一种重要风险就是合同条款的风险。合同内容约定不明确、条款不齐全所产生的争议对合同最终全面履行会带来严重的影响。合同签订时主要条款的设置如果存在普遍性风险，潜在风险损失很大。主要从以下四点对合同条款的风险进行评估。

①标的条款的风险评估：对标的条款的风险评估主要包括对其数量条款和质量条款的评估。在标的的数量条款中对计量单位、计量方式及其他可能影响数量的内容规定明确；质量条款中对质量的权利性保证（对标的处分权的保证）、效能性保证（保证标的符合事先约定的参数、能达到预期的用途）、完整性保证（保证标的及其配套设施完整、齐备）、质量检验维修保证及保证期等规定明确。此外，最好能根据行业标准采用格式条款，以减少合同签订的随意性。

②合同条款的风险评估：金额的大小写一致，没有发生涂改以避免产生歧义；金额中涉及税金的，对税金的承担方式约定明确；货款的支付条件、支付方式约定明确，以降低交易风险。

③履约条款的风险评估：由于履约条款与违约条款、风险分担分割点及纠纷的管辖均具有密切的联系，因此在签订合同时要站在系统的角度全面考虑，综合衡量以力求准确。在该条款中，对合同履行的地点、合同履行的时间及合同履行的义务人等约定明确，避免由于对方履约能力弱、对方利用条款中的漏洞或双方对条款产生误解而导致的风险。

④违约条款的风险评估：违约条款是合同产生约束力的必要条件，是双方履约的保障。在该条款中，当一方不履行义务或履行的义务不符合条款约定时，对违约方违约责任的承担方式（继续履行、采取补救措施或赔偿损失）的规定要明确；违约金的数额及对违约产生的赔偿额的计算方法要约定明确，避免双方在违约金问题上纠缠不清。

3. 采购合同制订过程的风险控制

采购项目在合同制订阶段的风险控制是比较复杂的。由于对风险的敏感度不同，不同的采购人对同一类风险所采取的控制措施是不同的，需要根据采购的具体情况和风险管理者的心理承受能力，以及抗风险能力去确定风险控制策略。

采购过程具体的风险控制措施主要包括以下几种。

（1）招标阶段的风险处置。

招标，在合同的意义上，就是采购人的要约邀请，招标系指邀请投标、邀请递交提交书，或者邀请参加征求建议书程序或电子逆向拍卖程序；即招标是各种采购方式的要约邀请。

采购人需要对风险较大的因素，包括外部风险（经济、政策风险和地区保护主义的风险）和供应商的风险等因素进行有效控制。主要内容如下。

①合理制定资格审查标准确定资格审查方法：针对项目特点在充分调研的基础上制定合理的资格审查标准，同时依据供应商的数量和项目性质确定资格审查的方法。

采购人应认真考察供应商的技术、经济和管理等综合实力，侧重于其总体能力是否适合采购项目的要求。切实防止挂靠、围标、串标的供应商混入其中。确保参加采购活动的供应商符合项目履约能力的要求。

②科学策划和编制采购文件：科学策划和编制采购文件可以规避采购过程风险、人为风险、决策风险造成采购人的损失。采购人应从以下几个方面实施。

——应充分根据项目规模、项目特点和项目性质等，合理确定采购范围和采购方式。

——根据市场因素、供求关系及其采购人的项目管理目标，综合协调平衡后，确定项目采购策略。

——采购文件对采购内容的描述一定要严密、完整；采购程序、成交条件应明确、具体；合同草案应当公平、合理。

③招标文件中合同条款的风险管理：通过对合同设置针对性的策略，防止合同的漏洞对采购人造成的损失，另外可以利用合同条款进一步明确当事人的权利和义务，转移部分采购风险。

——在主要条款起草过程中应做到对合同中关键词语的定义解释严密，不留漏洞，明确双方权利、义务关系。

——明确合同款支付方式，以及对供应商及项目经理的特殊要求，尽量规避一些可能引起索赔的条款以及硬性规定业主义务的条款。

——依据风险与责任的分配原则，明确采购人承担的风险：不可抗力风险，如自然灾害风险、社会风险（罢工、骚乱等）和政治风险（战争等），经济环境变化风险（物价、汇率变动、劳动力成本调整等），法律变动风险等。采购人承担风险之外的风险则由供应商承担。

——明确不可预见事件发生时的处理方案，合同发生争议时的解决方法及诉讼或仲裁地点。

④供应商担保：通过供应商担保可以有效控制采购中供应商随意撤销要约的风险，是转移违规行为风险、保证采购人采购成功进行的有效方式，通常采用递交保证金的方式。

（2）要约处理和确定成交人阶段的风险处置。

①要约文件的处理：供应商要约后，采购活动进入要约文件的处理阶段。在招标采购中，评标工作由招标人依法组建的评标委员会负责。如果随机抽取专家不能保证项目需要，招标人可以依法直接确定评标专家。对于在评标过程中发生的异常现象，应及时向上级或监督部门报告，并及时评估相关评审结果的公正性，避免各种可能的人为恶意操作的风险。

②确定成交商：合理确定成交供应商是采购人的权利，是防止资格预审和评审失误的关键环节。采购人应当对评审委员会提交的评审报告进行认真严格的审查，必要时，可以邀请有关专家对评审报告的公正性和评审建议进行评价，

如果供应商资格发生变化，采购人可以要求原评审委员会对成交供应商重新进行履约能力审核。

采购人依采购文件确定的标准和企业制度规定程序确定成交供应商。

（3）合同履约担保。

①采用招标采购方式采购的担保：供应商应按照招标文件的约定提交履约保证金。在整个合同的履行期限内，履约担保应当有效，合同履行完毕担保终止。

②第三方合同履约保证保险：保证保险是保险人为被保证人（供应商）向权力人（采购人）提供担保。当被保证人的作为或不作为致使权利人遭受经济损失时，保险人负经济赔偿责任或承担履行合同的义务。因此保证保险实际上是一种担保业务。在采购过程中可采用第三方合同履约保证保险和商业信用保证保险来转移供应商行为可能带来的信用风险和商品质量风险。

（4）合同谈判与签约的风险处置。

合同管理中合同制订的管理实际是采购人的合同总体策划过程，合同签订意味着合同生效和全面履行，前者是后者的基础，后者是前者实施的结果，两者的风险都是十分明显的。所以，招标人必须依据谨慎、公平的原则，采用系统、科学的方法明确谈判与签约的工作单元，协调处理两者的工作界面。合同谈判与签约应围绕合同总体策划的目标要求开展，合同双方需要经过项目采购活动，充分酝酿、协商一致，从而建立起项目合同的法律关系。这种法律关系实际是合同总体策划结果的具体体现。

（三）采购项目在合同实施过程的风险控制

1. 合同实施保证体系建立与实施的风险处置

（1）合同条款整体性的风险控制策略。

合同条款是一个整体，各条款之间有着一定的内在联系和逻辑关系。如果某一个条款出现变化和调整，势必影响其他合同条款的变更需求。因此合同实施阶段需要进行合同变更时，双方必须认真仔细地分析这些条款在时间上和空间上、技术上和管理上、权利义务的平衡和制约上的顺序关系和相互依赖关系。确保各条款间不能出现缺陷、矛盾或逻辑上的问题。因此分析相关问题产生的原因，完善合同双方的权利与制约条件，强化相关权利应承担的责任，是在预测风险的基础上修改相应合同条款的基本工作内容。

（2）合同条款与实际错位的风险控制策略。

发生合同条款不满足实施需求时，采购人应在保证履行承诺的基础上，根据需要对相关条款做出修改限定或补充。合同条款应与双方的变更管理水平匹配，尽量选用双方都较熟悉的条款，既利于采购人的管理工作，又利于供应商对条款的执行，可减少争执和索赔。

①分析合同条款不符合实际需求的原因；

②研究实际需求与条款内容调整的工作界面及其利益风险；

③评估拟定合同条款的应变性风险；

④确定合同条款的变更内容。

如果出现合同条款修改意见不一致的情况，双方应该及时进行沟通协商，必要时根据合同制订阶段双方商定的原则进行仲裁或诉讼。

2. 合同实施情况跟踪与合同诊断的风险处置

合同实施情况关系合同履行活动的风险大小，包括条款执行情况、履约效果、偏差和变更可能等，其合同跟踪和诊断的及时性与正确性具有十分明显的风险性。因此应充分考虑和处理相应风险的策略。

（1）及时跟踪合同实施情况的策略。

①保持及时的跟踪状态，跟踪合同实施状态、变化趋势与合同实施质量的关联影响；

②保持持续的跟踪能力，跟踪合同变更可能引起合同的变化及其相关方利益的调整程度；

（2）正确的合同诊断策略。

正确的合同诊断是合同实施的重要环节，合同诊断必须满足合同订立的基本原则和合同风险预防的要求。

①识别、分析合同实施的潜在风险；

②研究风险变化的可能趋势；

③确定合同实施风险的预防措施；

④确定相应的应变措施；

⑤实施变更的应急活动。

3. 合同应变性不能满足项目实施需要的风险处置

合同状态是衡量合同实施过程风险的主要内容。合同状态是合同各方面要素的综合，它包括合同价格、合同条件、合同实施方案和项目环境等方面的内容。在合同实施过程中，其合同状态经常会出现变化，一旦合同状态的某一方面发生变化，即打破了合同状态的"平衡"。因此当出现这种情况时合同当事人需要及时进行谈判协商，分析、预测新的合同风险，补充相关合同条款，及时增强合同的应变性。

4. 合同纠纷管理的风险处置

在合同履行中，采购人与供应商之间有可能发生纠纷，纠纷可能会严重影响合同的正常实施。当争议纠纷出现时，有关双方首先应从整体、全局利益的目标出发，根据合同规定的内容做好有关的纠纷管理工作。主要策略如下。

①及时进行合同纠纷的原因分析；

②进行合同纠纷与相关方利益的衔接考虑；

③保证合同纠纷的沟通、协商措施的实施；

④必要时实施合同纠纷的仲裁；

⑤必要时进行合同纠纷的诉讼。

5. 合同索赔活动的风险处置

合同当事人一方不履行或未正确履行其义务，而使另一方受到损失，受损失的一方通过一定的合法程序向违约方提出经济补偿的要求是合同管理的惯例。索赔实际是保证合同正常履行的经济手段，合理的索赔活动可以通过项目管理责任追究促进合同双方提升项目管理水平。

（1）关注索赔证据策略。

在索赔过程中，由于双方利益和期望的差异性，在索赔谈判中常常会出现争执。关键应合理确认项目索赔的证据。索赔证据的认定需要通过双方的沟通，一方面按照公平对待双方利益的原则，协商索赔的合理性；另一方面分析索赔成立的依据，注意证据的客观性、合法性和合理性。

（2）建立完整索赔文档信息系统的策略。

在索赔管理中，必须构建适宜的索赔文档信息系统，确保信息的完整性，包括：一是明确信息流的路径，避免无效信息和信息交流的混乱；二是建立快捷、有效的项目计算机网络管理系统；三是提升信息的流速，降低项目管理费用；四是对对方信息的流入及时进行响应和处理。

（3）有序控制索赔活动的策略。

在索赔解决的活动中，招标人应围绕索赔管理目标进行有序管理：一是客观分析受理索赔的理由；二是认定和验证索赔证据的客观性；三是合理确定赔偿的原则、依据和方法；四是把握相关索赔过程的技术和管理风险。

【案例】

铜材不断涨价时招标采购风险的启示

（一）招标采购过程

某招标人采用公开招标方式采购总长约450000m的18种规格的电力电缆和控制电缆，采用固定单价合同，要求卖方交货至工地。交货进度根据工程进度安排分为三批，分别为合同生效后30天内、360天内和720天内。招标文件中规定的投标有效期为90天，投标保证金金额为5万元。共有15家投标人参加竞标。评标委员会根据招标文件中的规定采用最低投标价法进行评审，最低投标价的投标人中标。中标通知书在投标截止日后45天时发出。中标人收到中标通知书后拒绝签约，其理由是投标截止日至中标通知书发出的这一个多月里，电缆价格上涨幅度较大，且合同供货期达两年之久，依据铜材价格不断上涨的趋势，如以该价格签约将导致中标人较大的亏损，希望招标人在其投标价的基础上适当提高签约价格。

显然，该中标人的这一做法是违背国家有关招标投标法律法规的。招标人依据招投标的法律法规及招标文件的规定，该投标人的5万元投标保证金不予退还，另让第二名中标候选人中标，但第二名的总价比第一名高出二十多万元，导致了招标人的损失。

（二）采购案例的启示

1. 招标文件中规定的投标保证金数额偏小

该案例中规定的投标保证金额仅为 5 万元，而合同实际最终的签约总价达 4000 多万元，投标保证金额仅为合同总价的 0.1% 左右。由于投标保证金金额偏小，一方面难以对投标人的违约行为起到有效的震慑和约束作用，另一方面投标人发生违约后所收取的投标保证金也难以补偿招标人的损失。

根据《招标投标法实施条例》规定，"投标保证金一般不得超过项目估算价的 2%"。从本项目的招标规模来看，投标保证金金额最高可以规定为 80 多万元。虽然，中标人的投标担保成本最终还是通过包含在合同价款中由招标人承担了，但总体来看对于一些招标总金额比较大的项目还是应选取一个适当大的投标保证金金额对招标人更为有利些。

2. 投标有效期偏长

本案例中规定的投标有效期为 90 天，对于目前物价指数处于高位运行，原材料价格（特别是铜材价格）普遍上涨幅度偏大、上涨速度偏快的时期，过长的投标有效期虽然给招标人的操作留有了比较大的时间裕度，但同时也给投标人带来了因招标人不能及时决标所产生的市场价格上涨过大的风险。根据《工程建设项目货物招标投标办法》（2005 年国家发改委等七部委令第 27 号）第四十四条规定"技术简单或技术规格、性能、制作工艺要求统一的货物，一般采用经评审的最低投标价法进行评标"。因此，对于通用性的大宗物资材料采购的招标项目，由于评标相对简单（大多采用最低投标价法），投标有效期可以规定得相对短些，这样也便于投标人能够规避一些市场价格短期上涨的风险，降低中标人违约的概率。

3. 合同应合理体现风险分摊原则

该案例中的合同供货期长达 2 年之久，且采用固定价格合同。对于投标人而言确实存在一定的因报价时对价格上涨的风险考虑不足或低价中标而产生的风险。近年来，建设工程材料市场价格波动比较频繁，使发包人和承包人（或卖方和买方）无法准确预测市场价格风险，一方面导致中标人不愿意按投标价格签约，另一方面也导致即使签约后在合同执行时的价格争议日益增多，这种情况对一些在建工程项目的施工进度和工程质量产生了较大不利影响。总体来看，在原材料价格呈长期上涨趋势的情况下，卖方的风险将明显大于买方，根据风险分摊原则，对于供货期较长的合同宜考虑在合同条款中设置相应的价差调整内容。

按照风险分摊的原则，在合同条款中规定有关价格调整的内容。

对于供货期较长的合同，由于未来市场价格的变动情况难以准确估计，根据《工程建设项目施工招标投标办法》（2003 年国家发改委等七部委令第 30 号）第三十条的规定"施工招标项目工期超过十二个月的，招标文件中可以规定工程造价指数体系、价格调整因素和调整方法"。因此，为在合同中体现风险分摊的原则，可在招标文件的合同条款中规定有关价格调整的内容及价格调整公式。价格调整公式中的各可调因子、定值和变值权重，以及基本价格指数及其来源应予以约定。价格指数应首先采用有关部门提供的价格指数，缺乏上述价格指数时，可采用有关部门提供的价格代替。

三、验收风险控制

【示例】

竣工验收风险防控措施执行单示范（见表6－5）

表6－5　　　　　　　竣工验收风险防控措施执行单

编号：　　　　　　主办单位　　　　　　承办人：

工作流程							
工作环节	承办单位	承办人	日期	工作环节	承办单位	承办人	日期
1. 审查受理条件				5. 审批			
2. 作出处理决定				6. 发放			
3. 初审				7. 资料存档			
4. 复审							

风险防控措施落实情况						
实施控制环节	风险防控措施	措施落实情况载体	措施落实情况	实施控制主体	措施实施确认人	复核人（签名）
作出处理决定	1. 对照工作流程和标准办理受理事项，包括即时记录和录入受理信息 2. 公示受理条件、办事指南、服务承诺 3. 设立咨询、投诉、举报电话和信箱 4. 设立服务质量客户反馈表	1. 公示栏 2. 办事指南 3. 反馈表 4. 工作流程和标准 5. 受理记录	□ □ □ □ □			
初审	1. 检查受理信息记录 2. 对照工作流程和行政许可判别标准进行审核 3. 记录初审信息	1. 受理记录 2. 初审记录	□ □			

续 表

实施控制环节	风险防控措施	措施落实情况载体	措施落实情况	实施控制主体	措施实施确认人	复核人（签名）
复审	检查初审信息记录	初审记录	☐			
审批	1. 检查否定初审意见和结论必须说明理由 2. 检查复审信息记录	1. 复审记录	☐			
抽查情况	1. 重点抽查的防控环节： 2. 未落实的措施：	抽查部门				
		抽查人 年　　月　　日				

四、库存风险控制

库存是各种问题的集中反映，需要企业各个职能部门共同努力才能降下来。通过竞争采购降低采购成本是转移问题，降低库存是解决问题，解决问题的难度大得多。一个行业解决库存问题的过程，也是这个行业从大乱到大治的过程；库存管理越成熟，行业的供应链也越成熟。库存和相关问题的关系图如 6 - 5 所示。

图 6 - 5　库存和相关问题的关系

库存有三大类，其产生的根源不同，风险应对的办法也有区别。

周转库存，即维持企业正常运转的库存，维持企业生产正常运转总得维持一定的库存。这类库存的根源是周转周期，比如，生产周期是三个月，产品从生产线到成品库至少是三个月的周期（在制品库存）；如果运输过程是一个星期，产品在路上到入库前至少也得一周（在途库存）。

安全库存，为应对不确定因素，如需求波动、补货延误、质量问题都必须维持最少的安全库存。这类库存的根源是不确定性的要求。安全库存是供应链对不确定性的自然应对。

呆滞库存，既不支持正常运转，也不是用来应对不确定造成的需要。呆滞库存来自组织行为，比如，订单取消、设计变更、需求预测失误等，此外批量采购、投机采购、最低价采购失误等原因也会造成额外库存。

这三类库存的产生根源不同，应对的办法也不同。

针对第一类，通过优化管理，全面缩短生产、调试、安装周期，如推动模块化生产；通过优化流程、系统缩短周转周期，如应用 ERP 系统，提高生产效率。

针对第二类，安全库存是企业必须付出的成本代价。所谓不确定性更多的是需要企业各部门信息的沟通、协商和配合。加强相关绩效考核，通过经验的积累确定安全库存。

针对第三类，多余库存的主要根源是需求管理不到位，但也和企业的综合管理水平有关。企业单纯凭借经验管理生产，降库存下指标、搞运动，结果影响了生产，库存反而又增加了。

五、责任风险防控

责任风险防控是指针对采购人管控风险的能力和责任的管理。

包括采购人员关于风险意识、防控能力、防控程序等方面的培训教育，特别是警示教育，防范由于员工失误，特别是企业决策人判断失误造成的风险。

包括涉密项目的管理规定，参照行政保密分级的规定，企业的密级也分为四类，作为人为风险的管理制度之一，企业应对采购项目中的涉密内容作出规定，所谓商业秘密指不为公众所知悉、具有商业价值并经权利人采取相应保密措施的技术信息、经营信息等商业信息。商业秘密是企业的财产权利，它关乎企业的竞争力，对企业的发展至关重要，有的甚至直接影响到企业的生存。商业秘密等知识产权可申请紧急保全。例如，管理方法、产销策略、客户名单、货源情报等经营信息；生产配方、工艺流程、技术诀窍、设计图纸等技术信息、数据等。

在采购管控环节，在金融衍生品交易中心，风险控制对采购人能力、责任的要求很高。

【案例】

前事不忘后事之师①

2004 年 12 月，Z 公司因从事投机性石油衍生品期货交易，导致亏损 5.54 亿美元，向当地法院申请破产保护，成为继巴林银行破产以来最大的投机丑闻之一。公司掌门人 C 被新加坡司法机关判决入狱四年零三个月，C 出狱后著有《地狱归来》，法学泰斗江平教授为其作序，认为不应混淆商业失败和违法犯罪。

一、事件起因

2004 年，在国外资本大鳄提供优厚放账的诱惑下，Z 公司被拉入自身并不

---

① 本文引自百度文库《中航油事件案例分析》，作者记忆迷宫 PB，发表时间 2015 年 11 月 19 日，引用时修改了标题，内容也有删节。

熟悉的石油期权交易"笼子"。国外投机者合力抬高油价，国际石油市场价格向Z公司（新加坡）交易团队预测的走势逆向波动。公司总经理C雇用的国外交易员向对手盘泄露了公司决策机密，交易对手趁机"踢曝"Z公司（新加坡）亏损真相，令其资金链断裂，导致遭遇被强行平仓。

在整个过程中，Z公司（新加坡）的交易团队犯了一个曾经搞垮巴林银行的交易员杰克·尼森所犯的错误：与市场趋势进行相反的操作。

二、企业风险管理框架的分析

1992年美国COSO委员会进行深入研究之后发布了一份关于内部控制的纲领性文件《内部控制——整体框架》（IC–IF）。在此基础上，2004年COSO又颁布了《企业风险管理框架》（ERM），提出了内部控制八要素，即内部环境、目标制定、事项识别、风险评估、风险反应、控制活动、信息和沟通以及监控。专家从这八个方面对该事件进行了分析，以案例引路使我们对ERM的内部控制要素有一个直观的了解。

1. 内部环境

内部环境包含组织的基调，它为主体内的人员如何认识和对待风险设定了基础，包括风险管理理念和风险容量、诚信和道德价值观，以及经营环境。

Z公司（新加坡）聘请国际著名的安永会计师事务所制定了国际石油公司通行的风险管理制度，建立了股东会、董事会、管理层、风险管理委员会、内部审计委员会等制衡制度和风险防范制度，还受到新加坡证监会的严格监管。但是深入挖掘，企业的内部环境起了很大的作用。作为创业型管理层为主导的企业，管理层经常会凭借过去优秀的业绩来主导企业，这样的企业文化，对待风险控制的态度往往以管理层好恶为宗旨。Z公司管理层在期货交易中，没有意识到风险，而是相信自己的判断：油价冲高后必然回落。而在事情败露以后总经理C还认为："只要再有一笔钱，就能挺过去，就能翻身。"总经理的独断专行可见企业内部管理环境之恶劣。而其上级集团公司也过于看重C过去为集团公司所做的贡献。因此即使知道了C因场外期货交易发生了严重损失，不仅没有果断采取止损措施，减少亏损，反而通过出售部分股权，进一步融资再次进行投机，使Z公司损失达到了天文数字。

2. 目标制定

企业风险管理能确保管理当局采取适当的程序去设定目标，确保所选定的目标支持和切合该主体的使命，并且与它的风险容量相符。

从1997年起，Z公司（新加坡）先后进行了两次战略转型，最终定位为以石油实业投资、国际石油贸易和进口航油采购为一体的工贸结合型的实体企业。在C的推动下，Z公司（新加坡）从2001年上市起就开始涉足石油期货。在取得初步成功之后，Z公司（新加坡）管理层在没有向董事会报告并取得批准的情况下无视国家法律法规的禁止擅自将企业战略目标转向投机性期货交易。这种目标设立的随意性以及对目标风险的藐视最终使企业被惊涛骇浪所淹没。

3. 事项识别

一个组织必须能识别影响其目标实现的内、外部事项，还有表示风险的事项、表示机遇的事项，引导管理层的战略或者目标始终不偏离。

国务院 1998 年 8 月发布的《国务院关于进一步整顿和规范期货市场的通知》中明确规定："取得境外期货业务许可证的企业，在境外期货市场只允许进行套期保值，不得进行投机交易。"1999 年 6 月，以国务院令发布的《期货交易管理暂行条例》第四条规定："期货交易必须在期货交易所内进行。禁止不通过期货交易所的场外期货交易。"第四十八条规定，国有企业从事期货交易，限于从事套期保值业务，期货交易总量应当与其同期现货交易总量相适应。2001 年 10 月证监会发布的《国有企业境外期货套期保值业务管理制度指导意见》第二条规定："获得境外期货业务许可证的企业在境外期货市场只能从事套期保值交易，不得进行投机交易。"Z 公司（新加坡）违规之处有三点，一是做了国家明令禁止的事；二是场外交易；三是超过了现货交易总量。

4. 风险评估

风险评估在于分析和确认内部控制目标实现过程中"不利的不确定因素"，帮助企业确定何处存在风险，怎样进行风险管理，以及需要采取何种措施。

Z 公司（新加坡）从事的场外石油衍生品交易，具有高杠杆效应、风险大、复杂性强等特点，但由于内部对衍生产品的定价不合理，大大低估了所面临的风险，再加上 Z 公司（新加坡）选择的是一对一的私下场外交易，整个交易过程密不透风，因此 Z 公司（新加坡）承担的风险要比场内交易大得多。

5. 风险反应

管理当局选择风险应对（回避、承受、降低或者分担风险），采取一系列行动以便把风险控制在主体的风险容限和风险容量以内。

在油价不断攀升导致潜亏额疯长的情况下，Z 公司（新加坡）的管理层连续几次选择延期交割合同，期望油价回跌，交易量也随之增加。一次次"挪盘"把到期日一次次往后推，这样导致的结果便是使风险和矛盾滚雪球似的加倍扩大，最终达到无法控制的地步。

6. 控制活动

制定和执行政策与程序，以确保风险应对措施得以有效实施。

Z 公司（新加坡）曾聘请国际"四大"之一的安永会计师事务所为其编制《风险管理手册》，设有专门的七人风险控制委员会及软件监控系统。实施交易员、风险控制委员会、审计部、总裁、董事会层层上报。交叉控制的制度规定每名交易员在损失 20 万美元时要向风险控制委员会报告和征求意见，当损失达到 35 万美元时要向总裁报告和征求意见，在得到总裁同意后才能继续交易，任何导致损失 50 万美元以上的交易将自动平仓。Z 公司（新加坡）总共有 10 位交易员，如果严格按照《风险管理手册》执行，损失的最大限额应是 500 万美元，但 Z 公司（新加坡）却在衍生品交易市场不断失利，最终亏损额高达 5.5 亿美元，以至申请破产保护。但在实际风险控制机制中，C 在获悉 2004 年第一季度出现 580 万美元的账面亏损后，没有按照风险控制程序进行斩仓止损，而是继续孤注一掷，继续扩大仓位。

7. 信息和沟通

相关的信息可以确保员工履行其职责的方式正确，并在实际情形中予以识别、获取和沟通。

有效沟通包括信息在主体中的向下、平行和向上流动。Z 公司（新加坡）从事石油期权投机交易历时一年多，从最初的 200 万桶发展到出事时的 5200 万桶，一直未向 Z 公司集团公司报告，集团公司也没有发现，其知悉违规活动是在一年以后。可见，Z 公司（新加坡）和集团公司之间的信息沟通不顺畅，会计信息失真。

8. 监控

对企业风险管理进行全面监控，必要时加以修正。监控可以通过持续的监督活动、个别评价或者两者结合来完成。

Z 公司（新加坡）拥有一个由部门领导、风险控制委员会和内部审计部组成的三层"内部控制监督结构"。但其交易员没有遵守《风险管理手册》规定的交易限额，没有向公司其他人员提醒各种挪盘活动的后果和多种可能性，挪盘未经董事会批准或者向董事会汇报，财务报表中亦未报亏损；风险控制员没有正确计算公司期权交易的收益，没有准确汇报公司的期权仓位情况和风险敞口；财务部门的首要职责是对交易进行结算，而在 2004 年 5 月到 11 月长达 7 个月的时间内，Z 公司（新加坡）共支付了近 3.81 亿美元由不断新增的损失引发的保证金，甚至动用了董事会和审计委员会明确规定有其他用途的贷款；风险控制委员会在所有重大问题上未履行其职责。在公司开始期权这项新产品交易时，风险控制委员会没有进行任何必要的分析和评估，交易开始后未能对期权交易设置准确的限额，也未能准确报告期权交易；在期权交易挪盘时，未能监督执行相关的交易限额，未能控制公司的超额交易，未指出挪盘增加了公司的风险，也未建议斩仓止损；向审计委员会提供的衍生品交易报告中，实际隐瞒了公司在期权交易中面临的各种问题；未向董事会报告公司的期权交易和损失情况。内部审计部没有定期向审计委员会报告，即使报告也是内容重复，敷衍了事，还造成公司内部控制运行良好的假象。

三、事件的启示

1. 执行操作规程

制定严格的操作规程，禁止过度投机，完善内部治理制度，杜绝"越陷越深、无法自拔"。

2. 执行企业制度

建立严格的衍生金融工具使用、授权和核准制度。企业使用衍生金融工具应由高级管理部门、董事会或相关的专门委员会，如审计委员会、财务委员会授权核准，并进行合法、合规性检查；衍生金融工具的授权、执行和记录必须严格分工。如由独立于初始交易者的负责人授权批准，由独立于初始交易者的其他人员负责接收来自交易对方的交易确认凭证；对交易伙伴的信誉进行评估，并采取措施控制交易伙伴的信用风险；建立健全的衍生金融工具保管制度和定期盘点核对制度；建立投机项目的投资限额制度，规定衍生金融工具投资的最高限额，将风险控制在可以接受的程度之内；严格限定衍生金融工具的适用范围，除为了规避实际外贸业务中的不确定风险以外，禁止从事以投机为手段的投资行为。

3. 加强职业道德教育

加大对操作人员的业务培训和职业道德教育，提高他们的职业水平和道德水准。衍生金融工具不断创新，种类众多，业务操作人员必须认真学习和分析各种衍生金融工具的特点、风险，同时加强职业道德教育，避免巴林银行事件中因业务人员越权违规操作所带来的巨额经济损失。

4. 培养我国期货交易人才

公司的期货交易，必须使用信得过的交易人员，做到核心机密内部人掌握。Z公司参与此次交易、掌握交易核心机密的交易员均是外籍，来自澳大利亚、日本、韩国等国。像这种核心机密被外籍人士掌握和运作，即使在美国这样的国家也是很少出现的。在美国的高盛、摩根士丹利等公司，掌握最核心机密的关键位置交易员，一般都是美国人。

5. 信息披露

实施严格的信息披露制度，加强外部监管，将"表外业务"纳入表内披露。Z公司（新加坡）从事场外交易历时一年多，从最初的200万桶发展到出事时的5200万桶，一直未向Z公司集团公司报告，集团公司也没有发现。

6. 对经理人风险评估

对经理人的风险偏好进行评估，并进行合理的监管措施。

7. 完善法规制度

随着市场经济的深化、金融市场的国际化，衍生金融工具也必将在我国迅速发展起来。因而，我国必须完善法规制度，使企业在投资或投机衍生金融产品时有据可依、有章可循，能够对高风险的投机业务实施必要的风险控制，以避免类似Z公司事件的再次发生。

6.7.2.3　企业采购风险防控管理宜执行财政部、审计署等五部委联合发布的《企业内部控制基本规范》的有关规定。

【释义】

2008年5月，财政部、审计署等五部委联合发布了《企业内部控制基本规范》。基本规范第三章、第四章规定了企业风险评估和风险控制的相关要求。该规范附则包括了18项应用指引。其中，涉及采购业务的是：企业内部控制应用指引第 7 号——采购业务。第 7 号指引涉及采购方式的规定是：

"第八条 企业应当根据市场情况和采购计划合理选择采购方式。大宗采购应当采用招标方式，合理确定招投标的范围、标准、实施程序和评标规则；一般物资或劳务等的采购可以采用询价或定向采购的方式并签订合同协议；小额零星物资或劳务等的采购可以采用直接购买等方式。

第九条 企业应当建立采购物资定价机制，采取协议采购、招标采购、谈判采购、询比价采购等多种方式合理确定采购价格，最大限度地减小市场变化对企业采购价格的影响。

大宗采购等应当采用招投标方式确定采购价格，其他商品或劳务的采购，应当根据市场行情制定最高采购限价，并对最高采购限价适时调整。"

上述条款规定的基本原则和本标准基本一致，但是依照采购金额确定采购方式的规定不符合法律规定。如第八条规定企业大宗采购应当采用招标方式同经国务院批准发布的《必须招标的工程项目的规定》（国家发展和改革委员会令第 16 号）的相关规定抵触，属于无效条款。

首先，大宗采购的概念不是判断是否应当招标的规范用语。法律规定不是依据采购金额的大小确定是否应当招标。依据 16 号令的规定，只有在工程建设项目规定范围内单项合同达到规定规模（施工合同 400 万元以上、货物合同 200 万元以上、勘察设计监理合同 100 万元以上）的建设工程属于必须招标的项目，企业大宗物资采购不是依法必须招标的项目，可以不采用招标方式采购。因此，不应当以是否采用招标方式作为判定企业采购合规性的依据。

其次，企业物资采购的来源应当相对稳定，招标采购合同的不确定性不能保证这种竞争采购符合企业最大利益要求。企业应当依据《国有企业采购操作规范》和《国有企业采购管理规范》制定完善企业采购制度，凡不是法律规定必须招标的项目按企业制度规定执行。采购部门对采购组织形式和采购方式的选择应当符合促进企业降低总成本，提高企业竞争力的目标。

鉴于该规范是国有企业审计的依据，明确上述法律边界十分重要。采购实体在配合审计部门审计采购方式时，应援引国家发展改革委关于必须招标的规定和该规范向审计部门耐心解释、说明。

【示例】

企业内部控制基本规范
第三章 风险评估

第二十条 企业应当根据设定的控制目标，全面系统持续地收集相关信息，结合实际情况，及时进行风险评估。

第二十一条 企业开展风险评估，应当准确识别与实现控制目标相关的内部风险和外部风险，确定相应的风险承受度。

风险承受度是企业能够承担的风险限度，包括整体风险承受能力和业务层面的可接受风险水平。

第二十二条 企业识别内部风险，应当关注下列因素：

（一）董事、监事、经理及其他高级管理人员的职业操守、员工专业胜任能力等人力资源因素。

（二）组织机构、经营方式、资产管理、业务流程等管理因素。

（三）研究开发、技术投入、信息技术运用等自主创新因素。

（四）财务状况、经营成果、现金流量等财务因素。

（五）营运安全、员工健康、环境保护等安全环保因素。

（六）其他有关内部风险因素。

第二十三条 企业识别外部风险，应当关注下列因素：

（一）经济形势、产业政策、融资环境、市场竞争、资源供给等经济因素。

（二）法律法规、监管要求等法律因素。

（三）安全稳定、文化传统、社会信用、教育水平、消费者行为等社会因素。

（四）技术进步、工艺改进等科学技术因素。

（五）自然灾害、环境状况等自然环境因素。

（六）其他有关外部风险因素。

第二十四条 企业应当采用定性与定量相结合的方法，按照风险发生的可能性及其影响程度等，对识别的风险进行分析和排序，确定关注重点和优先控制的风险。

企业进行风险分析，应当充分吸收专业人员，组成风险分析团队，按照严格规范的程序开展工作，确保风险分析结果的准确性。

第二十五条 企业应当根据风险分析的结果，结合风险承受度，权衡风险与收益，确定风险应对策略。

企业应当合理分析、准确掌握董事、经理及其他高级管理人员、关键岗位员工的风险偏好，采取适当的控制措施，避免因个人风险偏好给企业经营带来重大损失。

第二十六条 企业应当综合运用风险规避、风险降低、风险分担和风险承受等风险应对策略，实现对风险的有效控制。

风险规避是企业对超出风险承受度的风险，通过放弃或者停止与该风险相关的业务活动以避免和减轻损失的策略。

风险降低是企业在权衡成本效益之后，准备采取适当的控制措施降低风险或者减轻损失，将风险控制在风险承受度之内的策略。

风险分担是企业准备借助他人力量，采取业务分包、购买保险等方式和适当的控制措施，将风险控制在风险承受度之内的策略。

风险承受是企业对风险承受度之内的风险，在权衡成本效益之后，不准备采取控制措施降低风险或者减轻损失的策略。

第二十七条　企业应当结合不同发展阶段和业务拓展情况，持续收集与风险变化相关的信息，进行风险识别和风险分析，及时调整风险应对策略。

第四章　控制活动

第二十八条　企业应当结合风险评估结果，通过手工控制与自动控制、预防性控制与发现性控制相结合的方法，运用相应的控制措施，将风险控制在可承受度之内。

控制措施一般包括：不相容职务分离控制、授权审批控制、会计系统控制、财产保护控制、预算控制、运营分析控制和绩效考评控制等。

第二十九条　不相容职务分离控制要求企业全面系统地分析、梳理业务流程中所涉及的不相容职务，实施相应的分离措施，形成各司其职、各负其责、相互制约的工作机制。

第三十条　授权审批控制要求企业根据常规授权和特别授权的规定，明确各岗位办理业务和事项的权限范围、审批程序和相应责任。

企业应当编制常规授权的权限指引，规范特别授权的范围、权限、程序和责任，严格控制特别授权。常规授权是指企业在日常经营管理活动中按照既定的职责和程序进行的授权。特别授权是指企业在特殊情况、特定条件下进行的授权。

企业各级管理人员应当在授权范围内行使职权和承担责任。

企业对于重大的业务和事项，应当实行集体决策审批或者联签制度，任何个人不得单独进行决策或者擅自改变集体决策。

第三十一条　会计系统控制要求企业严格执行国家统一的会计准则制度，加强会计基础工作，明确会计凭证、会计账簿和财务会计报告的处理程序，保证会计资料真实完整。

企业应当依法设置会计机构，配备会计从业人员。从事会计工作的人员，必须取得会计从业资格证书。会计机构负责人应当具备会计师以上专业技术职务资格。

大中型企业应当设置总会计师。设置总会计师的企业，不得设置与其职权重叠的副职。

第三十二条　财产保护控制要求企业建立财产日常管理制度和定期清查制度，采取财产记录、实物保管、定期盘点、账实核对等措施，确保财产安全。

企业应当严格限制未经授权的人员接触和处置财产。

第三十三条　预算控制要求企业实施全面预算管理制度，明确各责任单位在预算管理中的职责权限，规范预算的编制、审定、下达和执行程序，强化预算约束。

第三十四条　运营分析控制要求企业建立运营情况分析制度，经理层应当综合运用生产、购销、投资、筹资、财务等方面的信息，通过因素分析、对比分析、趋势分析等方法，定期开展运营情况分析，发现存在的问题，及时查明原因并加以改进。

第三十五条 绩效考评控制要求企业建立和实施绩效考评制度，科学设置考核指标体系，对企业内部各责任单位和全体员工的业绩进行定期考核和客观评价，将考评结果作为确定员工薪酬以及职务晋升、评优、降级、调岗、辞退等的依据。

第三十六条 企业应当根据内部控制目标，结合风险应对策略，综合运用控制措施，对各种业务和事项实施有效控制。

第三十七条 企业应当建立重大风险预警机制和突发事件应急处理机制，明确风险预警标准，对可能发生的重大风险或突发事件，制订应急预案、明确责任人员、规范处置程序，确保突发事件得到及时妥善处理。

6.8 采购验收管理

【概说】

采购验收管理是指在采购合同执行过程中或执行完毕后，采购人对采购合同执行的阶段性结果或最终结果进行检验和评估的活动。其中重大项目验收的三个阶段和注意事项如下。

一、验收准备阶段

1. 验收方案

熟悉与采购活动有关的各种资料，包括采购项目名称、采购预算、项目编号、受理时间、采购方式、采购结果、合同签订时间、合同金额、合同执行中存在的问题及处理结果、验收申请的递交时间、采购单位对申请验收所持的意见等事项。待条件成熟时，根据采购资料编制项目验收实施方案。方案的编制要规范、科学、可行，拟定的验收专家应符合项目要求，验收小组组成人员应符合法律、法规规定。

2. 验收标准

2020 年 5 月第十三届全国人民代表大会第三次会议通过的《中华人民共和国民法典》（以下简称《民法典》）第三编（合同）关于合同验收新增以下条款：

第六百二十二条 当事人约定的检验期限过短，根据标的物的性质和交易习惯，买受人在检验期限内难以完成全面检验的，该期限仅视为买受人对标的物的外观瑕疵提出异议的期限。

约定的检验期限或者质量保证期短于法律、行政法规规定期限的，应当以法律、行政法规规定的期限为准。

第六百二十三条 当事人对检验期限未作约定，买受人签收的送货单、确认单等载明标的物数量、型号、规格的，推定买受人已经对数量和外观瑕疵进行检验，但是有相关证据足以推翻的除外。

第六百二十四条　出卖人依照买受人的指示向第三人交付标的物，出卖人和买受人约定的检验标准与买受人和第三人约定的检验标准不一致的，以出卖人和买受人约定的检验标准为准。

第六百二十五条　依照法律、行政法规的规定或者按照当事人的约定，标的物在有效使用年限届满后应予回收的，出卖人负有自行或者委托第三人对标的物予以回收的义务。

除了《民法典》和其他相关法律规定外，验收工作应当按照合同约定的具体验收标准组织验收。

二、验收实施阶段

验收实施阶段：组织验收小组召开项目验收预备会，就项目基本情况、验收时间、验收程序对验收小组组成人员及各自在验收活动中的职责分工作进行明确规定。验收预备会结束后，现场踏勘检查，逐项按照采购合同、国家有关标准和项目说明书等进行实地验收，对项目验收中存在的问题做好记录，并提出改正意见。

三、验收报告形成阶段

验收报告形成阶段：召开项目验收评定会，汇总验收意见，评定验收结论。在验收评定会上，验收小组各成员就自己所负责的验收事项做汇报，分别交换验收意见。验收意见包括项目的成功点、存在的问题、修改意见等。然后根据验收小组各成员就项目验收的总体评价确定验收的格次，即优良、合格、不合格，并形成书面报告，即验收报告。验收报告应标明项目名称、项目预算、项目编号；采购单位及供应商的名称、经办人、联系方式、合同编号、合同金额、合同追加或减少金额、开工日期、完工日期、验收日期；项目简介、采购实施情况、存在问题、要求与建议、验收结论；验收小组成员签字、采购单位、供应商、集中采购机构确认意见等内容。

四、企业采购验收应当依据采购标的物的不同特点决定验收机构、程序、办法

（一）货物采购验收的特点

货物区别工程的最大特点是可移动性。因此，其运输交接、外观包装、技术性能、节能环保、型式试验等要求不同，货物验收的重点不同。如大型电力变压器要求每台产品都必须做型式试验，该产品的验收环节可能前移到产品出厂之前，用户可参与产品的监造和验收；有些产品经长途海运到企业，外观包装是否破损是检验的重要指标等。货物属于"产出型"标的，采购人可以直观地对采购货物作出评价。这是和工程、服务不同的地方。

（二）工程项目验收的特点

唯一性、产品固定性和要素流动性是工程建设项目的三个最基本特征，

决定或影响了工程建设项目技术、经济和管理特征及其管理方式和手段，因而也是工程验收需要把握的三个基本因素。在验收环节包括过程验收和竣工验收两大阶段。国家对工程检测验收有统一规定，企业可以依照有关法规执行。

（三）服务项目的验收特点

服务项目依据技术和劳务两大类呈现不同的特点，其标的物分为有形和无形两类，共同的特点是标准化程度低，服务采购和工程采购有一个共同点，即属于"投入型"标的，即合同结束后才能对供应商的能力作出最终评价，换句话说，该类采购对供应商选择的风险较大。通常对服务类采购的验收只能通过使用者、感受者或第三方评估。

由于工程、货物和服务固有属性的不同，作为采购验收的一般规定，本条要求企业依据采购的不同类型，对验收的机构、监督、程序和管理办法作出规定。在《示范法》中，采购标的说明可以标的的构成为基础，称之为"产出型"，也可以标的应具有的功能为基础，称之为"投入型"，"产出型"一般指合同履行前可直接判断或通过型式试验报告、检测等判断采购标的是否符合采购需求的采购，如货物类；"投入型"一般指合同履行完毕才能判别是否满足完全需求的采购，如工程、服务等项目。

6.8.1　货物采购的验收管理

6.8.1.1　货物采购应依照企业库房管理制度验收入库，需要抽检的货物入库应依企业规定进行抽检；由需求实体签收的，需求实体应组织验收并在验收单签字确认。

6.8.1.2　采购实体应建立检验结果异常及超标情况的处理制度，消除检验偏差，保证检验结果的判断准确。

6.8.1.3　企业应对危险品的验收、保管作出特别规定，确保安全。

【释义】

企业货物（物料、品目）采购入库管理虽然也可分为准备、验收、报告三个阶段，但相对简单。本条第二款针对验收结果异常的处理办法，如包装破损、数量短缺等情形，企业应针对不同货物建立消除偏差的制度规定。本条第三款针对危险品作出规定。本条是一般货物的验收程序和标准。

【示例】

采购入库流程及标准

（一）到货卸货

1. 卸货

当货物送到仓库（物流送货、厂家送货、自提），收货员首先对物流信息、厂家发货单、提货单信息进行核对，确认后卸货。

卸货注意事项：

（1）轻拿轻放，防止人为损坏。

（2）产品归类卸货，标签朝外，利于之后的清点、质检，归位和上架。

（3）根据产品类型码摆放，液体正面朝上，易碎品防止重压，无外包装的产品不能直接放在地上。

（4）卸货时发现破损产品，立即通知送货人。

2. 清点、质检

对产品数量、包装、日期、质量进行检验，质检时发现以下情况须上报主管，联系采购部决定是否收货：

（1）到货数量件数与物流单/发货单不符，到货明细与供应商发货清单不符。

（2）产品生产日期距收货日期超过×个月、剩余保质期不足×个月或已过保质期一半三种情况。

（3）产品外包装箱破损、脏污，无法整箱出售（箱内产品完好），数量超过×箱。

（4）产品包装有明显变形、破损、脏污，无法正常销售。

（5）贴标错误、产品介绍错误等产品外标识与产品实际情况不符。

（6）产品配件数量不足、颜色搭配错误等。

（7）运费异常，之前不需要收货人支付运费但送货人要求付运费的情况，送货人要求支付运费与物流单显示金额不符的情况，物流单有人工修改或者其他收货人认为运费异常的情况。

（8）收货人判定的其他异常情况。

（二）异常情况处理方法

1. 数量错误

原装箱产品批量到货时，一批货至少打开一箱抽检数量。清点时发现数量错误需要二次清点，最终确认数量不对时，分三种情况处理：

（1）厂家送货，将情况通知采购部，接到收货通知后，按照实际数量签收入库。

（2）物流送货，须通知采购部，采购部与供应商确认发货数量，如果是物流丢失则由供货商与物流协商解决，如果是供货商发货问题，由采购部与供货商协商解决，得到采购部收货通知后，收货员根据实际数量签收与入库，若需要支付运费，件数缺少时不能支付运费。

（3）自提，提货人需要根据物流信息核对件数后签收，货物到达仓库，入库员先清点件数，与提货单不符时，第一时间通知提货人、上报主管，主管与物流、采购部协商解决后，仓库收货员按照实际数量入库。

2. 日期不合格

产品日期采取随机抽样检查方法，每种产品至少抽取一个检查并记录，产品日期不符合标准分两种情况：

（1）厂家送货或物流送货，第一时间通知采购部，若采购部通知收货，按照实际情况签收，需要在收货单注明，日期不合格产品执行报损/临期处理流程；若采购部通知不予收货，则拒收不合格产品。

（2）自提，发现日期不符合标准，将产品种类、数量、日期信息发给采购部，若采购部通知收货，则提货后按照正常流程操作，若采购部通知不予收货，则拒绝提货，做采购退货处理。

3. 包装不合格

（1）产品外包装脏污、变形、破损，内包装完好。

此类情况由主管根据数量决定是否收货，若数量较少确认收货，须将情况反馈给采购部，入库记录时将情况记录在案；数量较多时，主管通知采购部，得到采购部收货通知后收货入库并将情况记录。对于经常出现此类情况的物流公司，仓库应向采购部建议更换物流，如果是供货商因素,仓库将具体情况反馈给采购部。

（2）产品贴标错误、外标识与产品实际不符等情况。

将此类产品种类、数量、不符情况信息通知采购部，采购部决定是否收货及处理方式，若收货，则进入正常收货入库流程，入库完成后第一时间处理该类产品（换标、打码等）；若通知不予收货，则拒收或退货。

4. 质量不合格

（1）每种产品至少抽查一个检查质量，若出现异味、颜色异常、形状异常、产品破损等质量问题，将问题产品信息反馈至采购部确认是否签收，入库时根据收货实际情况处理。

（2）产品包装脏污，查看是否可清理，并将情况反馈至采购部，若确认收货，要在入库完成后立即清洁产品，无法清洁的产品，执行报损/临期流程。

（3）产品变形，以是否可正常销售为依据决定是否收货，变形严重无法决定时，与采购部协商，决定是否收货，若拒收，须在收货单注明变形产品数量及名称；若确认收货，进入正常收货流程。

（4）产品破损，将破损产品种类、数量信息通知采购部并拒收，根据完好产品数量收货，收货单须注明破损产品名称与数量情况。

（5）配件搭配错误、颜色搭配错误，将此类产品种类、数量信息通知采购部，与采购部协商决定是否收货，若收货，则进入正常收货入库流程，入库完成后第一时间处理该类产品（重新组装、重新搭配颜色等）；若通知不予收货，则拒收或退货。

5. 其他

（1）运费异常，所有运费异常情况，需要上报主管、通知采购部处理，根据采购部通知决定是否支付及支付金额。

（2）其他异常情况，收货员认为存在其他异常情况时，须及时上报主管处理。

（三）签收、支付运费

清点、质检结束，异常情况处理完成后，收货人在收货单签字收货，签收时须注意：异常情况须在收货单注明。签收后，若产生运费，付款须留取收据。

（四）ERP 入库、记录、存档、发布

（1）根据实际收货情况在 ERP 做采购入库。

（2）发布入库通知，将某些急缺产品、新品通知相关人员。

（3）将收货单拍照存档。

（4）通知库房上架、配货人员。

（五）产品归位、上架

根据产品日期、种类、数量，以先进先出原则归位、上架。

【示例】

库存物资实行月末和年终盘点制度

（1）库存物资实行月末盘点和年终盘点制度，应做到库存物资质量合格，账、卡、物相符。库管员在月末和年终编制盘点表，保证各项数据的准确性，与物资管理系统中的月末和年终盘点表进行对比分析，做到调整有依据、盘亏有原因。经项目物资主管审核、项目经理批准后，送工程（子）公司物资、财务部门各一份，核对无误后签字确认。

（2）库存物资应按照不同材质、规格、性能等要求分区分类储存，定量上架，轻上重下，科学码放；在码放时应按照物资的具体情况和规范要求，合理安排码放层数及高度，避免因码放不当造成对物资的损坏或发生安全事故。

6.8.2　工程、服务采购的验收管理

6.8.2.1　工程、服务采购的验收，由采购实体组建验收小组负责验收；验收小组应当包括需求实体的代表。

6.8.2.2　验收小组应按照合同规定的技术、服务和安全标准对供应商的履约情况进行验收，并出具验收书。验收书应包括每一项技术、服务、安全标准的履行情况。全体验收成员应当在验收书上签字，并承担相应的法律责任。

6.8.2.3　国家法律法规或企业制度规定需要第三方机构验收的项目，可按照规定程序委托第三方验收。

【释义】

6.8.2.1 是对工程、服务采购验收组织的规定，验收的主体是采购实体，但其中特别强调验收小组应当包括需求实体的代表；6.8.2.2 规定了验收管理的基本要求；6.8.2.3 是对特殊重大项目采购验收的规定。

2000 年 1 月 30 日，国务院发布《建设工程质量管理条例》，2019 年 4 月 23 日国务院对该条例进行修订。该条例第十六条规定：

"建设单位收到建设工程竣工报告后，应当组织设计、施工、工程监理等有关单位进行竣工验收。

建设工程竣工验收应当具备下列条件：

（一）完成建设工程设计和合同约定的各项内容；

（二）有完整的技术档案和施工管理资料；

（三）有工程使用的主要建筑材料、建筑构配件和设备的进场试验报告；

（四）有勘察、设计、施工、工程监理等单位分别签署的质量合格文件；

（五）有施工单位签署的工程保修书。

建设工程经验收合格的，方可交付使用。"

企业施工项目的验收应按此规定执行。

【案例】

化学物料采购验收困难的反思①

一、事件起因

2014 年 12 月 16 日《财经》杂志刊登文章，揭露京沪高铁等高铁项目使用的桥面聚脲防水层出现"病害"，有的防水层黄变、龟裂、破损、剥离，有的桥面甚至大面积破损，整块掀起，当水和氧气从混凝土表面的细纹侵入，触碰到内部的钢筋骨架时，就会发生电化学反应，接触面的钢筋体积可膨胀 2 ~ 6 倍，导致混凝土保护层开裂、剥落，使水分更容易进入，加快钢筋的锈蚀，最终，钢筋混凝土构件的承载力下降，从而影响整个结构的安全性和耐久性。这对高速列车的安全运行造成威胁。

二、事故原因

1. 材料采购存在风险

2012 年沪昆线杭长段物资招标项目开标后，CF01、CF02 包物资为桥面防水材料聚脲，北京××防水工程有限公司以最低价中标：CF01 包的平均单价为 18.94 元/千克，CF02 包的平均单价为 18.4 元/千克。匪夷所思的是，当时投标聚脲的市场价是每千克 33 ~ 35 元，中标价将近低了一半，中标者如何盈利？

改变配方是聚脲生产厂家自毁长城的开端。一些厂家采用部分代替的方式，制成了半聚脲产品，性能远低于纯聚脲，尤其在潮湿施工环境使用时。中国铁道科学研究院金属及化学研究所祝和权研究员曾撰文：部分厂商采用了相对便宜的聚氨酯面漆，或者用性能较低的国产扩链剂。这类化学材料，采购人员无法进行质量检验，只能凭企业自己出具的合格证验收。这类采购业内也称作模糊采购。

2. 施工检测存在风险

聚脲是一种液体涂料，"一分聚脲、九分施工"。施工时，专用的喷涂机将材料融合、喷施在打磨好的基层上，几十秒后固化。这对基层含水率、基层打磨及底涂处理等要求极高，还有特定的温度和压力要求，操作难度大，易出现针眼及附着力不够的现象，从而影响防水层的质量。喷涂设备和熟练的施工人员是聚脲施工成败的关键。但该工程监管走了形式。

---

① 引自 2014 年 12 月 16 日《财经》杂志刊登的文章《数条高铁防水层渗漏遭铁总叫停：中标厂商改配方降成本》，作者贺涛，本书对标题和内容进行了修改。

三、事件后果及应对

在高铁桥梁的聚脲防水层出现病害问题后，中国铁路总公司组织专家论证，通过对高铁桥面聚脲防水层病害的调查显示，由于施工、设计、材料和管理引起的病害所占的比例依次为48%、26%、20%、6%，施工问题是首害。

为保证行车安全，中国铁路总公司重新组织防水施工。修补工作异常困难，由于高铁已经开通运营，只能利用夜间的"天窗"时间进行施工。工务部门不得不持续检查和处理已剥离的聚脲防水层，造成重大经济损失。

从2014年开始，中国铁路总公司不再招标采购聚脲材料。但问题并没有解决。

许多业内人士认为防水工程采用招投标模式，且最低价中标，投标企业为了生存，此类问题还会不断出现。

一位北京的防水材料公司总经理分析称，中国的监管思路是政府主导，而国外是市场主导。欧美靠公司的信用来保证产品质量，发生质量问题，造成工程损失要赔偿，并通过第三方担保对质量进行保障，如质量保险等。目前，中国尚缺乏这样的保险险种。

6.9 采购合同管理

【概说】

合同管理全过程就是由洽谈、草拟、签订、生效开始，直至合同履行完毕。不仅要重视签订前的管理，更要重视签订后的管理。系统性指凡涉及合同条款内容的部门都要一起来管理。动态性指注重履约全过程的情况变化，特别要掌握对自己不利的变化，及时对合同进行修改、变更、补充或中止和终止。

在项目管理中，合同管理是一个较新的管理职能。在国外，从20世纪70年代初开始，随着工程项目管理理论研究和实际经验的积累，人们越来越重视对合同管理的研究。在发达国家，20世纪80年代前人们较多地从法律方面研究合同；在20世纪80年代，人们较多地研究合同事务管理（Contract Administration）；从20世纪80年代中期以后，人们开始更多地从项目管理的角度研究合同管理问题。近十几年来，合同管理已成为工程项目管理的一个重要的分支领域和研究的热点。它将项目管理的理论研究和实际应用推向新阶段。

企业对合同管理都有严格的管理制度。本节将合同的书面文本和产生效力的电子文件作为合同管理的一般规定；对合同签订、审批、变更等重点环节的程序作了原则规定；鉴于集中采购、框架协议采购程序的特点，对合同管理中涉及采购的要点作了规定。

6.9.1 合同签订与审批

6.9.1.1 采购合同的订立应采取书面形式；经签约各方协商，可对采购合同进行补充、修订，其书面文本和产生效力的电子文件应视同为采购合同的组成部分。

6.9.1.2 合同签订与审批管理应按 T/CFLP 0016—2019 中 3.9 的规定执行。

【释义】

一、关于生效的电子文件①

在实际应用中并不是所有数据电文都具备法律效力。本条规定只有产生效力的电子文件属于合同范围。如果要成为具有法律效力的数据电文，应该使该数据电文符合《中华人民共和国电子签名法》（以下简称《签名法》）中"数据电文原件形式的要求"，因为只有数据电文原件形式才具有与纸质形式同等法律效力。

《签名法》第二章指出，数据电文有两种形式，即书面形式和原件形式。

（一）数据电文的书面形式

《签名法》第四条指出："能够有形地表现所载内容，并可以随时调取查用的数据电文，视为符合法律、法规要求的书面形式。"绝大部分数据电文都具有书面形式的属性，但是，由于数据电文具有可无痕篡改、伪造的特性，在电子招投标系统中，只满足数据电文书面形式要求在很多场合是不够的，尤其是涉及责任认定和作为纠纷证据的部分一定不能是书面形式的数据电文，应当是原件形式。

（二）数据电文的原件形式

《签名法》第五条规定："符合下列条件的数据电文，视为满足法律、法规规定的原件形式要求：

（一）能够有效地表现所载内容并可供随时调取查用；

（二）能够可靠地保证自最终形成时起，内容保持完整、未被更改。但是，在数据电文上增加背书以及数据交换、储存和显示过程中发生的形式变化不影响数据电文的完整性。"

在司法实践中，保障数据电文原件形式的方式有很多，只要满足上述条件的都可以称为原件。这里关键是保障原件形式的方式和方法是否简易、有效。

国际通行做法是对数据电文申请可信时间戳，可信时间戳必须由法定时间机构负责授时和守时保障，并由第三方时间戳服务机构签发。目前我国已有这样的时间戳服务机构，在国家授时中心官方网站（www. ntsc. ac. cn）可以查询到。在《电子招标投标办法》（以下简称《办法》）技术规范第8.2.2条中也明确了这一点："应提供按照国家授时中心的标准时间源对需要电子签名的数据电文生成时间戳的功能。"

综上，《办法》中所指数据电文应解读为符合《签名法》数据电文原件形式要求的数据电文，不能是书面形式的数据电文。需要有可信时间戳来证明数据电文的原件形式。

（三）关于电子签名

《签名法》第十三条规定："电子签名同时符合下列条件的，视为可靠的电子签名：

---

① 朱晋华、孙建文：《互联网＋电子招标采购实务教程》，电子工业出版社2016年版，第9～10页。

（一）电子签名制作数据用于电子签名时，属于电子签名人专有；

（二）签署时电子签名制作数据仅由电子签名人控制；

（三）签署后对电子签名的任何改动能够被发现；

（四）签署后对数据电文内容和形式的任何改动能够被发现。

当事人也可以选择使用符合其约定的可靠条件的电子签名。

第十四条　可靠的电子签名与手写签名或者盖章具有同等的法律效力。"

（四）高级电子签名

在《办法》中电子签名使用的是数字证书产生的签名，应称为数字签名，是电子签名的一种。数字证书由于有效期的限制和可以随时吊销失效的规定，存在着签名人可以签名证书失效为由拒绝承担签名责任的法律风险。为了解决数字签名的有效性和长效性问题。我国颁布了 GB/T 25064 电子签名格式规范，其中可分为基本电子签名（BES）格式和高级电子签名格式（ES－T、ES－A、ES－C、ES－X）。高级电子签名＝基本电子签名＋可信时间戳，这里面时间戳的作用就是解决电子签名时间权威问题。

《办法》中的电子签名需要是可靠电子签名而非基本电子签名，具体实现方法是使用国家信息产业主管部门批准的电子认证服务机构（CA）签发的数字证书签名，同时签名的格式是高级电子签名格式，即基本电子签名加上第三方可信时间戳。

二、采购合同管理的工作内容

采购合同管理的内容包括合同的签订、日常管理、处理纠纷、信守合同等。

（一）加强对采购合同签订的管理

加强对采购合同签订的管理，一方面是要对签订合同的准备工作加强管理，在签订合同之前，应当认真研究市场需要和货源情况，掌握企业的经营情况、库存情况和合同对方单位的情况，依据企业的购销任务收集各方面的信息，为签订合同、确定合同条款提供信息依据。另一方面是要对签订合同过程加强管理，在签订合同时，要按照有关的合同法规要求，严格审查，使签订的合同合理合法。

（二）建立合同管理机构和管理制度

为保证合同的履行，企业应当设置专门机构或专职人员，建立合同登记、汇报检查制度，以统一保管合同、统一监督和检查合同的执行情况，及时发现问题，采取措施，处理违约，提出索赔，解决纠纷，保证合同的履行。同时，可以加强与合同对方的联系，密切双方的协作，以利于合同的实现。

（三）处理好合同纠纷

当企业的经济合同发生纠纷时，双方当事人可协商解决。协商不成时，企业可以向国家工商行政管理部门申请调解或仲裁，也可以直接向法院起诉。

（四）信守合同，树立良好企业形象

合同履行情况的好坏，不仅关系到企业经营活动的顺利进行，也关系到企业的声誉和形象。因此,加强合同管理,有利于树立良好的企业形象。

三、合同签订程序

关于合同的签订,企业一般都有严格的规定。本书不再赘述。《国有企业采购操作规范》3.9对合同签订及相关事项作了框架性规定。本释义选辑某企业合同审批制度范本供读者参考。

【示例】

某企业合同签订审批流程(参考)

一、总则

流程目的:规范合同的签订、履行和付款程序,并最大限度地避免风险。

适用范围:适用于公司签署的所有经济类合同的管理,不适用于劳动合同等其他类合同的管理。

定义:合同是企业经济活动的准则,既可以维护企业的利益,也明确规定了企业的责任和义务,是企业经济活动必须遵守的法律规范。

意义:合同审批可以保证合同内容符合国家法律、法规和政策的要求,贯彻平等互利、协商一致和等价有偿的原则,同时,最大限度降低企业的各种风险。

二、合同审批流程

合同审批共包括7个环节:制作合同文本、审核业务风险、审核法律风险、审核财务风险、合同审批、合同签署和登记存档(见图6-6)。

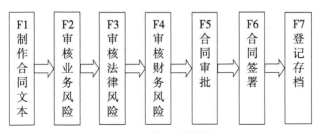

图6-6 合同审批流程

三、合同审批流程详细说明

(一)制作合同文本(F1)

制作合同文本是指根据双方协商的结果及相关资料起草合同文本的过程。只有采用非标准样本的合同需要缮制合同文本。工作内容如下。

(1)收集相关信息:在缮制非标准合同文本之前,公司相关人员必须收集相关信息,包括业务协商的结果、公司以前的合同样本、类似合同的标准样本等,作为起草合同文本的基础,同时将相关资料作为合同附件。

(2)制定合同框架:由于合同的价格条款、交易方式等条件不同,同一类型的合同也具有不同的框架体系,因此,在起草非标准合同文本之前,必须先确定合同的框架体系,根据价格条款、交易方式确定应包括的合同类型。

（3）起草合同文本：对于合同框架中的非标准合同，合同文本的起草必须遵循《中华人民共和国民法通则》及《中华人民共和国合同法》等相关法律、法规的规定，保证条款的合法性、严密性和可行性。对于关键条款，如数量条款、质量条款、价格条款、付款方式、付款时间、违约条款等，必须向公司的法律顾问咨询，保证用词准确，没有歧义，同时还必须对合同的盈亏状况进行预测。

（4）上报合同：在起草完合同文本之后，相关业务人员必须仔细检查合同的各项条款，保证内容完整，用词准确，没有文字错误。并将检查过的合同文本及盈亏预测等相关附件上报上级主管。

（二）审核业务风险（F2）

审核业务风险主要是评价合同的业务前景、业务利润和回款风险。工作内容如下。

（1）评价业务前景：公司的部门主管在拿到业务员缮制的合同文本后，首先需要对业务的发展前景进行评估。对于有发展潜力的业务，可以考虑适当增加优惠条款，以维护双方的长期合作关系；对于临时性的和没有发展潜力的业务，必须对其他业务风险进行严格审核，并提出修改建议。

（2）评价业务利润：在确定了业务的发展前景之后，部门主管需要根据业务发展前景来确定合同的利润水平，同时将合同的盈亏预测与相应的利润水平作对比。若满足利润要求，则签字同意，否则提出修改建议。

（3）评价风险控制措施：在合同满足了业务发展需求和利润要求之后，还必须对合同中的风险控制措施进行评估，检查合同条款是否对可能出现的风险采取了恰当的规避措施。如果规避措施得当，则签字同意，否则提出修改建议。

（三）审核法律风险（F3）

审核法律风险是对合同的合法性、严密性、可行性进行审核。这项工作由公司的法律顾问全面负责。只有非标准样本合同需要进行法律风险审核。工作内容如下。

1. 审核合法性

（1）当事人有无签订、履行该合同的权利能力和行为能力；

（2）合同内容是否符合国家相关法律、法规和政策的规定；

（3）当事人的意思表达是否真实、一致，权利、义务是否平等；

（4）订约程序是否符合法律规定。

2. 审核严密性

（1）合同应具备的条款是否齐全；

（2）当事人双方的权利、义务是否具体、明确；

（3）文字表述是否确切无误。

3. 审核可行性

（1）当事人双方特别是对方是否具备履行合同的能力、条件；

（2）预计取得的经济效益和可能承担的风险；

（3）合同非正常履行时可能受到的经济损失。

4. 修改合同文本

在公司的法律顾问对合同文本提出修改建议后，相关业务人员必须严格依据修改意见对合同文本进行修改，保证合同的合法性、严密性和可行性。

（四）审核财务风险（F4）

审核财务风险是评价合同的付款条件、资金调拨和营利性。工作内容如下。

（1）评价付款条件：对于销售合同，根据对方的信用等级评价合同的付款条件，可以有效地降低企业的财务风险；对于采购合同，采用有利的付款条件，可以降低企业的资金成本，并提高公司的资金周转率。因此，财务部门必须审核合同的付款条件，并提出审核意见。

（2）评价合同的资金调拨：公司的财务部门需要根据公司的资金状况对合同的资金调拨提出建议，使合同执行中资金的流入、流出满足公司整体的资金计划安排。

（3）评价合同的营利性：以贷款方式支付合同货款或其他费用时，必须考虑资金成本，从财务角度对合同的营利性进行预测。因此，财务部门必须在考虑了财务费用的基础上，对合同的盈亏进行预测，从财务角度提出对合同营利性的意见。

（五）合同审批（F5）

合同审批是指公司总经理对合同作出最后的决策。工作内容如下。

公司总经理在业务风险评价表和财务风险评价表的基础上，根据对业务特点及公司资金状况的了解，对合同的业务风险和财务风险作出综合评价。若同意部门主管对业务风险和财务风险的评价，则签字认可，否则提出审批意见。

（六）合同签署（F6）

合同签署也就是使合同具备法律效力的过程。工作内容如下。

（1）确认合同：在完成公司内部的合同审批过程之后，应尽快组织、协调合同相关单位（主要包括用户、供应商、运输单位、保险公司以及合同中所涉及的必须签章的单位和部门）完成合同在相关单位的确认过程。

（2）签署合同：在完成合同内部审批和外部审批过程之后，公司必须至少准备四份合同正本（其中三份供公司内部相关部门使用），由公司总经理和合同相关方的法定代表共同签字、盖章，使合同生效。

公司总经理可亲自签署合同，也可签署授权书，由授权人签字，完成合同的签署过程。

（七）登记存档（F7）

合同的登记存档是公司档案管理的重要内容。工作内容如下。

1. 填写合同要素一览表

合同签署之后，相关部门的业务人员必须填写合同信息一览表，将合同正本中的关键条款摘录出来，满足日常工作需要。

2. 存档使用

合同签署完毕，三份合同正本应交公司档案管理部门登记、编号。公司档案管理部门在合同登记存档之后，必须将合同正本交业务相关部门一份，如果是长期合同还应交财务部门保存一份，以便日常工作。

四、附则

合同签署之后，还会经常发生合同变更的情况，若遇到这种情况，需要提出合同变更申请，在得到公司总经理的认可后，缮制合同备忘录。备忘录的编写同样必须经过部门主管对业务风险的审核，财务部门对财务风险的审核，并最终得到总经理的审批认可，方能使用。

6.9.2　集中采购和框架协议采购合同管理

实行集中采购或框架协议采购的，应按照以下程序进行合同管理：

——采购合同签订后，采购实体通过企业电子采购平台向集中采购合同或框架协议覆盖的需求实体发布合同或协议要点，并就实施模式、实施主体、执行要点进行交底；

——采购实体宜定期组织有关部门进行市场调查，与采购的结果进行对比，评估集中采购、框架协议采购效果，优化集中采购和框架协议采购目录。

【释义】

集中采购合同和框架协议采购合同与一般采购合同相比有其特殊性，本条对其主要关注点作了规定。

一、合同交底

集中采购和框架协议采购有一个共同点，合同一般涉及多个采购主体，有平行单位，也有垂直管理单位，管理模式也有不同，因此，本条规定了合同交底的程序。交底的内容包括合同或协议要点、实施模式、实施主体和执行要点。在执行中，属于保密的范围执行企业保密制度规定。

二、信息反馈

（1）在成本压力驱动下集中采购显示出明显的降本优越性，但是集中采购有时效性差的缺点，操作不当会造成库存增加，如库存资金占用成本、管理成本是否大于批次采购节约成本，集中采购的批量、采购的时间是否合理都应进行评估，框架协议数量、供货时间的估算偏差对供应商成本的影响等，需要通过评估决定相关目录是否需要调整。

（2）框架协议采购合同的签订方和实施方是不同主体，框架协议采购的中标人可以有多个，虽然企业可以对实施方做适当限定，但具体操作时还有很多空间。因此，需要对采购结果进行评估，评估的内容除了采购绩效外还应当对实施方进行管理监督，预防腐败行为的发生。

6.9.3 合同变更管理

采购合同生效以后，合同内容发生以下重大变化的，宜经过企业制度规定的程序审批：

——合同价款变更超过规定的比例或限额的；

——合同标的、数量、质量、履行期限、履行地点和方式、违约责任和解决争议方法等发生重大变化的；

——其他采购归口管理部门认为的合同重大变化。

【释义】

合同变更是在不改变主体而使权利义务发生变化的现象。合同变更不仅在实践中司空见惯，也是合同制度的重要内容。

一、合同变更的基础知识（见表 6 - 6）

表 6 - 6 合同变更分类和成立条件

合同变更的分类	合同变更成立条件
1. 狭义变更：合同内容变化（合同条款的修改与补充）	1. 合同关系已经存在
2. 广义变更：合同内容与主体的变更（合同的转让）	2. 合同内容发生变化
3. 约定变更：当事人协商一致	3. 经合同当事人协商一致，或法院、仲裁庭裁决，或援引法律规定
4. 法定变更：在满足特定条件下，当事人不经过协商而变更	4. 符合法律、行政法规要求的方式

【案例】

建设单位与施工单位擅自改变水泥的配合比
——法定变更案例

某建筑公司在施工的过程中发现所使用的水泥混凝土的配合比无法满足强度要求，于是将该情况报告给了建设单位，请求改变配合比。建设单位经过与施工单位负责人协商认为可以将水泥混凝土的配合比做一下调整。于是双方就改变水泥混凝土配合比重新签订了一个协议，作为原合同的补充部分。你认为该项新协议有效吗？

分析：无效。尽管该新协议是建设单位与施工单位协商一致达成的，但是由于违反法律强制性规定而无效。《建设工程勘察设计管理条例》第二十八条规定："建设单位、施工单位、监理单位不得修改建设工程勘察、设计文件；确需修改建设工程勘察、设计文件的，应当由原建设工程勘察、设计单位修改。经原建设工程勘察、设计单位书面同意，建设单位也可以委托其他具有相应资质的建设工程勘察、设计单位修改。"所以，没有设计单位的参与，仅仅建设单位与施工单位达成的协议是无效的。

二、本标准主要针对三种情形的变更规定

本条规定仅指合同内容变化的处理办法。

一是合同价款变更，超过付款比例或限额。例如，合同规定在合同生效后支付合同总价的30%作为预付款，供应商以资金周转困难要求增加到40%，请求发包方贷款支持，承包商支付利息；又比如，合同规定每次每批资金支付不超过50万元，但是工程紧迫成本增加，供应商要求增加本次支付额度，或者在结算时超出合同总价。这些都需要企业依制度程序作出变更处理。

二是除了价款以外其他实质性条款的变更，应依据变化因素的性质确定处理办法。一般属于政策变化和范围调整造成的变更，发包方承担风险责任，增加费用延长工期，凡是由于供应商的管理和技术造成的变更由供应商自我承担，凡属市场原因造成费用增加、工期延误由双方协商解决。

三是其他归口部门认为需要做变更处理的事由，如环境要求进行的调整，突发事件造成的费用增加等。

【案例】

意思一致是合同变更的基本条件之一

（一）关于合同变更效力的解释

最高人民法院《关于审理建设工程施工合同纠纷案件适用法律问题的解释（二）》[以下简称"司法解释（二）"]第一条第一款规定："招标人和中标人另行签订的建设工程施工合同约定的工程范围、建设工期、工程质量、工程价款等实质性内容，与中标合同不一致，一方当事人请求按照中标合同确定权利义务的，人民法院应予支持。"

对于"黑白合同"，司法解释（一）第二十一条规定为"应当以备案的中标合同作为结算工程价款的根据"，但是司法解释（二）对此进行了明确修订，以"中标合同实质性内容"为依据，以另行订立的合同是否变更了中标合同的实质性内容、是否对当事人就实质性内容享有的权利义务造成了较大变化为标准，以诚实信用原则和公平原则为准绳，赋予法官自由裁量权。司法解释（二）该条款并未如司法解释（一）强调中标合同的备案，则是基于目前建设工程行政审批体制正在进行改革，因而在制定时即予以了考虑。《国务院办公厅关于开展工程建设项目审批制度改革试点的通知》（国办发〔2018〕33号）要求取消施工合同备案事项。《住房城乡建设部关于修改〈房屋建筑和市政基础设施工程施工招标投标管理办法〉的决定》也明确了不再要求"将合同送工程所在地的县级以上地方人民政府建设行政主管部门备案"，因此，司法解释（二）判断是否背离结算工程价款的约定以"中标合同的实质性内容"而不是"备案的中标合同"为准。

（二）司法解释的法律应用

在司法解释（二）出台之前，招标采购的合同备案后，合同的实质性条款都不能变更，即使变更对采购人有利也不允许。如某招标项目中标产品为某电动汽车原中标车，BJ000C5E7-BE（电量 45、工况 300 公里、等速 320 公里）。发出中标通知书后，供应商建议提供其升级型号 BJ000C5ED-BE，价格不变、电池升级（电量 50、工况 320 公里、等速 350 公里）。供应商建议提供新产品并签订书面合同。如果依照司法解释（一），该产品规格型号不是备案型号，这在过去是不允许的。但是在司法解释（二）出台后，只要双方协商一致，就可以对合同的条件修改并签署合同。

6.10 采购结算与支付管理

【概说】

一、结算和支付的区别（见表 6-7）

表 6-7　　　　　　　　结算和支付的区别

	资金结算（收进与支出）	资金支付（支出）
概念	结算是指根据交易结果和交易所有关规定对会员交易保证金、盈亏、手续费、交割货款和其他有关款项进行的计算、划拨；结算包括交易所对会员的结算和期货经纪公司会员对其客户的结算，其计算结果将被计入客户的保证金账户	支付是付款人向持票人支付票据金额的全部或一部分，以消灭票据关系的行为；支付全部金额时，一切票据关系因此而消灭，支付部分金额时，只消灭已支付部分的票据关系，其余票据关系仍存在
方式	结算有现金结算，即直接以现金进行支付；转账结算，即通过银行将款项从付款单位账户划转入收款单位账户。在银行办理的货币收付总额中，转账结算约占95%以上，是货币结算的主要形式	作为金钱证券的票据，支付只以金钱为限。如以金钱以外的东西支付，持票人可以拒绝受领；但持票人同意的不在此限，其程序一般是，在到期日，票据的最后持票人向票据上记载的付款人提示票据、请求付款，付款人付款后收回票据，票据法律关系因此消灭，支付是票据关系的最后环节
对象	结算是对一个时期内商品交易、劳务供应等方面发生的经济收支往来进行核算和了结；包括两个过程：核算、了结	支付，也就是核算准确之后再进行付款。支付是结算的一个环节，是付款人向持票人支付票据金额的全部或一部分，以消灭票据关系的行为

二、发布结算指南

企业财务部门可依据集中采购、资金集中管控的制度安排，按照年度发布企业各级单位资金结算、支付条件指南，规范企业本部和下级各单位合理确定结算、支付条件以及合理应用银行金融产品、工具。

结算方式是经济主体之间经济往来（商品交易、劳务供应、债权债务清算等）的款项收付的程序和方法。包括商品、货币资金所有权转移条件，款项支付地点、时间、条件，以及使用的结算凭证和传递程序等。结算方式种类繁多，大的分类，按支付方式分，有现金结算和转账结算；按地点分，有同城结算和异地结算，还有特殊的异地结算——国际结算。

现行的银行结算方式包括：银行汇票、商业汇票、银行本票、支票、汇兑、委托收款、异地托收承付七种。

企业可在合同结算与支付管理中通过发布结算指南规范，引导企业节约财务成本，鼓励企业使用银行的金融产品和工具。

6.10.1 结算程序

6.10.1.1 采购验收人员应将项目验收单、质检部门出具的相关单据以及发票、采购计划单等原始凭证，履行审批手续后，及时送交财务部门，按照合同约定办理付款事宜。

6.10.1.2 企业各相关部门应按照财务支付权限进行审批采购款项：

——需支付预付款的，按采购合同约定填写付款申请单；

——合同履约保证金、质量保证金等退付款应依据合同约定和验收单，填写退付款申请单；

——采购实体应与财务部门形成定期报送应付款计划表的机制。

6.10.1.3 采购实体建立供应商服务机构的，财务结算与支付程序的部分或全部工作可由该机构集中办理。

【释义】

本条规定了企业结算的基本程序，通俗地讲结算就是把账算清楚，该付多少，已经付了多少；支付是直接付钱，按合同约定支付，可以在结算前预付，结算后再付清。

本条规定了结算基本程序：算账、填单、处理。其中，处理包括支付，但也有进项，本条第二款第二项是关于对合同履约保证金、质量保证金结算的程序规定，一是依合同约定的时间节点；二是依据相关证明单据，如施工合同竣工验收合格退还履约保证金，竣工验收24个月期满退还剩余质量保证金。第三项规定了部门之间的信息沟通机制。

6.10.1.3 总结国家电网有限公司的经验，企业组建了供应商服务机构的，通过电子采购平台连接财务系统，该系统实现网上签订合同、数据线上流转、发票智能审验，每单发票的处理时间由过去的7天缩短为3分钟。

6.10.2 支付管理

应按照企业结算和支付的相关规定，拟定采购文件、采购合同的结算和支付条款，并严格执行。

【示例】

某合同中关于结算与付款的条款

第六条 结算、付款方式及期限

一、结算方式：货到后乙方凭甲方指定人员填写签认的有效收料单（扣除质量不合格部分）到甲方材料管理部门结算货款。双方结算完毕后，向甲方提供符合国家票证管理规定的发票后（增值税专用发票），甲方须在三个月内支付给乙方全额货款。

二、付款方式：双方结算完毕后，乙方向甲方提供符合国家票证管理规定的发票后（增值税专用发票），甲方须在三个月内支付给乙方全额货款。

三、甲方转账付款至乙方账户，不接受委托付款。

6.11 采购文档管理

应按照 T/CFLP 0016—2019 中 3.9.6 的规定进行采购文件的收集与归档。

【释义】

资料的收集是归档的前提条件，采购资料的归档有广义和狭义的不同，广义的归档包括企业采购资料在内的所有应当适当保存文件的归集与组卷；狭义的归档是属于国家《中华人民共和国档案法》《建设工程文件归档整理规范》《国家重大建设项目文件归档要求与档案整理规范》管理的范畴。企业采购资料的归档属于法规要求的；其余的资料可参照执行。保管分为永久、长期和短期。其中长期保存等同于项目生命期，短期指 20 年。

【示例】

建设工程项目资料的归集与组卷的基本要求和方法

企业在与工程招标及与勘察、设计、施工、监理等单位签订协议、合同时，应对工程项目档案资料的内容、套数、费用、质量、移交时间等提出明确要求。建设工程项目实行总承包的，总包单位负责收集、汇总各分包单位形成的工程档案，并应及时向建设单位移交；各分包单位应将本单位形成的工程文件整理、立卷后及时移交总包单位。建设工程项目由几个单位承包的，各承包单位负责收集、整理、立卷其承包项目的工程文件，并应及时向建设单位移交。

一、归档文件的质量要求

（1）归档的工程文件应为原件，其内容须真实、准确，与工程实际相符合。

（2）工程文件应采用耐久性强的书写材料。

（3）工程文件应字迹清楚，图样清晰，图表整洁，签字盖章手续完备。

（4）工程文件中文字材料幅面尺寸规格宜为 A4 幅面（297cm×210cm）。图纸宜采用国家标准图幅。

（5）竣工图应是新蓝图，计算机出图必须清晰，不得使用计算机出图的复印件。

（6）所用竣工图均应加盖竣工图章。

（7）竣工图章的基本内容应包括："竣工图"字样、施工单位、编制人、审核人、技术负责人、编制日期、监理单位、现场监理、总监。

（8）竣工图章应使用不易褪色的红印泥，应盖在图标上方空白处。

（9）利用施工图纸改绘竣工图，必须标明变更修改依据；凡施工图结构、工艺、平面布置等有重大改变，或变更部分超过图面1/3的，应当重新绘制竣工图。

（10）不同幅面的工程图纸应按《技术制图复制图的折叠方法》（GB 10609.3—89）统一用手风琴叠法折叠成 A4 幅面（297mm × 210mm），图标栏露在外面（竣工图不装订）。

二、立卷的方法

（1）一个建设工程由多个单位工程组成时，工程文件应按单位工程组卷。

（2）工程文件按工程竣工档案的归档内容中的每一部分分别组卷。

（3）案卷不宜过厚，每卷不超过20mm。

（4）文件材料按事项、专业顺序排列。同一事项的请示与批复、主件与附件不能分开，并按批复在前、请示在后，主件在前、附件在后的顺序排列。

（5）卷内文件均按有书写内容的页面编号。每卷单独编号，页号从"1"开始。

（6）页号编写位置：单面书写的文件在右下角；双面书写的文件，正面在右下角，背面在左下角，折叠后的图纸一律在右下角。文件材料的页数以号码机打字显示。

（7）案卷封面、卷内目录、卷内备考表不编写页号。

三、卷内目录的编写

（1）序号：以一份文件为单位，用阿拉伯数字从"1"依次标注。

（2）文件编号：填写工程文件原有的文件号或图号。

（3）文件材料题名：填写工程文件标题的全称。

（4）页次：填写每份文件材料首页上标注的页号，最后一份文件填写起止页号。

（5）卷内目录的所有数字一律用阿拉伯数字。

（6）卷内目录排列在卷内所有文件之前。

四、卷内备考表的编制

（1）卷内备考表主要标明卷内文件的总面数、各类文件页数，以及立卷单位对案卷情况的说明。

（2）卷内备考表排列在卷内文件的尾页之后。

五、案卷封面的编制

（1）案卷题名：应简明、准确地揭示卷内文件的归档内容。案卷题名应包括工程名称、工程项目名称、卷内文件的归档内容。工程名称和工程项目名称填写在案卷题名的第一栏，卷内文件的归纳内容填写在案卷题名的第二栏。

（2）责任者：填写案卷内容，是文件材料的主要形成单位。

（3）编制日期：填写卷内文件材料形成的起止日期。

（4）移交单位：填写移交竣工档案的单位（一般指工程项目的建设单位）。

（5）密级：一般填写秘密。

（6）保管期限：一般填写长期。

（7）卷数以单位工程立卷数量排列。案卷封面所有数字一律用阿拉伯数字。年、月、日用点隔开。

（8）卷内目录、卷内备考表、案卷封面应采用 70 克以上白色书写纸制作。按卷内文件不同分别采用 16 开、A4 幅面。

六、案卷装订

（1）卷内文字材料必须装订。既有文件材料，又有图纸的案卷应装订。装订采用线绳三孔左侧装订法，要整齐、美观、牢固，便于保管和利用。

（2）装订时必须剔除金属物。

（3）图样材料单独立卷时，一律不装订。

七、工程文件的归档范围

对记录与工程建设有关的重要活动、记载工程建设主要过程和现状、具有保存价值的各种载体的文件，均应收集齐全，整理立卷后归档。

7 采购组织形式和采购方式管理

【概说】

在招标投标活动中，依据采购组织的主体分类，招标组织形式分为委托招标代理机构招标或招标人自行组织招标，针对依法必须招标项目，法律规定招标人自行组织招标应当向监督部门备案，体现了公权的适当管制；针对非依法必须招标项目，企业采购的组织形式属于契约自由、意思自治的私权。按集中度，可分为分散采购和集中采购；按合同的法律属性，可分为本约合同和预约合同采购，框架协议采购就是预约合同采购。

采购组织形式和采购方式的管理内容主要包括目录管理、计划管理、实施管理、变更管理、结果管理。其中，计划管理、实施管理和结果管理参照执行第7章的有关规定。

7.1 采购组织形式管理的一般规定

7.1.1 采购组织形式目录管理

7.1.1.1 当采购任务符合 T/CFLP 0016—2019 中 3.5.2 和 3.5.3 规定的条件时，采购实体应组织集中采购或框架协议采购。

7.1.1.2 采购实体宜通过制定集中采购目录或框架协议采购目录方式管理企业的集中采购或框架协议采购活动。

7.1.1.3 采购实体在对需求实体的需求分析整合、供应商分析整合的基础上制定企业年度集中采购或框架协议采购目录；采购目录宜包括企业内部区域集中采购或专项物资集中采购、框架协议采购的项目。

【释义】

本条规定了目录管理的程序规定。

7.1.1.1 是关于本条规定的适用范围，即依照《国有企业采购操作规范》(T/CFLP 0016—2019) 3.5.2 符合集中采购的适用条件和 3.5.3 符合框架协议采购的适用条件，企业可采用这两种组织方式结合不同采购方法实施采购任务。

7.1.1.2 是关于采购组织形式的推荐，通过制定相应目录对企业本部或下级采购部门进行管理和规范。

7.1.1.3 是确定目录的程序和办法，管理部门在调查研究的基础上，即知己知彼后拟定目录草案，决策部门批准草案。目录实施范围包括企业内部某行政区域、项目区域内或者某专项的集中采购、框架协议采购。

7.1.2 采购组织形式变更管理

7.1.2.1 当采购需求或外部条件变化，需要对已经批准的采购组织形式进行调整时，需求实体应及时提交完整、明确、合规的变更申请，并充分说明申请变更采购原因。

7.1.2.2 采购实体应按照企业相关管理制度的规定备案、核准或审批。

【释义】

由于市场变化，已经明确的目录规定有时难以满足生产运营需要，在目录外项目需要实施集中采购或框架协议采购，或由于企业采购战略紧急调整，集中采购难以满足生产响应速度，或采购任务不符合框架协议条件时，采购人可以重新确定适当的采购组织形式，如分散采购。

本条规定了变更的程序管理，以保证制度的严肃性。

7.2 采购组织形式管理的专项规定

7.2.1 集中采购管理

7.2.1.1 企业集中采购管理应包括采购需求集中、供应商集中和组织管理集中。

【释义】

与集中采购的组织形式不同，集中采购管理不仅包括采购需求的集中，还包括伴随而来的供应商的集中、企业采购组织的集中。因此，集中采购管理是企业采购权利的调整。

集中采购整合的动力来源是企业的成本压力，鉴于采购对于企业效益的杠杆作用，为适应企业集中采购的管理，企业一般最先开始把各部门享有的采购权利尽可能集中到采购中心，之后涉及多个分管领导交叉管理的矛盾，企业有统一分管采购的企业高级主管，采购量大的企业，还设立了采购总监（CPO）的职位专管采购。因此，集中采购管理是一个管理制度的调整。

7.2.1.2 采购实体可依据行业和企业特点规定集中采购模式：

——企业开展区域或专业集中采购时，采购实体应定期发布区域或专业采购物资供应定价规则，确保供应物资低于市场平均价格；企业内各需求实体同集中采购单位签订供货合同，按照市场规则开展物资供应。

——需求实体经授权可直接组织集中采购。采购文件应按照潜在供应商供应能力、市场竞争度、采购金额等多方面因素科学合理划分标包，每个标包的成交人原则上只有唯一的供应商；唯一供应商难以满足合同需要时，经批准可确定不止一名供应商，但应明确合同份额分配的办法。

——多个标包的集中采购，采购实体可根据需要在采购文件中约定允许一个供应商为全部标包的成交人，也可限制同一供应商的成交金额或数量。

【释义】

本条是关于集中采购一般模式的规定。

第一项是集中供应的模式（间接集中采购）。企业依据项目需要，在特定区域或某专业领域设置集中供应组织机构，分别满足企业内部各需求部门生产和运营需要。由于企业各部门需求的集中形成很大的规模优势，因此供应部门可以获得很大的价格优势，同时也可能成为企业的战略供应商。

为调动企业供应部门的积极性，企业不能采取物资调拨的方式，本标准规定，供应和需求部门之间应当按照市场规则形成供求关系。但这种需求关系也是不完全的市场规则，企业采购管理部门应对供应价格进行管制，并保证需求物资低于市场平均价格，否则失去集中采购的意义。采购管理部门对供应部门的管制手段主要是定期发布大批量物资的价格信息，此外，企业综合管理部门对供应部门的考核除了供应部门本身实现利润外，主要是考核对企业降低成本的影响。

本条第二项是集中采购管理的模式（直接集中采购）。应依据供应商供应能力、市场竞争度、采购金额等多方面因素科学合理划分标包，本标准规定，每个包原则上只有一个成交供应商。但是如果一个供应商不能满足需求，可以依采购文件的约定增加供应商。

本条规定的批准程序包括事先批准和事后批准，由企业制度规定。但采购人在确定多个成交人时应明确合同份额分配的办法。防止采购规则的空心化，预防腐败。

第三项是关于在多个标包采购时的处理办法，一是多个标包可允许确定一个供应商成交人，如管理集中采购项目。二是也可约定限制同一供应商的成交金额或数量，如对于交货时间紧迫，考虑供应商的履约能力的项目。前者可采用有条件组合竞争成交方式确定最佳成交供应商。

【示例】

对有条件组合竞争成交方式①

在企业采用集中采购方式时，常常遇到一次要采购多个标包的工程、物资、服务的集中采购。如果限制一家潜在供应商只能参与其中一个标包或仅允许中标/成交其中一个标包，则供应商往往要把每一个标包的分摊费用考虑充足，这样的最终报价对招标人来说并不能实现最大效益。如果许可在供应商履约能力允许的条件下自由选择参与标包，则有利于供应商每一个标包摊薄管理费用和临建设施（如工程）费用分配，这样供应商（投标人）则有余力进行让利，优惠让利于企业，则企业可以实现本次集中采购的最高利益，最大限度地降低了整体合同成本。如果采用集中招标方式，也符合我国相应的法律规范。举例说明如表7-1所示。

---

① 王荣年（中化建国际招标责任有限公司原总经理助理、亚洲开发银行采购活动种子教员）撰稿。

表 7-1　　对工程、物资、服务一次招多标包时有条件组合评审办法　　单位：万元

投标人	A	B	C	各标包最低价
（1）充电桩包	45	48	47	45
（2）变压器包	44	47	46	44
（3）连接电缆包	—	15	10	10
合计	89	110	103	99
优惠声明	—	中三优惠10%，计11万元	中三优惠5%，计5.15万元	
总计	89	99	97.85	99
成交人	投标人C　其最终价格（97.85万元）给招标人带来最大经济利益			

我国相应采购法律依据《评标委员会和评标方法暂行规定》（七部委令第 12 号）第三十九条"对于划分有多个单项合同的招标项目，招标文件允许投标人为获得整个项目合同而提出优惠的，评标委员会可以对投标人提出的优惠进行审查，以决定是否将招标项目作为一个整体合同授予中标人。将招标项目作为一个整体合同授予的，整体合同中标人的投标应当最有利于招标人。"

7.2.2　框架协议采购管理

7.2.2.1　框架协议采购管理内容：采购实体应制定封闭式或开放式两种不同模式的框架协议采购管理制度；管理制度应包括管理模式、目录管理、程序规则、合同范本、确定成交人份额办法、共享范围、绩效考核管理等内容。

【释义】

在《示范法》中，"框架协议采购"称作"制度安排"，同时规定了封闭式和开放式两类模式和相应的程序规则。专家[①]认为，无论哪种采购模式，只要采购人预期在中短期内需要，但又在采购初期无法确定合同的所有条件，则使用框架协议采购程序有利于采购。《示范法》规定了这种组织形式的适用条件：估计"不定期或重复"出现的采购和"可能在紧急情况下出现"两类采购项目。符合其中一个条件即可采用框架协议采购组织形式。复杂采购不适用此办法。

一、框架协议采购的优越性

（1）行政效率：在重复采购使用这种程序的情况下，框架协议采购程序由于有效地合并了一系列采购程序而提高采购效率。原本要在一系列采购的每次采购中进行的多个步骤，现在可以一次完成，这些步骤包括草拟条款和条件、登载广告、评估供应商或承包商资格、审查并在某些形式的框架协议中评审提交书。因此，与每次单独进行采购相比，框架协议采购的交易成本更低，交付

---

① 引自联合国《贸易法委员会公共采购示范法颁布指南》第32条逐条评注第2条注释段。

时间也更短。

（2）减少使用紧急程序的必要次数：一旦进入框架协议采购的初步步骤，即可缩短完成采购程序的时间，满足紧急采购的需要，从而减少使用紧急程序的必要次数，紧急程序往往以不透明的方式进行，缺乏有效竞争。

（3）方便小型采购：小型采购被认为存在舞弊风险或者难以实现资金效益，小型采购的透明度更高。为摊低广告费和其他费用而通过框架协议采购程序合并多项采购，可以提高透明度，这种合并还有利于监督机构进行监督，或者由供应商或承包商自行进行监督。

（4）增加中小企业的参与度：在框架协议范围内发出较小订单，有利于小供应商或承包商参与。

（5）通过框架协议在一定程度上满足供应商销售任务同时保证了采购人的供应安全。

（6）进一步节省费用：框架协议采购就是由一个采购实体的总管单位或者由一个专门的独立实体为多个单位采购，或者由一个实体或联合体代表若干实体进行采购，从采购批量的意义上讲，框架协议采购也是集中采购，若批量大可以取得规模经济效益。

（7）供应链管理更有效：效益包括减少一次性大宗采购的费用及相应的仓储费（采用框架协议签订的最终合同可以实行协议库存方式）。

二、框架协议采购可以形成三种协议形式

（1）无第二阶段竞争的封闭式框架协议，采购实体与一个或多个供应商订立框架协议。其中载明合同中所有能明确的条件和条款，供应商在第一阶段提交的响应文件是其最终"要约"，在第二阶段供应商之间没有竞争。采购实体依照采购文件约定标准确定一个和多个成交人。

和传统采购合同的区别主要是之后不定期采购的物项。之所以称作封闭式，是因为在框架协议订立之后没有新的供应商加入该协议。

（2）有第二阶段竞争的封闭式框架协议，采购实体与一个或多个供应商订立框架协议。其中载明合同主要条款和条件，供应商第一阶段提供的响应文件是初步的"要约"，采购实体对各供应商的初步"要约"组织评审；在第二阶段参加框架协议的供应商提交最终响应文件，各供应阶段签订框架协议也是封闭的。

（3）开放式框架协议，采购实体与一个或多个供应商订立框架协议。其中载明合同某些主要条款和条件。和上述两类方式不同，第一阶段供应商提交的响应书是"临时"要约，一般不具有约束力，采购人不能对其评审，只能供采购人初步评审其响应度。在第二阶段供应商提交最终"要约"，通过竞争签订最终合同。但是这个框架协议在运行期间对新的供应商依然有效，只要有新的供应商申请，采购人就应迅速审议，并确定是否邀请其参加第二阶段的竞争。这就是所谓开放式协议。

三、框架协议采购管理的内容

《操作规范》针对我国企业的实际情况对适用条件和程序进行了适当修改。但是《示范法》只是一个法律框架，其本身并未提供颁布执行这些程序所需的细则和管理办法。

课题组总结我国企业管理的经验，这种采购组织形式的管理应包括管理模式、目录管理、程序规则、合同范本、确定成交人份额办法、共享范围等。其中目录管理执行本标准 7.1.1 和 7.1.2 规定；程序规则执行《操作规范》3.5.3.4 规定，绩效评价执行本标准第 10 章的有关规定。本标准仅对管理模式、合同中的主要约定规则和共享范围作出规定。

7.2.2.2　框架协议采购可采取两种不同管理模式：

——"统谈、统签、统付"，由采购实体统一采购后，向需求实体供应；

——"统谈、统签、分付"，由需求实体依照框架协议的实质内容，与供应商直接签订供货或服务合同。

【释义】

一、采购管理模式

本条规定了框架协议采购常见的两种管理模式，一种是供应模式，另一种是采购模式。

"统谈、统签、统付"属于供应模式，一般由企业采购中心或物资供应部门负责执行框架协议采购程序、与供应商签订合同，承担需求归集、组织供应、资金结算。供应部门可依企业制度规定收取一定的服务费用。

"统谈、统签、分付"属于采购模式，企业采购执行部门负责执行框架协议采购程序、与供应商签订合同。需求部门在框架协议的框架内，在需要时同供应商签订执行合同、支付合同价款。

两种采购管理模式的采购程序基本相同，都可以实行框架协议采购的程序。

二、封闭式框架协议采购的程序规则管理①

（一）封闭式框架协议第一阶段

（1）合理确定封闭式框架协议的期限。

封闭式框架协议时间一般在一年及以上，封闭式框架协议采购的实践证明，如果框架协议期限有足够长的时间，这种安排可能产生各种益处；但是期限过长也有可能产生抑制竞争的效果，因此，企业应确定合理的框架协议采购期限。

（2）采购标的说明及已经确定的采购条款和规定。

包括以下内容：

①合同标的、规格型号和单价，或者价格形成机制、价格调整机制（如汇

---

①　本条"二""三"两节引用联合国《贸易法委员会公共采购示范法》第 32 条、第 59～62 条的规定，引入本书时，做了适当的文字解释，供企业参考。

率波动等)。

②明确允许参加封闭式框架协议采购活动供应商的最高数目和最低数目。

对参加框架协议采购活动的供应商数目有一个最高限制,有利于提高采购效率,同时确保每一个供应商有更多中标的机会;最低数目可能是保证开展采购活动必需的,应不少于两个。

(3) 确定框架协议之初无法充分准确确定采购条款,在已知范围内估算。

包括以下内容:

①采购数量估算,有两种办法,一是采购文件约定无约束力的数量;二是使用有约束力的最低数量。采购数量的精准估算,有利于供应商评估销售批量对应的报价,预计批量大,供应商报价可能低。

②交付时间可以不确定,但应预计一个大概期限。

(4) 明确是与一个还是多个供应商签订框架协议。

确定一个供应商的好处是,某一供应商获得潜在生意的批量足以大大降低其生产成本和管理成本,从而可以给采购人报出很优惠的价格;同时还能保证供应安全,特别是针对优质供应商结成战略合作关系的情况。不过条件是,框架协议应保证实施合同数量的相对确定性。实践中,确定多个供应商在框架协议中更常见,适合需要在第二阶段通过竞争胜出的情形,也适用动态多变的市场。针对第二阶段竞争的采购活动还应明确:

关于第二阶段竞争细化的条款和条件说明;

任何第二阶段竞争的程序和预期频度,以及第二次递交响应文件的截止时间;

依据选用的采购方式明确第二阶段使用的程序和标准。其中允许变更评审标准和权重的,框架协议应规定变更的范围。

(5) 明确最终采购合同的条款和条件以及最终确定成交供应商办法,如,是以价格顺序选择还是以综合评分排队选择。

(6) 合同授予方式。一般两阶段评审的办法应当相同,比如依最低价选择;但是也可以不同,第一阶段采用综合评审办法,确定参加第二阶段的供应商名单,进入第二阶段的供应商,以价格最低者为最终合同成交商,且应明确成交商的数目。

(二) 封闭式框架协议的第二阶段

(1) 依据第一阶段确定的成交规则确定成交供应商,并签订合同;若需要竞争,应依照第一阶段确定的标准评审或谈判确定供应商,包括各供应商可以获得的标包数量。

(2) 第二阶段签订的合同属于本约合同,具备《合同法》规定的作为一个合同所有的必要条件。

(3) 发布合同应公告。

(4) 在封闭模式下,采购人在第二阶段针对个别供应商的特殊情形可以调整,但应告知所有协议的供应商。如某供应商某项技术具有专利或知识产权，需要单独和某供应商直接签订合同，应同时告知所有进入第二阶段的供应商并说明理由。

三、开放式框架协议采购的管理

在符合框架协议采购条件的基础上，开放式框架协议采购主要适用于简单标准化项目。其采购程序也有特殊性。

（一）开放式框架协议采购第一阶段

1. 采购人应在企业电子采购平台确立和维持框架协议。

2. 邀请函在电子采购平台长期公示（项目有效期内）。

3. 邀请函应包括以下内容。

（1）采购人的名称、地址以及第二阶段采购执行人的名称、地址。

（2）采购依照框架协议程序进行。

（3）采购使用的语言和获取协议相关信息的办法。

（4）接受供应商的条件，包括以下4点：

①供应商资格条件；

②允许参与该采购项目供应商的最高数目和选拔标准程序；

③提交响应书的要求；

④关于在开放期间随时加入框架协议的申明；

（5）框架协议的条件和条款。

（6）适用法律。

（7）联系办法。

4. 供应商可在开放期内随时提交"无约束力"的采购响应文件。

5. 采购人在规定时间对每一个申请供应商进行审查。

6. 应当与所有提交合格采购响应文件的供应商订立框架协议。

7. 采购人可以规定加入开放式框架协议供应商的最高限数。

8. 采购人应迅速作出是否准予供应商参加第二阶段的决定并发现邀请书。

9. 第二阶段邀请书的内容除了第一阶段的格式内容外还应包括：

（1）第二阶段竞争的范围。

（2）竞争中涉及的条款和条件。

（3）第二阶段提交采购相应文件的截止时间，开放式框架协议采购可以用小时或天数表示。

（二）开放式框架协议采购第二阶段

开放式框架协议采购第二阶段始终存在竞争。

在第二阶段对供应商资格和评审的条件应当在第一阶段予以明确，但在开放式框架协议中可以在事先约定的范围内进行调整。

开放式竞争性框架协议采购程序和封闭式竞争性框架协议采购程序相同。

7.2.2.3 签订实施合同：采购实体应依据制度规定签订框架协议及其实施合同。

当框架协议采购合同有多个成交人时，采购实体应对供应商的份额作出原则规定，需求实体按照综合效益最优的原则同框架协议中最适合的供应商签订合同。

【释义】

本条规定了企业应当依据企业制度规定程序，包括授权制度，在集中采购和框架协议采购程序结束后，企业代表和成交供应商签订集中采购合同和框架协议及其实施合同。其中，框架协议采购的合意结果分为第一阶段的协议和第二阶段的合同。

联合国《贸易法委员会公共采购示范法颁布指南》（以下简称《示范法颁布指南》）第一章总则 B 逐条评注第二条第四款指出："'采购合同'的定义[定义 K 项]以复数提及供应商或承包商，除其他外，意在包括通过同一采购程序授予分拆合同。例如《示范法》第 39 条［g］项规定，允许供应商或承包商只对采购标的的一部分投标。此类情形下，采购程序的结果不是与单个供应商或承包商订立单份合同，而是与若干供应商或承包商订立若干合同。同一定义中'采购程序结束时'一语意在包括框架协议程序下订立的采购合同，但不包括所授予的框架协议。"①

框架协议采购的合同由于合同条件不完整，属于"预约合同"，虽然我国现行法规没有规定预约合同，但是，因《最高人民法院关于审理买卖合同纠纷案件适用法律问题的解释》第二条规定了预约合同，这就在法律上第一次承认了预约合同。该法规定："当事人签订认购书、订购书、预订书、意向书、备忘录等预约合同，约定在将来一定期限内订立买卖合同，一方不履行订立买卖合同的义务，对方请求其承担预约合同违约责任或者要求解除预约合同并主张损害赔偿的，人民法院应予支持。"

所谓预约合同，最高人民法院的主流意见认为，预约与本约之间既相互独立，又相互关联，两者之间是手段和目的的关系。预约的目的在于订立本约，预约的标的是须在一定期限内签订本约，履行预约合同的结果是订立本约合同。

本条针对框架协议采购组织形式的特点规定了在采购程序结束后与多个供应商签订合同的要求，即应通过企业制度对这种分配作出制度安排。如，要求采购文件预先确定成交人的个数（如 3 个）及其份额（如第一名 60%、第二名 30%、第三名 10%）。这是由于我国法律制度、道德规范和市场秩序的现状决定的。否则在第二阶段执行人的随意性很大，可能失去采用框架协议的意义。

框架协议采购制度要求，框架协议采购程序的邀请书中应对确定成交人的程序和标准作出规定，本条规定"需求实体按照综合效益最优的原则同框架协议中最适合的供应商签订合同"。两个"最"，一是综合效益最优，二是最适合需要。这类规定既要有刚性又要有一定的灵活性。

---

① 引自联合国《贸易法委员会公共采购示范法颁布指南》第一章总则 B 逐条评注第二条第四款。

7.2.2.4 协议成果共享：在同一集团内，已有采购实体采用竞争方式签订框架协议并有效执行的，其他采购实体采购同类采购项目，可不再重新组织竞争采购，直接共享该框架协议结果；协议成果共享范围可通过企业制度或采购文件予以规定。

【释义】

一、协议成果分享的依据

《〈国有企业采购操作规范〉释义》3.5.3.1 的释义中，我们首次提出框架协议成果共享的意见，其依据是：

首先《操作规范》和本规范第 8 章是针对非必须招标的项目的规定；其次，国家现行法规对框架协议采购制度没有作出规定。因此，我们参照《示范法》作出上述规定不违法。

其次，《示范法颁布指南》第 7 章框架协议程序第 32 条 B 逐条评注第 7 款："应当结合'采购实体'这一术语的定义来理解使用条件，该定义允许不止一个采购人适用框架协议。"

《示范法颁布指南》第 2 章第二条第 7 款："如本指南第一部分关于'采购实体群集采购……'一节所述，采购可由采购实体组成的集团或联合体进行，其中包括来自不同国家的采购实体，即将他们共同视为单个的'采购实体'。"

《示范法》是针对各国公共采购的一个指南，是各国制定公共采购法律制度的重要依据。鉴于该指南对于采购实体的解释，以及关于框架协议程序中明确规定框架协议成果可以"不止一个采购人适用框架协议"，本标准参照了上述规定。

二、协议成果分享的条件

《〈国有企业采购操作规范〉释义》中第 3.5.3.1 条释义提出了框架协议采购成果可以共享的 5 个条件。

（1）适用范围：企业集团公司管辖范围内。

（2）前提条件：集团已有单位执行了框架协议采购程序。

（3）使用条件：标的规格、型号相同。

（4）供应商条件：产品质量和服务良好。

（5）企业制度有规定或采购文件有可以分享成果的约定。

三、协议成果分享的管理办法

本条规定关于协议成果共享首先应由企业制度规定，其次由采购文件约定。协议成果共享可以节约采购成本，提高采购效率，同时可以增加供应商的销售规模，从而有了进一步降低价格的空间，对各方都是有益的。

7.3 采购方式管理的一般规定

7.3.1 选择采购方式的原则

7.3.1.1 企业应依据项目特点选择相应采购方式；有多种采购方式可以选择时，在满足生产供应或运营的基础上，应优先选用竞争性强、透明度高的采购方式。

7.3.1.2 采购实体宜根据不同采购方式的适用条件范围，制定相应的规模标准。

示例：在符合招标条件范围内制定本企业适用公开招标采购的规模标准。

【释义】

企业采购和政府采购不同，在政府采购中，公开招标是缺省①条件，即只要没有其他理由，应当采用竞争性最强的采购手段——公开招标进行采购。

政府采购和企业采购属性有以下不同。

（1）政府采购大多属于公共消费，强调供应商规则的平等；企业采购为了盈利，强调采购项目规则的合理性，制度规则的机理不同。

（2）政府采购使用财政资金，在满足使用条件下最低价中标是其制度设计的基础；企业采购要满足供应链目标的一致性，确定合同成交的标准不同。

（3）政府采购一般不存在采购短缺的问题；企业采购必须考虑供应形态，必须区分战略、瓶颈、杠杆和一般物资的采购战略和方式，采购管理的范围不同。

（4）政府采购和国企采购都应承担社会责任，但形式不同；企业采购应承担社会稳定、企业稳定的责任，涉及国计民生的企业还有稳定物价的责任，因此，很多情形下直接采购是其无奈而必须的选择。

所以，企业采购参考政府采购的规则会遇到很多的障碍和问题，其采购方式和程序不能满足企业生产的需要，无法适应不断变化的市场需求，增加了企业运营的困难，垄断性企业尚能应付，竞争性企业则面临严重的挑战。

因此，本条规定应依据项目特点选择适当的方式，在满足生产供应的基础上优先选用招标采购等竞争性强的采购方式，没有规定公开招标是缺省条件。强调采购方法和采购项目条件的匹配性。

《操作规范》规定了四组九种采购方式，以及各种采购方式的适用条件。

7.3.1.2规定："采购实体宜根据不同采购方式的适用条件范围，制定相应的规模标准。"在不同采购方式中的作用不同。在招标采购方式中该规模表示"交易成本合理"的边界，如200万元以下的货物采购可视为不符合"交易成本合理"的条件，允许采购实体采用"询比"采购方式采购；其他采购方式的规模条件是审批层级的边界。如500万元的紧急采购需要企业副总经理批准等。具体要求由企业结合实际通过制度规定。

7.4 采购方式管理的专项规定

7.4.1 招标采购管理

【概说】

我国的《招标投标法》针对招标投标活动规定了公开招标和邀请招标两种方式。

---

① 缺省：原指在计算机软件中的"默认"，《示范法》指只要没有例外条件，公开招标采购是首选方式。

企业招标采购管理包括企业招标的范围和规模管理、招标采购活动相关部门的职责分工、招标程序管理、异常问题处理办法等。其中，公开招标的范围规模，企业可依据《操作规范》4.1.1.1 条的条件确定。相关部门的职责分工参照《操作规范》第 3 章的有关规定结合企业实际落实细化。本标准主要针对程序管理和异常问题处理作了规定。

7.4.1.1 公开招标管理，采购实体执行 T/CFLP 0016—2019 中 4.1.2.2 招标采购时，应制定以下管理制度：

a）采购人在资格预审中多次审查以及可以直接否决不合格潜在投标人的管理规定；

b）招标投标程序中法律允许自由裁量的有关时间期限的规定；

c）因提交投标文件的投标人不足三家等原因造成招标失败后，采购实体转用其他采购方式的管理办法；

d）评标制度的规定；

e）评标委员会对中标候选人排序后，采购实体可不按照顺序确定中标人的管理办法。

【释义】

《操作规范》依据《招标投标法》区别规定分类管理的立法指导思想，对《招标投标法》关于非必须招标项目的条款作了具体规定。主要条款如下。

（一）关于资格审查管理

1. 招标投标法规的规定

《招标投标法》第十八条："招标人可以根据招标项目本身的要求，在招标公告或者投标邀请书中，要求潜在投标人提供有关资质证明文件和业绩情况，并对潜在投标人进行资格审查；国家对投标人的资格条件有规定的，依照其规定。

招标人不得以不合理的条件限制或者排斥潜在投标人，不得对潜在投标人实行歧视待遇。"

《招标投标法》规定了审查的主体、内容，但没有明确审查的程序。《招标投标法实施条例》第十五条至第二十三条补充了资格审查的程序，其中明确国有资金占控股或主导地位的依法必须招标的项目要进行资格预审，资格审查主体是招标人依法组建的资格预审委员会；在开标以后的资格后审中，资格审查的主体是评标委员会。

2. 操作规范条文

4.1.1.2 表 1 内，1. 资格预审 c）：

"采购人或委托招标代理机构应依照资格预审文件规定的标准对资格预审申请人进行资格审查。

采购人或委托招标代理机构应编写资格审查报告。"

4.1.1.2　表1内，1. 资格预审 d）：

"采购人享有对资格预审申请文件进行核实和要求申请人进行澄清的权利。若采购人在资格审查时或项目进行过程中发现资格申请人有弄虚作假行为，可直接取消其投标资格。"

3. 操作规范的修正

法律和法规都没有规定审查主体的审查次数，即对是否可以多次审查没有规定。《操作规范》参照该法规定，在表1内1. 资格预审 c）条款明确了采购人对供应商作为资格预审主体的同时，在表1内1. 资格预审 d）条款增加了"核实""澄清"的权利，即可以再次落实供应商的资格和业绩，同时规定，如发现有虚假招标投标行为可以直接否决其投标或中标资格。

该条仅适用资格预审，在资格后审程序，《招标投标法实施条例》明确评审的主体是评标委员会。

4. 参考依据

《示范法》第3章第3节第43条投标书的审查和评审第5款规定："不论采购实体是否根据本法第18条进行了资格预审程序，投标书根据本条第3款（b）项已经被确定为中选投标书的，采购实体可以要求递交该投标书的供应商或承包商按照符合本法第9条规定的标准和程序再次证明其资格。再次证明资格所采用的标准和程序应当在招标文件中列明。进行了资格预审程序的，所采用的标准应当与资格预审程序中采用的标准相同。"

5. 特别说明

本条第一项规定："采购人在资格预审中多次审查以及可以直接否决不合格潜在投标人的管理规定。"

《操作规范》规定了采购人发现供应商由违法行为引发再次核实或澄清，认为情况属实的可以直接否决其投标或中标资格。《招标投标法》没有类似规定，仅规定了资格审查主体可以判定供应商资格是否合格，不允许其投标（资格预审）或否决中标（资格后审），但是没有追溯权。《操作规范》规定了供应商重新核实、澄清的权利，还可以有追溯权。一方面，此规定有利于加强采购人在招标投标活动中作为资格主体的责任，有利于追究采购人的责任，有利于提高采购效率；另一方面也可能对个别人的腐败行为缺乏约束。采购人对中标人不满意，可以从资格条件找问题，从而可能否决评标委员会推荐的中标候选人名单。因此，本条规定，企业应当通过制度规定对该项权利予以规范，如公示制度等，防止权利滥用。

（二）关于招标投标程序时间期限管理

1. 招标投标法规的规定

（1）关于文件发出后的澄清修改时限。

《招标投标法实施条例》第二十一条："招标人可以对已发出的资格预审文

件或者招标文件进行必要的澄清或者修改。澄清或者修改的内容可能影响资格预审申请文件或者投标文件编制的，招标人应当在提交资格预审申请文件截止时间至少 3 日前，或者投标截止时间至少 15 日前，以书面形式通知所有获取资格预审文件或者招标文件的潜在投标人；不足 3 日或者 15 日的，招标人应当顺延提交资格预审申请文件或者投标文件的截止时间。"

（2）关于等标期。

《招标投标法》第二十四条："招标人应当确定投标人编制投标文件所需要的合理时间；但是，依法必须进行招标的项目，自招标文件开始发出之日起至投标人提交投标文件截止之日止，最短不得少于二十日。"

《招标投标法实施条例》第十六条："招标人应当按照资格预审公告、招标公告或者投标邀请书规定的时间、地点发售资格预审文件或者招标文件。资格预审文件或者招标文件的发售期不得少于 5 日。"

2. 操作规范条文

4.1.1.2 表 1 内，2. 招标程序 d）：

"招标人可以对已经发售的招标文件进行澄清或修改，并通知所有获取招标文件的潜在投标人；可能影响投标人编制投标文件的，招标人应合理顺延提交投标文件的截止时间。

潜在投标人对招标文件有异议的，应在投标截止前 2 日内提出，采购人应在收到异议后 1 日内答复，招标人针对潜在投标人的异议修改招标文件后可能影响投标文件编制进度的，投标截止时间应依法适当顺延。"

4.1.1.2 表 1 内，2. 招标程序 c）第二款："投标文件编制的时间从招标文件发出之日起距投标截止时间应不少于 7 日。"

3. 操作规范修正

关于招标投标活动程序时间期限的规定，《操作规范》主要有两处，一是资格预审文件、招标文件发出后澄清修改时限；二是等标期的期限。

（1）关于文件发出后的澄清修改时限。

《操作规范》没有对资格预审文件澄清或修改的截止时间作出规定（法律规定 3 日，可以参照执行）；仅对招标文件发出后澄清或修改的时间从 15 日缩短为 2 日。

法律规定了招标人澄清或修改招标文件的时间到投标截止前 15 日为止，是基于投标文件的筹备时间不得少于 20 日的前提下，即截止时间的规定是针对依法必须招标的项目，因此《操作规范》没有规定招标人修改或澄清文件的时间，可由企业制度规定。

法律规定了投标人对招标文件的异议在投标截止前 10 日提出，招标人 3 日内答复。同样基于投标文件的筹备时间不得少于 20 日的前提下，是针对依法必须招标的项目。考虑到《操作规范》规定的投标截止时间一般不少于 7 日以及要尽可能提高采购效率，《操作规范》规定："潜在投标人对招标文件有异议的，应在投标截止前 2 日内提出，采购人应在收到异议后 1 日内答复"，同时规定了顺延的条件。其中"可能影响"情况的判断由双方协商，属于民事行为。

（2）关于等标期的期限。

在招标投标活动中，从招标文件发售期结束到开标截止的时间称为等标期。法律设置一定期限的"等标期"，体现了法律的公正性原则，即保证所有购买招标文件的潜在投标人有时间学习和消化招标文件，从而提出合理的要约。《招标投标法》第二十四条属于区别规定条款，针对非必须招标投标活动，法律规定等标期为"合理时间"；依法必须招标的项目等标期"不得少于二十日"。

等标期的确定同时受《招标投标法》第二十四条和《条例》第十六条的限制，针对非必须招标的项目，法律规定"合理时间"，所谓"合理"就是在法律框架内合同双方自愿、同意即可。由于《招标投标法实施条例》规定了招标文件的出售时间不得少于 5 日，因此最短的时间是 6 日。

《招标投标法》在程序规定中，时间期限和保密是最主要的规范要素，时间期限体现了合同相对人的合法权益；保密是招标投标活动"博弈"的属性要求的。《招标投标法》关于时间期限的规定除了质疑投诉环节外都是五的倍数，在法律层次表现为十五日、二十日、三十日，部分条例如下。

（1）第二十三条　招标人对已发出的招标文件进行必要的澄清或者修改的，应当在招标文件要求提交投标文件截止时间至少十五日前，以书面形式通知所有招标文件收受人。该澄清或者修改的内容为招标文件的组成部分。

（2）第二十四条　招标人应当确定投标人编制投标文件所需要的合理时间；但是，依法必须进行招标的项目，自招标文件开始发出之日起至投标人提交投标文件截止之日止，最短不得少于二十日。

（3）第四十六条　招标人和中标人应当自中标通知书发出之日起三十日内，按照招标文件和中标人的投标文件订立书面合同。招标人和中标人不得再行订立背离合同实质性内容的其他协议。

招标文件要求中标人提交履约保证金的，中标人应当提交。

（4）第四十七条　依法必须进行招标的项目，招标人应当自确定中标人之日起十五日内，向有关行政监督部门提交招标投标情况的书面报告。

在国际通用的 FIDIC（菲迪克）合同中，关于时间期限的规定都是 7 的倍数，如投标截止时间 28 日为合同基准日，56 日不履行合同义务可以解除合同等。

因此考虑到和国际接轨，《操作规范》规定的期限为不得少于 7 日，供企业订立制度时参考。

需要注意的是，确定等标期应当取得所有潜在投标人的同意。

（三）关于开标不足三人的管理

1. 招标投标法规的规定

（1）《条例》第四十四条："招标人应当按照招标文件规定的时间、地点开标。

投标人少于 3 个的，不得开标；招标人应当重新招标。

投标人对开标有异议的，应当在开标现场提出，招标人应当当场作出答复，并制作记录。"

（2）《工程建设项目施工招标投标办法》（30 号令）。

第三十八条第三款："依法必须进行施工招标的项目提交投标文件的投标人少于三个的，招标人在分析招标失败的原因并采取相应措施后，应当依法重新招标。重新招标后投标人仍少于三个的，属于必须审批、核准的工程建设项目，报经原审批、核准部门审批、核准后可以不再进行招标；其他工程建设项目，招标人可自行决定不再进行招标。"

（3）《工程建设项目货物招标投标办法》（27 号令，23 号令修改）。

第三十四条第三款："依法必须进行招标的项目，提交投标文件的投标人少于三个的，招标人在分析招标失败的原因并采取相应措施后，应当依法重新招标。重新招标后投标人仍少于三个的，按国家有关规定需要履行审批、核准手续的依法必须进行招标的项目，报项目审批、核准部门审批、核准后可以不再进行招标。"

（4）《工程建设项目勘察设计招标投标办法》（2 号令）。

第四十八条："在下列情况下，依法必须招标项目的招标人在分析招标失败的原因并采取相应措施后，应当依照本办法重新招标：

（一）资格预审合格的潜在投标人不足三个的；

（二）在投标截止时间前提交投标文件的投标人少于三个的……"

第四十九条："招标人重新招标后，发生本办法第四十八条情形之一的，属于按照国家规定需要政府审批、核准的项目，报经原项目审批、核准部门审批、核准后可以不再进行招标；其他工程建设项目，招标人可自行决定不再进行招标。"

（5）《机电产品国际招标投标实施办法（试行）》（1 号令）。

第四十六条第二款："投标人少于 3 个的，不得开标，招标人应当依照本办法重新招标；开标后认定投标人少于 3 个的应当停止评标，招标人应当依照本办法重新招标。重新招标后投标人仍少于 3 个的，可以进入两家或一家开标评标；按国家有关规定需要履行审批、核准手续的依法必须进行招标的项目，报项目审批、核准部门审批、核准后可以不再进行招标。"

第四十六条第三款："认定投标人数量时，两家以上投标人的投标产品为同一家制造商或集成商生产的，按一家投标人认定。对两家以上集成商或代理商使用相同制造商产品作为其项目包的一部分，且相同产品的价格总和均超过该项目包各自投标总价 60% 的，按一家投标人认定。"

第四十六条第四款："对于国外贷款、援助资金项目，资金提供方规定当投标截止时间到达时，投标人少于 3 个可直接进入开标程序的，可以适用其规定。"

2.《操作规范》条文

4.1.1.2 表1内，4. 开标程序第二款：

"投标人不足3人，招标投标活动中止。投标文件封存或退还投标人；经企业主管部门批准，该采购项目可转入其他采购方式采购。"

《操作规范》附录A.5.1项目内容：

"A.5.1.1 必须招标项目两次招标失败后不再招标的采购。

A.5.1.2 非必须招标项目一次失败后不再招标的项目。"

3. 管理制度

《招标投标法》规定了投标截止前递交投标文件不足3人的处理办法：一是不得开标；二是分析失败的原因，采取措施后进行第二次招标。第二次招标失败后分别处理，必须审批、核准的项目报原审批、核准部门审批或核准后，不再招标；其余项目直接不再招标。招标失败除了开标不足3人外，还有其他多种原因，都应按照上述规定执行。

《操作规范》规定了不再招标之后的处理办法，依法必须招标的项目依照上述法规执行，非必须招标的项目，一是中止，即暂停；二是依据企业制度转入企业制度规定的其他采购方式。

因此企业应当制定转入其他采购方式的制度规定，如企业通过目录规定，或要求某级领导批准、结果报告公示等，在提高采购效率的同时防止采购人滥用权利。

（四）关于确定专家管理

1. 招标投标法规的规定

《招标投标法》第三十七条："评标由招标人依法组建的评标委员会负责。依法必须进行招标的项目，其评标委员会由招标人的代表和有关技术、经济等方面的专家组成，成员人数为五人以上单数，其中技术、经济等方面的专家不得少于成员总数的三分之二。

前款专家应当从事相关领域工作满八年并具有高级职称或者具有同等专业水平，由招标人从国务院有关部门或者省、自治区、直辖市人民政府有关部门提供的专家名册或者招标代理机构的专家库内的相关专业的专家名单中确定；一般招标项目可以采取随机抽取方式，特殊招标项目可以由招标人直接确定。

与投标人有利害关系的人不得进入相关项目的评标委员会；已经进入的应当更换。

评标委员会成员的名单在中标结果确定前应当保密。"

2.《操作规范》条文

4.1.1.2 表1内，5. 评标程序a)：

"采购人应负责组建评标委员会，评标委员会成员应为5人以上单数。

评标委员会组成人员的构成、专家资格等应由企业制度规定。采购人认为项目技术复杂或随机抽取不能满足评审需要时可直接指定部分专家或全部专家，指定的范围不限于企业咨询专家委员会的名单；指定专家的理由应在中标结果公示中或在报告中说明。"

3. 管理制度

《招标投标法》第三十七条对评标制度作出区别规定。

（1）非依法必须招标项目，"评标由招标人依法组建的评标委员会负责"。

（2）依法必须进行招标项目的评标委员会人员结构、组成、专家资格和聘请方式、回避制度等本条都有明确的规定，包括抽取专家库的来源，属于《招标投标法》针对必须招标项目的专属规定。

《操作规范》重申了企业招标人组建评标委员会的权利，同时对"组建"的办法要求企业依据项目的特点和企业实际通过制度予以规定，企业不应照抄法律规定，评标委员会评审意见是咨询建议，企业运营项目采购一般不应随机抽取，应当聘请对项目熟悉能够提出有益意见的专家参加评标委员会，尽量避免走过场。同时要加强监督，通过绩效评价对招标采购项目追溯监督。

（五）关于定标程序管理

1. 招标投标法规的规定

（1）《条例》第五十五条："国有资金占控股或者主导地位的依法必须进行招标的项目，招标人应当确定排名第一的中标候选人为中标人。排名第一的中标候选人放弃中标、因不可抗力不能履行合同、不按照招标文件要求提交履约保证金，或者被查实存在影响中标结果的违法行为等情形，不符合中标条件的，招标人可以按照评标委员会提出的中标候选人名单排序依次确定其他中标候选人为中标人，也可以重新招标。"

（2）《住房和城乡建设部关于进一步加强房屋建筑和市政基础设施工程招标投标监管的指导意见》（建市规〔2019〕11号）第二点第（四）项："探索推进评定分离方法。招标人应科学制定评标定标方法，组建评标委员会，通过资格审查强化对投标人的信用状况和履约能力审查，围绕高质量发展要求优先考虑创新、绿色等评审因素。评标委员会对投标文件的技术、质量、安全、工期的控制能力等因素提供技术咨询建议，向招标人推荐合格的中标候选人。由招标人按照科学、民主决策原则，建立健全内部控制程序和决策约束机制，根据报价情况和技术咨询建议，择优确定中标人，实现招标投标过程的规范透明，结果的合法公正，依法依规接受监督。"

2.《操作规范》条文

4.1.1.2　表1内，6. 定标程序a）："采购人在评标委员会推荐的候选人中确定中标人。如有排序，采购人认为第一名不能满足采购需要，可以在推荐名单中确定其他候选人。但应在招标投标情况书面报告中说明理由。"

3. 管理制度

在定标阶段，招标人应按照科学、民主决策原则，建立健全包含内部控制程序和决策约束机制的企业管理制度（如依据项目的重要程度或金额标准建立的分级会议决策制度），采购人应根据报价情况和技术咨询建议两方面，综合择优确定中标人，实现招标投标过程的规范透明、结果的合法公正，依法依规接受监督。

《操作规范》规定，推荐名单是否排名由招标文件约定，如果排名，评标委员会推荐的第一名不能满足企业生产或经营需要，可以在推荐名单中依次递补，直至第三名。但一定要在情况报告中说明理由，符合公示条件的应当公示，在强化招标人责任主体权利的同时保护干部，减少可能出现腐败的漏洞。

（六）其他

为了区别必须招标制度框架内公开、邀请招标制度的不同，也有企业将非必须招标项目的招标采购称为"竞标"，一方面可以规避《招标投标法》中"一般规定"对企业不合理的约束，如等标期必须五日以上；另一方面也参照该法的竞争程序完成采购。这种"竞标"实质上是对修订《招标投标法》的呼唤。

7.4.1.2　邀请招标管理：7.4.1.1 规定的制度除 a）外适用邀请招标管理；此外采购实体应制定需求实体选用邀请招标的审核管理制度；采购实体可依据项目特点补充邀请招标的适用范围和规模条件。

【释义】

邀请招标和公开招标的主要区别是邀请招标的投标人是预先确定的，而公开招标时参与招标投标活动的投标人是不确定的。二者主要程序都是一样的，所以邀请招标不能解决时间紧迫的问题。邀请招标和公开招标的共同点是采购需求明确、采购时间允许，但是邀请招标不满足公开招标的其他两个条件。

《条例》第八条规定了邀请的条件："国有资金占控股或者主导地位的依法必须进行招标的项目，应当公开招标；但有下列情形之一的，可以邀请招标：

（一）技术复杂、有特殊要求或者受自然环境限制，只有少量潜在投标人可供选择；

（二）采用公开招标方式的费用占项目合同金额的比例过大。

有前款第二项所列情形，属于本条例第七条规定的项目，由项目审批、核准部门在审批、核准项目时作出认定；其他项目由招标人申请有关行政监督部门作出认定。"

上述规定一是由于客观条件人不够，缺乏必要的竞争；二是费用过高，即交易成本不合理。企业采购中除了上述表现形式外，可能还有其他需要采取邀请方式公开竞争的项目，如某项目主要供应商超过三家，但企业对供应商的产品比较熟悉，为降低交易成本、提高采购效率也可采用邀请招标的方式，企业可以通过目录对该类项目作出规定。

关于费用过高的问题，通信行业的部门规章首次提出采购交易成本占合同总价 1.5% 的边界条件，企业在确定招标规模时，应注意采购交易成本和合同成本关系的平衡。如规定 10 万元为起点，交易成本不能超过 1.5 万元；否则就要改变采购方式。如果企业认为小额采购确实需要招标竞争，可通过框架协议的方式解决。

7.4.2　竞价询比采购管理

7.4.2.1　采购实体可按照采购需求明确、合同条件简单、符合性评价简单、合同履约简单等标准，制定竞价和询比采购的细目。

【释义】

本组的特点是采购需求明确或基本明确，但是不符合招标的其他条件，如竞争条件、时间条件、交易成本等，该类项目相对简单。

本条对简单项目进行了定义，简单项目不是以合同金额判断，而是通过三个标准衡量：一是采购需求明确、合同条件简单；二是符合性判断简单；三是合同履约简单。如采购 12#建筑钢筋，325#水泥等。

竞价采购和询比采购方式的相同点，一是适用简单采购项目；二是可以一次或多次报价。

竞价采购和询比采购的区别见表 7－2。

表 7－2　　　　　　　　　竞价采购和询比采购的区别

	竞价采购	询比采购
标的物	货物或服务	不仅包括货物、服务，也包括工程项目
沟通交流	无须沟通	面对面沟通
评审因素	在非价格因素方面差异不大，供应商或服务商的竞争体现在价格上，可以一次或多次报价	在非价格因素方面有差异；需要双方面对面沟通，也可修改非实质条件使双方更满意，在此基础上供应商最后报价，采购小组对价格和非价格因素全面评审
成交办法	在满足供货要求的基础上，以供应商或服务商最后报出的价格最低者成交	可以评"价"也可以评"分"，采购人确定最满意的成交人

企业可通过目录对适合竞价采购或询比采购方式的细目作出规定，使其操作方便简单。

7.4.2.2　竞价采购管理：企业竞价管理规定应包括适用范围、实施主体、工作程序、竞价保证金和管理费用、异议处理等内容；可通过目录清单规定竞价采购适用范围；竞价采购宜在电子采购平台竞价系统中实施，废旧物资处理等卖出项目采用加价竞价，买入项目的竞价采购采用逆向竞价。

【释义】

一、竞价范围的规定

竞价采购适用于简单项目，企业应对竞价采购的范围通过目录予以规定。其中，一次报价的项目适用该类项目采购价值不高的货物；多次报价的竞价方式对该类项目采购价值没有要求，且多次竞价除了采购货物外还可以通过竞价采购服务。

企业应参照《国有企业采购操作规范》（T/CFLP 0016—2019）中4.2.1.2条对其采购程序细化和补充，如制定企业竞价采购目录、一次报价程序的细化、多次报价程序的细化、电子采购竞价方式程序细化等符合行业和企业特点的规定。

《政府采购法》规定的询价采购和《操作规范》规定的竞价采购的区别见表7－3。

表7－3　《政府采购法》规定的询价采购和《操作规范》规定的竞价采购的区别

	《操作规范》竞价采购	《政府采购法》询价采购
适用条件	规格型号统一、货源充足、价格稳定	与竞价采购相同
程序特点	只要没有超过预算，特殊情形2人也可以	必须3人
	依约定，可以一次也可以多次报价，多次报价包括逆向竞价和正向竞价	一次性报出不可更改的价格
		针对一般简单项目，如打印纸、墨盒、硒鼓等

【示例】

某集团公司关于询价采购管理的规定（试行）

第一章第三条：询价采购适用于股份公司及所属各单位开展的采购估算价在50万元以下的物资、机械设备、办公用品、计算机设备、商旅服务、外包服务、周转材料和机械设备租赁的采购活动。

禁止将符合招标条件的采购项目拆分进行询价采购。

……

第三章第六条：询价采购分为线上和线下询价两种方式，采购单位原则上应采用线上方式实施采购。

符合下列条件的可以选择线下采购：

（1）非采购单位原因造成采购供应时间不足7天的。

（2）项目所在地偏僻不具备网络条件或物流配送困难的。

（3）线上询价无供应商应答，或供应商响应不足3人。

（4）其他。

采用线下方式，采购部门应填写《线下询价采购审批单》，说明理由以及拟询价供应商，依据采购管理层级的采购管理部门批准后实施。

……

第十条：成交供应商确定

采购员审核供应商响应文件，对响应询价书全部实质要求的供应商，按照报价最低原则确定拟成交供应商。对构成工程或工业产品结构实体的物资设备，以及对企业生产经营有重大质量安全影响的产品和服务，如果拟成交供应商不在企业合格供应商目录中，采购单位还应履行供应商审核程序。

拟成交供应商为最低价的，采购员填写《询价结果审批单》，经采购部门负责人批准，确认为成交供应商。

拟成交供应商不是最低价的，采购员应在《询价结果审批单》上对报价低于拟成交供应商的逐一说明没有推荐的理由，经部门负责人审批后，报分管领导批准。

对供应商不足 3 人或报价明显低于预期价格的，采购部门应分析原因，评价询价效果，需在《询价结果审批单》上说明理由，并经分管领导审批。如不接受询价结果，可继续询价或改变采购方式采购。

二、竞价采购管理

（1）竞价采购宜在电子采购平台竞价系统中实施；如需线下采购应对适用范围作出规定。

（2）废旧物资处理等卖出项目采用加价竞价，买入项目的竞价采购采用逆向竞价。

（3）多次竞价采购方式的管理制度应包括本条的有关要求。

【示例】

某企业动态竞价采购管理规定（试行）

第三条　适用范围

动态竞价采购适用于标准化程度高，有一定采购批量且市场竞争充分的产品和服务。股份公司及所属各单位开展的物资、机械设备、办公用品、计算机设备、商旅服务、外包服务、周转材料、机械设备租赁等产品和服务，符合下列情形之一的，可采取动态竞价采购方式：

（一）未达到招标采购限额的产品和服务；

（二）股份公司已实施供应商招募或框架协议采购并发布入围供应商目录的；

（三）采购合格供应商名录内或需求单位指定品牌范围的；

（四）招标没有供应商投标，或没有合格的供应商，抑或是重新招标失败的；

（五）招标采购时间不允许。

其中，第（二）项到第（四）项采购单位说明情况并经分管领导审核同意，审核意见和采购方案一同报采购管理部门。

......

第八条　初始价格的确定

采购单位应调查采购产品或服务的市场价格，以此确定竞价初始单价、初始总价和基准降价幅度，纳入竞价文件进行评审。

初始总价作为竞价的最高限价，应报同级采购管理部门批准。

竞价采购文件应描述清楚初始单价及初始总价的作用，供应商应遵循的报价规则、成交单价与初始单价之间的关系，一般应进行如下约定：

成交单价＝初始单价×成交总价/初始总价。

......

第十二条　竞价

采购单位应安排经过培训取得企业制度规定资质的专人作为竞价主持人，做好电子采购平台竞价系统测试、竞价组织工作。在竞价过程中，主持人不得透露参与竞价的供应商信息，不得对可能影响供应商报价的竞价文件、竞价规则进行任何补充、修改和解释。

竞价分为首轮竞价和延时竞价两阶段进行，供应商以匿名代码的方式参与报价。

首轮竞价：在规定的时限内，供应商报出首轮报价，高于采购单位设置的初始总价的报价不予接受。

延时竞价：供应商以首轮报价为基准，以基准降价幅度的整数倍进行逆向报价，每个供应商均可多轮次报价，系统进行实时数据更新和剩余时间提示。在规定时间内无最低报价的，竞价系统自动关闭，竞价终止。

竞价结束后，按以下公式计算成交单价：

成交单价＝初始单价×成交总价/初始总价。

......

第十六条　竞价终止

出现下列情形之一的，采购单位发布竞价项目终止公告并说明理由，终止竞价活动。

（1）因客观情况发生重大变化或不可抗力，采购项目已经不适用竞价采购的。

（2）购买竞价采购文件不足2人（不含2人）的。

（3）竞价采购活动终止后，采购单位可寻找失败原因并采取措施后重新竞价，也可经批准采用其他采购方式。

【案例】

WH市地铁广告经营权招标宣布无效的启示

一、事件回顾

1. 地铁广告经营权公开招标

2011年11月18日，WH地铁运营有限公司（以下简称"WH地铁"）发布了"WH市轨道交通2号线一期工程站内平面广告媒体代理经营"的项目招标公告，委托 HB 省 XX 招标有限公司代理向社会公开招标。

2012 年 1 月 12 日，该项目在 WH 市公开开标，当日参加竞标的单位，包括 SZ 报业在内共有 3 家公司。

资料显示，全长近 28 公里的 WH 市轨道交通 2 号线一期工程，沿线串起解放大道、中南、街道口和鲁巷光谷四大商圈，建成后将成为 WH 市客运交通的"黄金走廊"。此次招标包括该线 21 个车站内的常规灯箱、数码灯箱、梯牌、墙贴、屏蔽门贴等平面广告媒体的代理经营许可权。

2. 媒体曝光中标结果不公平

1 月 18 日，WH 地铁在其官网公示的中标结果称：中标单位为参与竞标的一家广告公司，中标金额为 70503.3726 万元/10 年。SZ 报业报价高出竞争对手 3 亿多元，却在项目经营建议书环节被大比分反超，由此，SZ 报业最终以 2.51 分之差落标。SZ 报业在法定时间内向招标人提出异议，并被媒体曝光，引起广泛关注。

3. 招标人答复

WH 地铁表示，此次选取的是公开招标模式，招标方式是最适合者得，而最高价者得是公开竞价、拍卖等招商方式。此次招标采用综合评价法，即根据价格、商务、项目经营建议书三部分的综合得分确定中标单位。SZ 报业报价最高，即报价得分最高，但价格分只占总分的 60%，SZ 报业综合得分并不是第一名。对地铁广告代理权而言，并不是价格越高越好。

4. 事实真相

招标人的答复引起业内人士和媒体更多的关注和不满。随着媒体深挖爆料，事件的真相逐渐浮出水面。据反映，此次低价中标的 YY 省广告股份有限公司（以下简称"YY 公司"）与招标方 WH 地铁有利益关联，为了让 YY 公司中标，WH 地铁没有选择竞价方式而选择招标方式，评标办法是综合评价法。招标人对招标文件做了精心设计，有合理化建议加 10 分，公益广告不少于 5%。为此，招标方特别提醒 YY 公司注意，公益广告填写 10% 可得 10 分，这些信息其他投标人并不知晓。这样尽管招标程序本身合法，但是在招标前中标结果就已经确定，SZ 报业落选是必然的。

二、事件处理

1. 招标结果无效

此事件经媒体曝光后，WH 市有关部门迅速进行调查，2012 年 2 月 15 日，WH 市纪委、市监察局通报，《WH 市户外广告设置管理办法》第二十三条规定：利用本市政府投资或者以本市政府投资为主建设的城市道路、公路、广场等公用设施设置户外广告的，其户外广告设置位使用权应当通过拍卖方式取得。拍卖方案由市城市管理行政部门会同市国有资产、财政、交通等部门制订，报市人民政府批准后实施。经查，《WH 市轨道交通 2 号线一期工程站内平面广告媒体代理经营招标文件》处置方案未经市城管局、市国资委等部门制订，更未报经市人民政府批准。据此，WH市城管局已要求WH地铁就有关问题认真进行整改。WH地铁总经理办公会经研究，认为WH地铁此次招标结果无效。

2. 责任追究

2012年3月2日，WH市纪委、市监察局通报了"WH市轨道交通2号线一期工程站内平面广告媒体代理经营"项目招标投标活动调查进展情况：WH地铁资源部经理D在此次招标文件编制中利用职务便利，设置有利于个别投标企业的条款，向相关投标单位泄露了应当保密的招投标信息，并涉嫌受贿。目前，WH市纪委已对其采取措施，进行立案调查。对负有主要领导责任的WH地铁主要领导都进行了行政处理，包括免职、党内严重警告、诫勉谈话等。

三、事件启示

WH地铁广告经营权招标无效事件对我们有以下启示。

1. 招标采购是经济活动，不是反腐的利器

从本次招标的程序看，招标程序本身合法，但是黑幕一般人很难知晓，这再次证明靠招标投标不能解决腐败问题，必须加强对公共采购全方位的监督。招标投标是一种采购方式，守法之人使用它能发挥积极作用，心术不正之人利用它，监管又不到位，本应严肃的招标活动就很可能流于形式，给腐败分子当了遮羞布，此类案例很多。

2. 广告经营权逆向拍卖应采取竞价方式

广告经营权可依照《中华人民共和国拍卖法》的有关规定，在政府拍卖管理部门的监督下按照该法规定的程序拍卖。也可采取本标准规定的竞价方式，在采购交易平台进行，全程公开透明，交易成本很低，这种采购模式下绝不会出现价格高而不能成交的现象。

这个案例说明选择采购方式很重要。

7.4.2.3 询比采购管理：企业应对询比采购品目、细目的适用范围和规模作出规定，并按照T/CFLP 0016—2019中第4章的规定执行。

【释义】

询比采购方式是我国企业创造的一种可以多次报价，面对面沟通的"招标"形式（采购需求明确、可公开或直接发出要约邀请），国内也有企业称之为"议标""竞标""比选"等。其特点是采购需求明确，但不完全符合招标条件，因此可以和供应商面对面沟通。由于信息不对称，允许供应商针对非实质问题补充修改招标文件，由此也允许供应商多次报价。企业里采用询比方式的一般是达不到招标规模的中小型简单项目。

询比采购和本标准规定的招标采购的区别见表7-4。

表7－4 询比采购和本标准规定的招标采购的区别

	招标采购（公开或邀请）	询比采购
适用 条件	采购需求明确，具有竞争条件 采购时间允许，交易成本合理	需求明确，其他条件不定
程序 区别	执行《招标投标法》一般规定，专属规 定参照执行	执行《操作规范》规定程序
	必须3人及以上	2人及以上
	投标截止后招标文件不能修改	投标截止后可修改招标文件非实质 条款，可以面对面沟通
	投标人只能一次报价	供应商可以依约定多次报价

竞价采购的非价格因素差别不大，但询比采购的非价格因素有一定差别，评议中各种采购因素以及内容细节均可予以沟通协商，但不应改变询比采购文件的实质性内容。评审沟通的轮次由采购文件约定。在询比采购中，可以采用经评审的最低价，也可采用综合评价法确定成交人。一般涉及服务的项目可采用综合评价法，如通过询比采购选择代理机构，采用经评审的最低价不是一个好办法。

询比采购管理制度应包括适用范围、工作流程规定、异议处理、监督管理等内容。

7.4.3 磋商谈判采购管理

【释义】

本组采购方式的核心是"谈判"，所谓谈判就是合同双方在确定底线的基础上，通过面对面的沟通协商，扩大谈判空间、缩小风险区间，牺牲局部利益，争取核心利益的最大化。

本标准将谈判采购分为合作谈判、竞争谈判和竞争磋商三种方式，供企业制定采购制度时参考。

谈判和磋商都有面对面协商、沟通之意。在外交活动中，谈判指比较正式的协商活动，磋商一般指非正式的协商活动，或者说磋商是谈判活动的前期准备。在交易活动中，"谈判"协商的基础文本一般是谈判的基础，是事先准备好的；"磋商"活动的相对正式的基础文本一般是双方协商沟通的成果，是事后产生的。

在《操作规范》和《管理规范》中，合作谈判、竞争谈判和竞争磋商都有特定的内涵。

合作谈判是为战略采购设计的一种采购方式。采购过程中可能也有一定的竞争，所有谈判如果达成合作意愿后签订合同都是"合作"。之所以将其单独列为一种采购方式，是因为企业在商务活动中需要一种不受《招标投标法》《政府采购法》等法律程序约束的方式，满足企业战略采购的需要，保证供应链的安全。其采购结果也与其他采购方式不同，不仅构成采购合同，还可能签订参股、购买企业等合同，有鲜明特点。所以此"合作"非彼"合作"。

竞争谈判是为紧急采购和特殊采购设计的采购方法。其适用条件、程序和《示范法》的规定相同，并区别于《政府采购法》规定的竞争性采购。该谈判采购适用于时间急迫或特定目标的采购，因此，为实现需求目标可以有多个方案，采购人不要求评审小组将其整合为唯一方案，只是要求评审小组对各个方案包括价格进行咨询，由采购人最后确定最需要的报盘。

本标准中，竞争磋商是针对复杂项目，如大型成套工业项目、复杂设计咨询等，将《示范法》中两阶段招标办法、通过对话征求意见书和通过顺序谈判征求意见书三种方法合并，参照《政府采购法》规定的"竞争性磋商"设计的一种采购方式。该方法可以弥补采购人能力不足的缺点，通过采购程序完善采购需求及其合同条件。竞争磋商要求评审专家针对供应商提交的不同建议方案通过讨论、对话、谈判形成一个最优的采购方案和合同条件，即供应商应确保提出的方案能够完全满足采购需求，在程序设计中类似足球竞赛的金球制，规定在履行完所有评审程序后最先和采购人达成协议的供应商为成交人，以保证竞争的严肃性，保证要约的最优化，降低采购成本。

合作谈判和竞争谈判的区别见表 7-5，竞争谈判和竞争磋商的区别见表 7-6。

表 7-5　　　　　　　　　合作谈判和竞争谈判的区别

	合作谈判	竞争谈判	
适用项目	针对战略采购	针对紧急采购或特殊项目	
参考步骤	组建团队	流程特点	允许供应商提出针对紧急或特殊项目的不同解决方案并报价
	谈判计划		评审小组对不同方案（报价）提出咨询报告，但不整合为唯一方案
	谈判准备		最终报价后不再谈判
	谈判管理		采购人从不同方案中确定最需要的报盘
	签订合同		

表 7 - 6　　　　　　　　　　竞争谈判和竞争磋商的区别

	竞争谈判	竞争磋商
适用项目	针对紧急采购或特殊项目	针对复杂项目
程序特点	允许供应商提出针对紧急或特殊项目的不同解决方案并报价	通过磋商把不同方案整合，明确对采购人最有利的唯一方案并最后报价
	评审小组对不同方案（报价）提出咨询报告，但不整合为唯一方案	评审小组对确定方案最后报价的投标文件评审
	最终报价后不再谈判	采购人依次和供应商进行财务谈判
	采购人从不同方案中确定最需要的报盘	最先和采购人达成协议的供应商为成交人

7.4.3.1　合作谈判管理：管理内容应包括战略采购项目的立项、方案编制、确定战略供应商、组织谈判、签订并履行战略采购协议、战略采购效果评价和优化等内容；企业战略采购可采取签订年度供货协议、参股、控股合作、组建合资企业等合作模式。

【释义】

合作谈判与竞争谈判的主要区别除了适用条件、采购程序不同外，采购结果是最大的不同。合作谈判主要适用于企业战略采购。所谓战略采购指根据企业发展战略需要，通过和行业领先或对市场有重要影响力的供应商建立长期稳定的友好伙伴关系，实现合作双赢、提高企业竞争力的采购方式。其采购方式没有固定程序，采购的合同形式除了签订长期协议外，还可以通过参股、控股合作、收购等方式保证供应链的安全。

企业战略采购需要采购部门牵头，多个部门分工合作才能完成。

在程序管理中，合作谈判与其他采购方式的不同是需要有关部门进行可行性分析研究并出具报告。

【示例】

编制战略采购可行性分析报告的内容示范

一、采购需求分析

二、采购市场分析

三、战略合作的必要性

四、同潜在供应商合作的可能性

五、战略合作模式

六、预期目标

七、风险与不确定性分析

八、结论与建议

【案例】

某大型央企集团公司和某石油公司组建合资企业

某大型央企集团公司每年消耗大量的石油，为保证能源的安全供应，该集团公司和我国三大石油公司发出合作意向邀请，两家公司有合作愿望。在谈判过程中，其中一家公司退出谈判。最后，该集团公司和另一家石油公司进行多轮谈判，达成战略合作协议，双方最后组建了专业油品合资公司。该企业制定相应的制度，明确由合资公司负责对该集团公司所有部门油品供应。不言而喻，该合资公司的油品价格一定低于市场平均价，企业的能源供应也得到体制上的保证。

7.4.3.2 竞争谈判管理：采购实体宜对"紧急采购""特殊采购"作出品目、细目规定，并通过目录或制度规定本企业竞争谈判的适用范围和规模条件；宜聘请有经验能够满足项目需要的专家组成谈判小组。竞争谈判的采购文件应对"所需要的报盘"做出明确、可操作的规定，重大项目的谈判文件和成交结果应由企业制度规定的程序批准。

【释义】

在企业采购中，针对非招标项目一般参照《政府采购法》规定的竞争性谈判制定企业管理制度。但是在实践中，由于企业采购和政府采购存在差异，《政府采购法》中关于竞争性谈判的规定难以满足企业采购需要。例如，《政府采购法》规定的竞争性谈判中，谈判对象需要通过随机抽取的方式确定；谈判小组负责采购文件的编制；谈判结束后最低报价的为成交人。为了保障正常生产和运营，企业在采购过程中需要对上述规定进行变通，但是审计、巡视等部门按照《政府采购法》规定的程序对照检查即可判定企业违法。

本标准设计的竞争谈判按照《示范法》规定的使用条件和程序符合国际惯例。这个办法就是针对紧急或特殊项目量身定做的。

在竞争采购管理中，除了企业对紧急采购或特殊采购作出具体的范围规定外，在程序管理中该采购方式对谈判专家的专业素质要求较高，谈判专家应满足不同方案需要的技术和商务知识，能够进行科学准确的判断。这类项目不是走过场能解决的。因此，本条对专家的聘请条件、工作重点作出规定。

本条最后一句是对确定成交人的规定，鉴于项目的紧迫特殊性，采购人在评审咨询意见的基础上签订最需要的报盘，避免在所有情况下以最低价确定供应商对企业整体的负面影响。该条规定是区别竞争磋商采购最本质的一点，在竞争谈判中采购人具有对最终方案判断、选择的能力和责任；在竞争磋商采购中主要是供应商和评审专家判断整合采购方案，经采购人认可、批准。

《操作规范》竞争谈判和《政府采购法》竞争性谈判的比较见表7-7；《操作规范》竞争谈判和询比采购的比较见表7-8。

表 7-7 《操作规范》竞争谈判和《政府采购法》竞争性谈判比较

	《操作规范》竞争谈判	《政府采购法》竞争性谈判
适用条件	紧急采购或特定目标采购	人不够、时间紧、情况复杂（技术规格复杂、价格难以评估）
程序特点	采购人决定谈判对象	谈判对象由谈判小组随机抽取
	供应商提供该方案可以不唯一	采购方案整合唯一
	2 人即可	必须达到 3 人
	约定报价次数	约定报价次数
	供应商对各自方案最后报价	供应商对唯一方案最后报价
	谈判小组对各方案提供咨询报告	评审小组评审提供报告和排队名单
	采购人决定最需要的报盘	最低价中标

表 7-8 《操作规范》竞争谈判和询比采购的区别

	竞争谈判	询比采购
针对项目	紧急采购或特殊采购	简单项目
适用条件	采购目标明确，可以修改招标文件，有不同路径或方案	采购目标明确，不能修改招标文件的实质内容，但可修改其非实质条款
程序特点	评审方案可能不唯一	评审方案唯一
	评审小组对各方案评审（报价）并分别提供咨询报告	评审小组对唯一方案最后报价评审并提供咨询报告
	采购人决定最需要的方案和相应成交供应商	采购人决定最需要的报盘

【案例】

某地基处理竞争谈判采购案例

某建筑工程项目建筑地基勘察为非湿陷性黄土，设计院决定采用强夯完成建筑地基处理工程，在冬季施工。工地所在城市发出公告，为了治理雾霾，本辖区所有柴油机、汽油机的工程机械排放浓度必须达到国Ⅳ标准。该工地使用的强夯机动力是柴油机，排放浓度只能达到国Ⅲ标准，按照合同计划，今年冬季必须开工建设。企业发出竞争谈判公告，共有 4 家企业应邀和工程公司谈判，其中有 1 家提出的方案是采用空气净化技术，使现有排放浓度从国Ⅲ标准达到国Ⅳ标准，报价 60 万元；另外 3 家提出的方案是采用静压技术，报价从 800 万元到 1000 万元，经过谈判小组专家认真评议，对两种方案分别进行了评价，写了评语。最后，采购人决定和报价 1000 万元的供应商签订施工合同。

7.4.3.3 竞争磋商管理：采购实体宜对"复杂项目"作出品目、细目规定，制定相应管理细则，明确最终采购方案的批准程序，规定采购文件修改后品目、细目预算调整的审批流程。

【释义】

竞争磋商是为大型复杂项目设计的，该采购方法规定承包商对这类复杂项目提出不同方案，可以在实现采购目标的前提下修改采购文件的实质性内容。使用该采购方式对评审专家的要求更高，评审小组应当聘请国家级或省内知名专家，在评审过程中将各承包商的不同方案综合比较，整合为唯一采购方案。这种采购方法适合采购人能力不足的复杂项目采购。

该类采购项目的评审不应拘泥于现有招标制度的评审办法，但采购方案整合的评审标准应依据功能要求分层级预先约定，如每项指标符合标准的得 1 分、不达标的得 0 分、超过标准的得 2 分，预先确定每项指标权重，最后整合分值。如功能指标不能预先约定，也可用模糊排队的办法确定最优组合。最终整合意见必须经采购人批准同意。

《操作规范》在该项制度设计中规定了类似足球比赛中的金球制，最先和采购人达成协议的供应商为成交人。这种制度设计的目的是约束合同双方将重点放在项目技术、质量和性能特点上，本着诚信进行谈判，谈判顺序第一的供应商面临的风险是与采购人的谈判可能随时终止，导致失去参与采购项目的机会；采购人面临的风险是可能失去提供最佳技术和质量建议的合作伙伴，双方都会十分谨慎，也提高了采购效率。

由于整合方案涉及商务合作、技术要求、供应商能力的匹配度、工程造价等方方面面的事项，因此，在决定最终方案后应当送企业有关部门审核批准，其中包括超过预算的履行采购管理程序。

《操作规范》设计的竞争磋商和《政府采购法》的竞争性磋商相同的规定有如下几点。

(1) 针对相对复杂问题。

(2) 决定成交人程序：采购文件可以修改或确定最终合同方案。

(3) 先磋商确定方案，之后供应商报价，最后评委评审。

(4) 最先和采购人达成协议的供应商为成交人。

(5) 不能和已经终止谈判的供应商重复谈判。

二者的具体比较见表 7-9。

表 7-9　《操作规范》竞争磋商和《政府采购法》竞争性磋商比较

	《操作规范》竞争磋商	《政府采购法》竞争性磋商
适用条件	依项目条件分类，复杂项目（4 项）	依项目类别分类；政府购买服务；情况复杂的项目、技术转让、工程（标法外）

续 表

《操作规范》竞争磋商	《政府采购法》竞争性磋商
符合《操作规范》要求条件即可	达到公开招标项目的前置审批
磋商对象由采购人决定	磋商对象随机抽取
文件编制主体是采购人	文件编制主体是磋商小组
专家组成要求5人以上，没有要求法律专家，强调谈判能力	专家组成要求3人以上，应有法律专家
2人即可进行	必须达到3人
评审方式没有要求	评审方式采用综合评价法
权重没有要求	权重有规定，为10%~30%
评审结束后采购人进行财务谈判	没有财务谈判的程序
排序没有规定	排序有规定

（左侧表头"程序特点"跨多行）

7.4.4 直接采购管理

【概说】

直接采购除了缺乏竞争外还有公开性不足的问题，因此在企业采购管理制度中应增加公开性的规定，原则上应在电子采购平台采购。

紧急采购可以使用直接采购的方式。但是直接采购除了用于紧急采购外，还可用于单一来源采购、配套需要的采购、满足国家社会政策目标的采购、企业利益最大化的采购和采购金额小的简单项目。因此关于直接采购的管理应放在相应采购管理制度中。

（1）鉴于企业管理层级复杂，本规范关于"公司内部"的定义，是指内部统计报表合并的企业。

（2）企业符合相关条件的直接采购分为外部直接采购和内部直接采购，应当规定不同的管理制度。内部直接采购属于供应管理，外部直接采购属于采购管理。

直接采购、竞争谈判采购和框架协议采购都适用于紧急采购，三者的区别见表7-10。

表7-10　　　　　　　　　　三者关于紧急采购的区别

	框架协议采购	竞争谈判采购	直接采购
紧急程度	该紧急可以预见	该紧急不可预见 相对紧急（如临时住宅）	该紧急不可预见 最紧急（如矿泉水、食品）

	框架协议采购	竞争谈判采购	直接采购
程序特点	和招标、询比、谈判等采购方式配合使用	面对面沟通	面对面沟通
	标的数量、时间不确定	标的数量、时间确定	标的数量、时间确定
	成交人不止一个	成交人一般一个	成交人一般一个
	两个以上合同	一个合同（可多阶段完成）	一个合同（可多阶段完成）

7.4.4.1 单源直接采购管理：采购实体应对外部单源直接采购和内部单源直接采购分别作出规定；集团公司内部能够依法自行生产的货物、提供的服务，以及能够自行建设的非必须招标的工程项目，符合 T/CFLP 0016—2019 中 4.4.1 规定的，可制定《内部产品和服务的直接采购目录》，通过内部直接采购方式采购。

【释义】

单源直接采购首先是直接采购，其次是由于各种原因只能从特定供应商采购。单源直接采购是无竞争采购，包括企业外部和企业内部的直接采购，应当制定不同的管理制度，从严管理。

在政府采购的单一来源采购程序规定中，为加强管理，针对只能从唯一供应商采购的项目（单购）设计了公示环节，但公示制度对于由于紧急情况（急购）和由于配套原因只能从唯一供应商处采购的情况不适用，考虑到企业直接采购存在的诸多原因，《操作规范》也没有规定公示程序。其适用条件的管理一般通过目录制度规定，监督重点是考察合同履行的结果。

一、企业从外部直接采购的订单管理办法

【示例】

采购订单管理办法

1. 目的

为了体现所有采购订单的严谨性，确保采购订单的物料能够满足生产计划的要求。

2. 适用范围

适用于公司所有正常下达的采购订单。

3. 术语

无。

4. 职责

4.1 技术部负责业务订单的 BOM① 表整理与核对。

---

① BOM（Bill Of Material）：是以数据格式来描述产品结构的物料清单，是计算机可以识别的产品结构数据文件，也是 ERP 的主导文件。

4.2 PMC①负责所有物料的采购申请。

4.3 采购部负责所有采购订单的有效下达及所有采购物料的跟进。

5. 工作程序

5.1 技术部根据业务订单的要求整理核对相应 BOM 表，确保对应的 BOM 表所有物料的准确性和完整性。

5.2 PMC 依据技术部所提供的 BOM 表，下达采购申请单。

5.3 采购订单下达。

5.3.1 采购部长在 2 小时内对 PMC 下达的采购申请单在 ERP 里进行审核。

5.3.2 采购员在 ERP 里将按照月生产计划排定的生产订单 BOM 表全部导出，列出《采购员物料分项汇总表》。

5.3.3 采购员对所有审核后的采购申请单根据《采购员物料分项汇总表》制作采购订单。

5.3.4 采购部长对各采购员在 ERP 里制作的采购订单进行审核，确保订单 BOM 表里所有物料都分配到人。

5.3.5 各采购员将已审核的采购订单打印出来交采购部长书面审核，主要审核项目包括以下几个。

①供应商名称。

②采购单价。

③采购数量。

④采购物料名称规格。

⑤采购订单所对应的业务订单是否正确。

5.3.6 采购部长审核书面采购订单无误后，在生产订单 BOM 表登记，确保订单中的所有物料采购都已按时、按量下达。

5.3.7 采购订单审核完成后，采购员将书面采购订单传真给相关供应商，要求供应商在 24 小时内回传，对供应商回复的交期、数量进行确认后，登记在"采购订单管理文件夹"。

5.4 采购订单跟进。

5.4.1 根据《采购员物料分项汇总表》，提前一周将所负责的物料排出下周的周交货计划，并上传给供应商确认，根据供应商回复的交货时间进行跟进。如供应商确认的时间不能满足《生产计划表》的要求，应及时向采购部长反馈。采购员对所负责的每一个供应商的每份《周交货计划》进行管理，并创建周交货计划文件夹，以便随时查阅。

5.4.2 供应商按照周交货计划约定的时间送货到库，物料入库后采购员应及时对供应商的送货数量和型号进行确认，并在周交货计划和采购订单里进行登记。

---

① PMC（Product Material Control）：指对生产及物料的控制。

6. 相关文件表单

6.1《采购员物料分项汇总表》。

6.2 采购订单管理文件夹。

6.3《生产计划表》。

6.4《周交货计划》。

二、企业内部采购管理制度的内容

【示例】

企业内部产品和服务管理办法内容

（1）内部产品和服务目录。

（2）归口管理部门。

（3）准入评审程序。

（4）价格评定办法，对价格透明的标准化产品和服务，原则上制定相对固定的价格；对于其他类别的产品和服务，制定定价体系，构成企业内部指导价。内部指导价随目录一并公布。

（5）采购供应：使用单位依据企业采购管理部门颁布的《企业内部产品和服务直接采购目录》和《企业内部产品和服务优先采购目录》直接采购并签订合同。

7.4.4.2　多源直接采购管理：企业可制定多源直接采购的专项管理制度；针对采购人要约的情形，企业可通过市场调查或依照第三方质量检测标准认证的等级价格拟定采购价格。

【释义】

由于采购标的相对简单，非价格因素容易识别，因此多源直接采购首先是直接采购；其次，合同相对人是一个供应商群体，单个供应商不能满足采购需求，即"多源"。采用多供给源策略正是许多特定企业在采购管理过程中为了保证供给的主要办法。多源直接采购最早是在食品行业如酿酒、奶制品企业中普遍使用的，原料高粱的供给、牛奶的供给都是众多供应商保证的。在这类采购活动中，多源直接采购属于买方市场，买方市场应该存在具有竞争关系的供应商。但是采购人生产规模巨大，任何一家粮食供应商、牛奶销售商都难以满足采购企业的需要，各供应商不存在常态化的竞争关系，多源采购方式应运而生。

由于采购人的强势地位，此类合同由采购人要约。由于采购人对质量、品牌的需要，这类企业对原材料品质的要求高，除此以外就是成分的稳定性影响采购，因此直接采购就成为必然。包括火电厂的锅炉对煤质的成分有一个范围规定，在首次竞价采购后也不宜每次都采用竞价采购，应和固定几个煤矿形成战略合作关系。同每次竞价采购相比，多源直接采购除了节约交易成本外，合同价格受市场影响较小，关键是保证了锅炉的出力，总成本一般比每次都采用竞争采购低。

多源直接采购的合同关系和本标准所列的其他采购方式都不同。在其他采购方式中，采购人都有"招标"程序，即首先发出要约，供应商接受要约，采购人发出成交通知书作为承诺构成合同成立，一般买卖合同成立并生效。工程建设项目还需签订书面合同，之后合同生效。在多源直接采购中，采购人一般依据质量等级提出要约（有例外），供应商承诺。供应商的质量达到采购人的要求，合同成立并生效。但也有例外，如果出现供应短缺，产品价格也需要和供应商协商。

在该类采购活动中，首先，应依据适当的标准确定合理的价格，这个价格一般由市场确定或经第三方质量部门检测等级，采购人随市场定价。其次，对供应商产品的检测是重中之重。奶制品行业发生的三聚氰胺事件重创中国制造业的信誉，多个国家禁止了中国乳制品的进口。

【案例】

三鹿奶粉事件

2008 年，中国发生了一起严重的食品安全事件——三鹿奶粉事件。事件起因是很多食用三鹿集团生产的奶粉的婴儿被发现有肾结石，随后在奶粉中发现化工原料三聚氰胺。

经相关单位调查后，检察机关认为该事件应由乳品收购站负主要责任，不法奶农为获取更多的利润向鲜牛奶中掺入三聚氰胺。三聚氰胺是一种化工原料，可以提高蛋白质检测值，人如果长期摄入会导致人体泌尿系统的损害，膀胱、肾产生结石，并可诱发膀胱癌。当年的三鹿毒奶粉案，涉及婴幼儿累计 39965 人，死亡 4 人。

该事件经媒体曝光后，在国内外引起轩然大波。经国家质检总局（现国家市场监督管理总局）组织的质量检查，国内多数知名品牌的奶制品都或多或少存在三聚氰胺。国家对此进行了果断处理，销毁了检测出的有毒奶粉，对奶制品行业进行全面整顿。时任国务院总理温家宝在国际会议上向媒体公开道歉，并对责任人进行了严厉惩罚。

涉嫌制造和销售含三聚氰胺的鲜牛奶的奶农张玉军、高俊杰及耿金平三人被判处死刑，包括田文华在内的三鹿集团高层管理人员，均被判处无期徒刑、有期徒刑 15 年等重刑。河北省政府，石家庄市委、市政府，国家市场监督管理总局的领导都受到撤职、警告等处分。但损失是难以挽回的，国内庞大的奶制品市场被进口品牌占领，国内同行企业在三鹿奶粉事件的暴风摧残下苦苦挣扎。

十几年过去了，人们逐渐淡忘了三鹿这个品牌，但是，三鹿奶粉事件给行业内的每位从业人员都留下难以忘怀的回忆。亡羊补牢，犹未晚也。目前，国内的奶制品行业正在摆脱阴影，在奶源采购中采取了极其严格的检测制度，从源头上保证了奶制品的质量。中国奶制品行业正在慢慢复苏，毁掉一个品牌一件事就够了，恢复或创建一个品牌需要几代人的努力。

8 采购信息管理

【概说】

采购信息管理是现代企业管理制度的基石，是供应链管理的神经。

本章由一般规定、电子采购平台、数据互通、数据管理、智慧化采购5个条款组成。其中，电子采购平台的建设和运行技术标准已经由国家部门规章和行业标准予以规范，本标准不再赘述。

企业采购信息系统是企业信息系统的组成部分，在企业运营中很多企业选用 ERP 系统，提高了企业的运营效率。

在平台经济发展过程中，随着互联网技术和软件技术的发展，电子交互媒介以网页、网站、信息平台、交易平台、增值平台的形式发展。其中，信息平台的特征只有信息流，如目前企业普遍使用的电子采购平台，准确地表述应当是电子采购信息平台；规范的交易平台不仅有信息流，还有物流、资金流，国内目前这类平台不多，主要有阿里巴巴、京东、苏宁等，今后发展的趋势是在此基础上实现智能化的增值平台。电子交互媒介的形态特征见表 8-1。

表 8-1　　　　　　　　　　电子交互媒介的形态特征

类别	数据库	特征	投资金额
网页	无	信息发布（不能交互）	万元内
网站	有（一般）	信息流（一般交互）	百万元级
信息平台	有（较大）	信息流（方便交互）	千万元级以上
交易平台	有（很大）	信息流、资金流、物流	亿元级
增值平台	有（巨大）	信息流、资金流、物流	更高

网上商城是电子采购平台的链接平台，方便企业对一般办公用品或简单物资直接采购。采购平台只有信息流的称为"信息平台"；链接到网上商城后，商城平台不仅有信息流，还有物流和资金流的称为"交易平台"。即链接商城平台后，原来的采购"信息平台"升级为采购"交易平台"，这是平台经济发展中的一个"质"的转变。智慧化采购是对电子采购平台升级改造后的采购形式。采购平台一般还是"信息平台"，即只有信息流，但是通过互联网和各种软件技术，平台的功能横向拓展，产生了革命性转变，信息流发展为智能信息流，极

大地提高了企业采购的效率和效益，是企业采购平台管理的发展方向。

8.1　采购信息管理系统

8.1.1　企业应建立电子采购信息管理系统，并纳入企业电子信息系统统一管理。采购信息系统应至少包括在线需求提报、电子订单、物流追踪、物料入库编码、出库管理等，应与内外业务单元的信息系统实现数据互联。

8.1.2　采购实体宜使用覆盖采购供应全流程的电子采购信息管理系统进行各项采购活动。

8.1.3　信息系统中的采购数据记录应准确、及时、完善。

【释义】

采购信息系统指电子采购信息管理系统，包括组织机构、电子采购平台及其各种软件的应用、信息管理制度（如数据管理）等，其中电子采购平台是该系统的核心。

在某种意义上，企业管理组织（体制）、管理制度（机制）属于企业管理架构的软件建设，企业电子采购平台则属于管理架构的硬件建设，虽然其运作也靠软件运行，不过此"软件"非彼软件，三者构成统一的企业采购管理系统的架构。不言而喻，该架构属于企业生产经营信息管理的组成部分，包括企业经营、生产、物流等产生的信息收集、加工、沟通、发布等。

8.1.1是对企业建立采购信息系统及其基本功能的要求，毋庸置疑，作为企业电子信息系统的组成部分，应纳入企业电子信息系统进行统一管理。

8.1.2明确要求企业采购应当通过系统内的电子采购平台进行，体现公权力对采购私权的管制，凡是在平台上进行交易的活动都属于公开采购，都可以在一定程度上减少出现腐败的漏洞；本款强调电子采购平台应当具备各种采购方式全流程的功能，但不是要求所有采购方式都应"全流程"，因为凡是需要和供应商沟通的采购方式都不能"全流程"。企业电子采购平台的"全流程"应当理解为从提交采购需求计划或自动生成采购清单，一直到缔结、履行合同的全过程，都应当在网上进行。这样就体现了阳光采购，是防止腐败的有效措施。至于使用什么采购方式及竞争度的把握是采购实体的私权，执行企业制度即可，不能以是否符合招标采购要求作为判断采购实体是否合规的标准。

8.1.3是对信息系统产生数据的质量要求，是数据分析的基础。

8.2　电子采购平台

8.2.1　采购实体可结合本企业情况，自建、联合建设或采用第三方专业机构的电子采购平台。

8.2.2　电子采购平台应整合相关资源与企业内部相关信息系统链接；并连接国家或省级招标采购公共服务平台、相应的行政监督平台，按规定推送采购信息，接受社会监督。

示例：专业管理平台和交易平台如企业资源计划（ERP）内部管理系统、钢材采购平台、企业电商采购平台。

8.2.3 企业应建立符合国家有关法律法规、行业标准要求的电子采购平台运行管理制度。

8.2.4 采购实体宜采用全流程无纸化、智能化的电子采购平台满足企业采购管理和不同采购方式的需要。

8.2.5 采购实体可结合本企业情况，建设、使用网上商城，采购标准化程度高、价值较低或频次高的货物、服务；也可协议使用第三方电商平台进行采购。

【释义】

一、企业电子采购平台的建设途径

8.2.1 规定了电子采购平台建设的渠道，即企业自己建设平台、联合建设平台、使用第三方公共电子采购平台，这也是目前企业平台建设常见的三种情形。

（1）企业自己建设平台。企业自建电子采购平台的优点是对企业业务比较熟悉，采购平台量身定做，也便于今后运行和维护管理。缺点是经验不足，可能起点不够高。如国家技术规范要求平台应当是 Java EE 开发平台，该平台具有开放、安全和功能支持多的特点，但开发难度和成本较高；个别企业为了节省投资或缺乏技术力量采用.NET 平台，只能与 Windows 系统匹配，不符合国家技术规范的要求，也不利于今后的发展。

（2）联合建设平台。联合建设的方式有两种，一是企业联合软件供应商合作开发，即和供给方联合；二是和企业同行联合，即和使用者联合。前者的优点是专业性一般较强，但后期服务时容易造成路径依赖，运行和维护不如由自己的队伍负责方便；后者的优点是开发成本较低。

（3）使用第三方公共电子采购平台。该方式建设成本低、专业性强，缺点是该类平台一般是通用性的平台，如果采购人的采购能力或经验不足，合同没有对平台运行维护进行全面准确的约定，会给双方造成不必要的麻烦。

二、企业电子采购平台的建设要求

国家发展改革委等八部委颁布的《电子招标投标办法》第五条规定："电子招标投标交易平台按照标准统一、互联互通、公开透明、安全高效的原则以及市场化、专业化、集约化方向建设和运营。"

针对企业采购的特点，本标准 8.2.2 提出以下要求。

电子采购平台首先应整合企业内部相关资源和相关信息系统，实现企业采购业务全过程的信息化管理。国务院 2015 年颁布实施的《整合建立统一的公共资源交易平台工作方案》中提到，"中央管理企业有关电子招标采购交易系统应与国家电子交易公共服务系统连接并按规定交换信息，纳入公共资源交易平台体系。"这里的"连接"指建立双向的数据信息交互关系。整合相关平台既是国家政策的要求，也是企业采购管理的需要。

【示例】

建筑业电商平台建设及应用①

"互联网+"建筑业的浪潮下，2015年前后涌现出大批电商，国资委监管的99家中央企业中，已经有77家企业在电子商务方面取得规模化发展。截至2019年，建筑业电商中尚未形成某家电商一家独大的局面，主要原因是大多数建筑业电商由大企业投资或出资成立，实质是企业的业务在互联网上的延伸。

主要建筑业B2B电商对比分析见表8－2，表中平台规模截至2018年年底。

表8－2　　　　　　　　主要建筑业B2B电商对比分析

平台名称	所属单位	上线时间	业务板块	平台规模（亿元）
云筑电商（云筑网）	中国建筑股份有限公司	2015.12	云筑集采、云筑商城、云筑金眼、云筑智联五大板块	6343
中国铁建物资采购网、中国铁建设备采购网、铁建商城	中国铁建股份有限公司	2017—2018年	涵盖物资采购、电子化招投标、商城采购、供应链金融等业务板块	2605.47
中铁鲁班商务网	中国中铁股份有限公司	2013.12	包括中国中铁电子采购、工程物资、机械设备、劳务分包、网上商城、供应链金融、物流配送、商旅采购、支付通、智讯通等业务板块	2102
交建云商	中国交通建设股份有限公司	2018.7	工程专区、辅材询价、电子超市、供应链金融和差旅专区五大模块	1458.15
中国电建设备物资集中采购平台	中国电力建设集团有限公司	—	覆盖全范围采购，包括电子采购、电子商城、供应链金融等，实现电子商务全覆盖	1326

从表8－2可以看出，这些平台成立时间不长，主要还属于"信息平台"。但是随着互联网技术的发展以及企业对供应链管理认识的提高，这些平台正在向深化供应链在线服务能力和提供智能服务的方向发展，正在发展的此类平台属于供应链生态服务的1.5版本，并最终会发展到以供应链上下游每个节点的

---

① 引自《中国供应链发展报告（2019）》。

核心企业为支点，广泛带动全链条相关企业的协同发展、智能交易的供应链生态圈 2.0 时代，即智慧供应链生态阶段。

三、建立电子采购平台的运行管理制度

（一）平台硬件系统的基本要求

《电子招标投标办法》（以下简称"20 号令"）第十二条规定："电子招标投标交易平台运营机构应当根据国家有关法律法规及技术规范，建立健全电子招标投标交易平台规范运行和安全管理制度，加强监控、检测，及时发现和排除隐患。"鉴于招标采购活动的保密性特点，交易平台的运行规章制度除了满足平台可靠规范运行外，还必须建立安全管理制度，防止出现各类泄密事件，在制度层面保证招标投标的公正性。

为了保证电子招标的安全，20 号令及其附件《电子招标投标系统技术规范》从信息保密、身份识别、权限设置、物理隔离、信息留痕、外部监督、容灾备份、安全规范八个方面，对交易安全作出全面规定。

对系统通信安全、存储安全、数据安全及备份恢复、安全缺陷防范、安全审计以及对机房、网络、主机、存储（如，达到"系统审计保护级"，应用服务器和数据库服务器应物理分离）、系统软件（宜同时支持包括但不限于 Unix、Linux、Windows 等操作系统）等运行环境都作出具体规定。

硬件软件系统的完善是建立健全管理制度的基础，管理制度的健全和落实才能充分发挥系统保障规范稳定安全运行的作用。

（二）平台软件系统的要求

20 号令第十三条规定："电子招标投标交易平台运营机构应当采用可靠的身份识别、权限控制、加密、病毒防范等技术，防范非授权操作，保证交易平台的安全、稳定、可靠。"该条对电子交易平台技术条件的四项基本要求，一是身份识别技术；二是具备操作权限和控制技术；三是必须具备加密技术；四是应对网络专业病毒的技术。

硬件、软件技术的完善应当保证平台的安全、稳定和可靠。

（三）平台管理制度的基本要求

20 号令第十四条规定："电子招标投标交易平台运营机构应当采取有效措施，验证初始录入信息的真实性，并确保数据电文不被篡改、不遗漏和可追溯。"

本条是对电子交易平台信息真实可靠性管理的要求。电子传输的属性之一就是信息痕迹的可追溯性，方便行政监督部门监督，但信息也容易被篡改。这就需要平台软件的设计有验证数据真实性的检验程序、防止篡改的保证程序，确保数据录入后不被篡改、不遗漏并且可追溯，在管理制度中，平台应建立违法和不诚信黑名单制度、运营人员管理制度等，以保证交易秩序的可信度，这也是电子商务竞争力的核心。

企业可参照上述规定建立本企业电子采购信息系统的运行管理制度。

四、电子采购平台应满足采购管理的全流程

目前，国内各种招标采购平台良莠不齐，本标准要求企业选用全流程、无纸化、智能化的电子采购平台。所谓全流程指平台不仅应满足《操作规范》规定的各种采购方式，还应满足《管理规范》要求的采购全部环节，包括第6章规定的从需求计划直到合同履行资料归档的全过程。无纸化指采购环节实现公开采购数据全部留痕，便于监督。智能化是通过云计算等各种最新的软件技术提高企业采购的效率和效益。《管理规范》颁布实施后，交易平台应将企业按照管理规范修订的制度完善采购平台的软件配置，保证流程的固化，最大限度地实现采购公开化，在提高采购效率的同时，预防腐败的发生。

五、网上商城

电子商城系统是一个功能完善的在线购物系统，主要为在线销售和在线购物服务，主要功能包含商品管理、会员管理、订单管理、库存管理、优惠管理、在线支付等。

电子商城系统和电子采购平台的共同点是都有供应商的集成，但是前者是对后者质的延伸，所谓质的延伸是指电子采购平台属于信息平台，信息平台只有信息流，电子商城系统不仅有信息流，还有资金流、物流等，商城系统功能比电子采购平台要复杂得多。我们习惯称之为交易平台，准确地说是交易信息平台。

电子商城系统前台和后台应当具备的功能见表8－3。

表8－3　　　　　　　　电子商城系统前台和后台应当具备的功能

前台功能	后台功能
1. 模板风格自定义：即通过系统内置的模板引擎，可以方便地通过后台可视化编辑，设计出符合自身需求的风格界面	1. 商品管理：包括后台商品库存管理、上货、出货、编辑管理和商品分类管理、商品品牌管理等
2. 商品多图展示：随着电子商务的发展，商品图片成为吸引消费者的第一要素，多图展示即提供前台多张图片的展示，从而提升消费者的购物欲望	2. 订单管理：在线订单程序，使消费者能够顺利通过线上下单的方式，直接生成购买订单
3. 自定义广告模块：内置在系统中的广告模块，网站管理员能够顺利通过操作就可以在前端界面中添加各种广告图片	3. 商品促销：一般的购物系统多有商品促销功能，通过商品促销功能，能够迅速地促进商城的消费积极性
4. 商品展示：通过前端界面，以标准的或者其他个性化的方式向用户展示各类商品信息，完成购物系统内信息流的传递	4. 支付方式：通过网上钱包、电子支付卡进行网上资金流转换的业务流程；国内主流支付方式包括支付宝、京东支付、财富通、网银在线等（考虑到国有企业特性可增加财务账期结算等方式）

续 表

前台功能	后台功能
5. 购物车：用户可对想要购买的商品进行网上选购，在购物过程中，随时增删商品	5. 配送方式：购物系统集成的物流配送方式，从而方便消费者对物流方式进行在线选择；与第三方物流系统对接，实时同步物流信息，如EMS、顺丰、京东物流等
6. 订单管理：用户可查询、更改、取消订单	6. 商务管理模块：电子合同签约、归档、存储、查询功能
7. 物流管理：用户可对发货商品的物流信息进行追踪和查找	7. 财务管理模块：可与企业财务系统打通，线上支付可查、可控，完成电子发票开具、接收、核销
8. 财务支付：用户可通过线上电子对账、支付，可合并订单支付	8. 订单管理模块：订单电子验收单、电子签收单、电子入库单等，支持订单电子妥投
9. 售后客服：用户针对商城运营、商品咨询、订单咨询、物流信息、订单支付等业务与售后服务团队进行线上沟通	9. 商品价格管理：动态定义价格类型，可以针对某一特定顾客群体或者等级单独定价。具有良好的安全价格自动监控机制，保护正常的销售价格
	10. 商城营销：站内主要页面标题、描述、关键词的配置，自备好友注册邀请、推荐购物优惠等促销方式，后台管理站内信营销、邮件营销、短信营销
	11. 权限管理：基于模块化的用户、角色、操作以及约束的安全技术解决方案，支持各个模块的各种操作的权限分配
	12. 商城模板设置，商城可以按照模板设计的规范，自行设计模板，达到快速改版的目的
	13. 数据统计：丰富的商城数据统计工具帮助快速了解商城概况与经营效果

鉴于电子商城系统的复杂性，企业电子采购平台一般采用链接的方式和国内大型交易平台通过合同签订合作协议，对企业集团采购给予一定的优惠。

8.3 数据互通

企业宜建立采购实体内部，以及供应商、销售商、物流服务商等相关方之间的信息集成与互通机制，实现企业内外的数据接口统一化，能够实现数据在供应链上下游的自由传递，形成供应链全流程的数据闭环。

【释义】

本条是对企业采购数据互通的具体要求。电子采购平台具备了数据互通的功能，真正实现数据互通还需要企业通过制度规定，依据数据管理办法的要求，形成信息互通机制，沟通企业纵向、横向的信息覆盖。

8.4 数据管理

8.4.1 采购实体应结合实际建立数据管理制度。

8.4.2 采购实体应按照数据的重要程度和商业秘密等级对业务数据进行分级管理，应对数据的保存和销毁管理、数据的导入和修改、数据的查看和提取、报表的制作和发放，数据的传输作出规定。

8.4.3 采购实体宜建立常态化的数据分析机制；应对各项基础数据进行深度分析，并能将分析结果应用于采购战略管理、实施管理、供应商管理、绩效评价、监督管理等方面。

8.4.4 对于涉及国家安全的敏感数据应执行 GB/T 20008、GB/T 20009、GB/T 20269 的相关规定。

【释义】

8.4 从体系建设、数据分级管理、数据分析、数据安全等数据管理的主要环节作出规定。

企业电子数据管理内涵比较广泛，从数据链管理的角度分类，可分为数据分级管理、数据标准管理、数据资源管理、数据分析管理、数据安全管理、数据应用管理等；按信息性质分类，可分为电子信息数据管理、行政数据管理、财务数据管理、营销数据管理、生产数据管理等。

企业采购数据源是企业经营数据源的重要组成部分，应当纳入企业数据管理系统。

数据是电子采购平台运行过程中重要的产品，重要敏感数据的安全对国家、企业非常重要，甚至关系到国家的安全和企业的兴衰。企业的数据管理应对硬件设计提出要求，同时在管理制度上作出规定。

在企业的众多经营活动中，每天都会产生大量的数据，这些看似毫无关联的数据，往往具有深层次的紧密关系，对于企业的经营和发展策略的决策都会有十分重要的作用和意义。随着大数据时代的来临，数据分析已经成为企业的经营管理者们极为重视的一项活动内容。数据分析能够通过大量的数据收集和整理，来对客观情况进行更为正确和完整的反映，相比其他的数据报表更为系统、全面和集中，让人们更容易阅读、理解和利用。平台的重要功能之一是数据聚集分析，对企业经营管理过程中所产生的数据进行监督具有十分重要的作用，能够对企业相关活动所产生的效果得到了解，帮助企业良性发展。通过数据分析，能够有效地帮助企业各项活动的决策内容的实施与决定。利用大数据资产对任何公司来说都是很重要的，不论公司大小，当大数据的潜力通过可视化达到最大时，之前未看到的趋势就很容易被发现。大数据可视化是未来的发展趋势，使用更多的工具来获得更多的见解也是必需的①。

【示例】

数据管理办法②

第一章　总　　则

第一条　为适应集团信息化发展要求，充分利用数据资源为生产、经营、管理和决策服务，保证各类信息合理、有序流动和信息安全，确保集团信息化建设快速协调有序安全发展，根据国家有关法律法规以及《集团信息安全管理办法》等规定，特制定本管理办法。

第二条　本办法适用于集团各职能部室、直属和特设机构、专业化公司、事业部、区域公司及其所属各单位（以下简称"各单位"）。

第二章　管理范围

第三条　本办法管理范围包括：各单位与生产、经营、办公、安全等相关的应用系统和数据，以及为其提供支撑的基础设施资源、计算存储资源和办公终端资源等。

第三章　组织机构和工作机制

第四条　集团信息化领导小组是集团数据资源管理体系的最高管理层，负责审定集团有关数据资源管理的规章、制度、办法，负责审核有关标准、规范、重要需求等。集团信息化领导小组办公室（以下简称"集团信息办"）负责集团数据管理的监督、检查和考核，指导集团数据管理工作，查处危害集团数据安全的事件。各单位负责本单位数据的采集、传输、使用、安防、备份等管理工作。中国XX公司（以下简称"信通公司"）作为技术支撑及运维部门，负责集团数据中心的运维工作。

第四章　数据分级管理

第五条　根据数据在生产、经营和管理中的重要性，结合有关保密规定，按照集团级应用系统和数据、厂级应用系统和数据、区队（车间）级应用系统和数据分别制定管理标准。

第六条　集团级应用系统和数据，技术管理由集团信息办负责，业务管理由相关业务处室负责，运维管理由信通公司负责。厂级应用系统和数据由各单位信息管理部门管理，集团需要利用的管理数据和生产数据要同步上传到集团数据中心。区队（车间）级应用系统和数据由各单位信息管理部门管理和维护。

---

① 引自 https：//www.jianshu.com/p/2e79bec3ecd7
② 引自百度文库/专业资料、工程科技：中国平煤神马集团平顶山信息通信技术开发公司制度。

第五章　数据标准管理

第七条　集团信息办负责集团数据编码和接口标准的统一规划和标准制定，负责对集团及各单位应用系统的数据标准管理进行引导和考核。各单位新建应用系统应严格执行集团下发的数据编码和接口标准，应根据自身实际情况逐步按照集团标准在应用系统中进行完善。

第八条　数据编码和接口标准应符合以下要求：

（一）数据编码应能够保证同一个对象编码的唯一性及上下游管理规范的一致性。

（二）接口应实现对外部系统的接入提供企业级的支持，在系统的高并发和大容量的基础上提供安全可靠的接入。

（三）提供完善的数据安全机制，以实现对数据的全面保护，保证系统的正常运行，防止大量访问以及大量占用资源的情况发生，保证系统的稳定性。

（四）提供有效的系统可监控机制，使得接口的运行情况可监控，便于及时发现错误并排除故障。

（五）保证在充分利用系统资源的前提下，实现系统平滑的移植和扩展，同时在系统并发增加时提供系统资源的动态扩展，以保证系统的稳定性。

（六）在进行扩容、新业务扩展时，应能提供快速、方便和准确的实现方式。

第六章　数据资源管理

第九条　基础设施资源集中管理。为了避免信息机房等基础设施资源重复投资建设，造成资金浪费、设施利用率低等问题，各单位应充分利用集团数据中心资源，集团信息办负责统一协调集团及各单位的基础设施资源。

（一）各单位未经集团批准不得私自新建、改建、扩建信息机房。

（二）集团数据中心要按照《集团机房建设技术规范》建设，满足各单位应用系统及数据统一到集团数据中心所需的各项使用要求。

（三）各单位现有信息机房自行管理、统一管控。各级信息管理部门作为主要责任部门，要保证信息机房各项运行指标达到集团要求。

第十条　计算存储资源集中管理。为了消除"信息孤岛"，实现集团数据共享和集成，提升数据安全防护等级，各单位计算和存储资源时，要统一使用集团数据中心的云计算资源，做到资源集中、高效利用。

（一）现有的集团级应用系统及数据（安全监测系统除外）、各单位应用系统及数据（直接用于生产安全、自动化控制和监测监控的系统除外）要按照在用服务器情况、存储的服务年限和系统生命周期科学制订迁移到集团数据中心的计划和方案，并报集团信息办批准后实施。

（二）新建应用系统原则上不再购置新的服务器和存储服务，所需计算和存储资源应使用集团数据中心的云计算资源。各单位如有特殊生产要求，确需购置服务器或存储服务的，需报请集团领导批准，由集团信息办备案后，按集团采购管理相关规定执行。

（三）对于当前集团网络不具备实施条件的单位，可向集团提出申请建设集团区域性数据分中心，并根据建设进度制订应用系统和数据迁移计划。集团区域性数据分中心建成后，新建系统需要集中部署、分级管理。

第十一条　办公终端资源集中管理。为了提高办公效率、降低办公成本，实现节能降耗，集团级应用系统要统一使用集团数据中心云桌面，并在厂级和区队（车间）级应用系统中逐步实现全面使用。

（一）各单位新建系统所需计算机和新增的办公用计算机要使用集团数据中心云桌面。

（二）原有集团推广的应用系统所使用的计算机以及各单位在用的计算机，分别由应用系统主管部门和各单位按年度提出云桌面更换计划，逐步完成云桌面更换工作；集团信息办负责协调和监督。

（三）各单位申请使用云桌面时，应与信通公司签订租用协议，由信通公司负责云桌面运维，各单位信息管理部门负责本单位云桌面管理。

（四）对于当前集团网络不具备实施云桌面替换条件的单位，应协同集团相关部门接入集团网络或建设集团区域性数据分中心。在网络接入后或集团区域性数据分中心建成后，按计划完成云桌面的部署工作。

第十二条　各单位使用资源应按集团规定支付相关费用。

第七章　数据分析管理

第十三条　数据分析是采取科学合理的方法，利用现代信息技术手段，对计算机应用系统生成的数据进行分析，充分发掘数据中蕴含的信息，用数据描述现状、预测趋势，规范生产行为，优化管理流程，加强经营监管，提供决策支持。

第十四条　集团信息化领导小组应加强对各单位数据分析的指导，鼓励各单位结合自身实际，充分利用大数据技术，自行组织开发业务选题和数据模型，组织经验交流，提高分析水平。集团信息办要做好数据分析引导和管理工作，为集团安全生产、经营管理工作服务。基层各单位要充分挖掘和利用现有数据资源，不断探索和创新数据分析方法，规范数据分析程序，提高数据分析质量，做好本单位各项应用的数据分析工作。

第十五条　集团级数据分析、处室级数据分析和厂级数据分析分别由集团信息办、相关业务处室和各基层单位负责策划和实施，集团信息化领导小组负责监督和考核。

第八章　数据应用管理

第十六条　数据应用是指利用数据分析的成果，查找存在的问题，开展业务运转状况评估，提出改进措施，提高管理水平，规避管理风险。

第十七条 各级信息管理部门应加强数据应用。集团信息办负责代表集团对各单位以及单位之间的数据共享应用统一规划并制定相关标准。各单位要严格按部门、按层级落实数据应用工作，对数据进行科学统计、分析、挖掘和应用，为各级领导决策提供依据。

第九章 数据安全管理

第十八条 各级信息管理部门应建立数据安全管理制度及相关措施，主要包括：数据访问的身份验证、权限管理及数据的加密、保密、日志管理、网络安全、容灾备份等。

第十九条 为统一规范操作权限，各单位应明确工作人员的录入权限、访问权限及维护权限的管理部门，任何人不得擅自设立、变更和注销。

第二十条 各级信息管理部门要指定专人负责系统数据及介质资料的安全管理工作。要加强数据库的安全管理，制定和明确管理员用户和数据查询用户的操作权限及规程。

第二十一条 对数据的各项操作至少要建立运行日志，严格监控操作过程，对发现的数据安全问题要及时处理和上报。管理员应掌握和运用数据库访问审计技术，实现对数据库操作的监测和追溯。

第二十二条 各级信息管理部门要加强用户身份验证管理、网络安全管理，采取严格措施，做好计算机病毒的预防、检测、清除工作，建立针对网络攻击的防范措施，保证数据传输和存储安全。

第二十三条 各级信息管理部门要加强数据的容灾备份工作，建立数据容灾备份机制，保障系统应急恢复和数据溯源，重要数据要上传至集团数据中心备份。

第十章 附 则

第二十四条 本办法解释权归集团。

第二十五条 本办法自本文印发之日起执行。

8.5 智慧化采购

采购实体宜利用大数据、人工智能、物联网等新技术对电子采购平台升级改造，实施智慧化采购。

示例：运用大数据分析技术优化企业运营策略；运用物联网技术感知供应链状态；运用移动应用技术提升客户服务体验；运用云技术增强企业对市场的快速反应能力；运用智能化技术提升企业物资仓储、检测和调配水平等。

【释义】

采购是通往供应基地的门户，能带来创新、质量、技术和通往新市场的途径。我国企业采购经历了4个阶段。以线下采购为特征的采购1.0时代历时最久，效率也最低。采购2.0时代是向线上采购转移的过渡期，很多采购方通过网站公示采购信息，但交易行为还是在线下完成。采购 3.0 时代就是当下正经历的电商化采购阶段，电商帮助打通上下游环节，提供交易、物流、金融等综合服务。但在信息技术革命的驱动和国家政策的大力支持下，以智慧采购为特征的采购 4.0 时代即将到来。

智慧化采购是大数据、物联网、移动通信、云计算、区块链、人工智能等技术在电子采购平台综合应用的智能化采购方式。

实现智慧化采购的平台一般集多功能模块和移动办公 App 于一体，可满足大数据管理、远程调控、异常警报、自我诊断和分级权限管理等需求。该类平台一般应依据行业、企业采购项目的不同进行"私人订制"，有较强的专业性。

采购相关部门在软件工程师的帮助下，对采购相关数据分析整合，把无序的数据进行结构性处理，对结构性数据进行标签处理，依据市场和库存变化，智慧采购平台可提醒或辅助采购人员进行经济采购，可实现企业总成本利益的最大化。

所谓智慧采购管理包括了采购管理的可视化、数据化、智能化。智慧化采购的远景，是通过大数据平台的个性化分析使得"按需采购"成为可能，让企业采用智能化仓库管理和精准营销，帮助企业提前做好采购计划和安排，进行更好的决策。

9　供应商管理

【概说】

供应商管理是指对供应商的了解、选择、开发、使用和控制等综合性管理工作的总称。

本标准关于供应商管理的规定分为两阶段五步流程，目的就是寻求招标采购之外的降低企业成本的方式。第一阶段，对供应商的分类、评估和选择称为战略寻源，确定合适的供应商，让企业和有限的优质供应商合作。这样在规模效应下谈判降价也有了以量换价的基础。第二阶段，称为管理阶段，此阶段对所有供应商进行绩效评价，只有和为数甚少的供应商深入合作，才能推动流程优化、设计优化等高阶段降本。供应商的开发、集成只能适用为数甚少的关键供应商，放在供应商分类中，主要是战略供应商和优质供应商。

供应商的选择和管理能力由以下三方面组成。

一是结构清晰、职责清楚的组织结构；二是标准的、闭环的选择与管理流程；三是统一的、跨职能共享的信息系统。换句话说，这也是供应商管理的基础保障。

所谓管理就是把该做的事说明白，解决问题的路径看清楚，大家心情舒畅、齐心协力地把事情办好，而且持之以恒不走样。

在战略寻源即供应商分类、评估、选择阶段，就如同男女青年从谈恋爱到结婚阶段。找对象首先要看人品、能力，人品差，假话连篇，好吃懒做，能力差，大事做不了，小事又不想做，总想着有一个活儿少、钱多、离家近的工作从天上掉下来；一般人肯定不会找这样的人，找供应商也一样。过日子要有经济基础，身无一技之长，好日子长不了。在经济活动中，能力是经济基础，诚实守信是上层建筑；所以，能力优先是选择供应商的首要原则，诚实守信需要在交往过程中逐步了解。一个美女亭亭玉立，一定会有很多帅哥在追求，美女在确定交往之前一定会对追求者分类，比如，我爱的、爱我的、有能力有脾气的、没能力听话的等，总之没有一个十全十美的"供应商"，分类的目的是确定恋爱的重点。没有一点前途的人，直接拒绝不要浪费时间。经过一段时间的交往，最后终于登上了婚姻的神圣殿堂。

结婚后过日子和谈恋爱不一样，总会有观点不一致的地方，发生分歧是难免的。这就需要管理，需要管理能力和技巧。在此期间坦诚最重要，信息共享，利益共担，遇到问题，共同解决。在项目管理中，信息管理、沟通管理是重要的两大管理，这两大管理的支撑点是诚信。在供应商管理中，包括企业内部各部门，信息的沟通要坦诚和及时。最后要把战略供应商集成到企业新产品的研制过程中，这是"大采购"和"小采购"重要的区别之一。

有专家①认为，以下三种情况注定是"小采购"：一是工程师和内部客户决定一切，采购只是执行，围绕订单转，基本是打杂；二是采购有了管理供应商职能，但没有相应的权力和资源；三是单一指标驱动，局部优化，拿到了最低价格，牺牲了交货、质量和服务。

大采购战略职能和发展历程如图9-1所示。

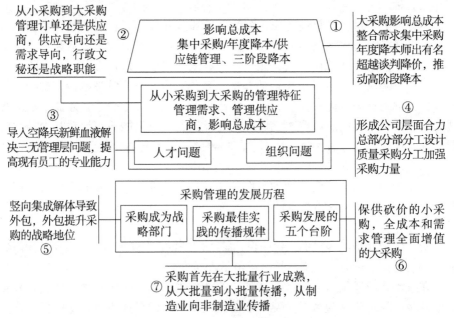

图9-1 大采购战略职能和发展历程

注：三无管理层是指针对采购和供应链管理知识，没有系统学过、没有系统做过、没有系统总结提高过的人。

①描述了企业降低总成本的三个办法，依次是集中采购、年度降本目标和供应链管理，并解读了在大采购理念下实现降本的途径；②描述了从小采购到大采购的管理特征；③提出了实现大采购的人才问题；④是关于实现大采购的组织保障，需要企业整体形成合力；⑤分析了采购部门成为战略部门的缘由；⑥描述了从小采购向大采购过渡的五个台阶，详见第4章图4-1；⑦展示了采

① 刘宝红. 采购与供应链管理——一个实践者的角度 [M]. 第3版. 北京：机械工业出版社，2019.

购最佳实践的传播规律，其首先在大批量行业成熟并向小批量行业传播，从制造业向非制造业（如建筑业）传播。

9.1　寻源阶段管理

【概说】

企业采购流程可分为战略采购和订单协调，战略采购包括供应商的开发和管理，也叫战略寻源管理；订单协调则主要负责材料采购计划，重复订单以及交货付款方面的事务。

战略寻源管理是以企业总成本控制为导向，采用合理的采购寻源策略，把握成本明细关键控制点，建立成本联动，获取最优成本的动态过程。

战略寻源管理包括选择供应商和管理供应商两个阶段。选择阶段包括寻源分类、供应商评估、供应商选择的管理。在供应商管理阶段分为绩效管理和供应商集成。

在战略寻源管理阶段，一般容易出三个问题。一是企业内部对供应商的选择和管理没有统一的管理部门，多权分离，供应商成了"公共草地"①；二是没有供应商选择和管理的流程，缺乏对供应商战略寻源管理的系统流程，随意性很大，供应商绩效不好；三是缺乏供应商层面的优化管理，不断寻找供应商，供应商越来越多，规模优势丧失。三个问题之间有逻辑关系，首先是战略寻源管理的组织不落实，造成没有统一的流程，因为供应商绩效不理性，一直在寻找供应商，形成恶性循环。所以供应商战略寻源管理的第一步是统一供应商寻源的管理部门。

9.1.1　寻源组织管理

采购实体宜按照规定的流程，统一负责寻源管理，对内协调技术、生产、质量等部门，共同提出供应商的选择标准；对外统一管理供应商。

【释义】

企业生产运营中，涉及供应商选择、管理的部门很多，质量部门要求品质最好，设计部门要求技术先进，采购部门要求价格最低，生产部门要求供料及时，各部门的指标需要平衡。有些企业为了预防供应商出现腐败，在部门内继续分权，如采购部门在寻源、合同、核价、供应商管理、处理订单、验收分设岗位，再加上设计、质量、审计等部门，企业管理供应商没有一个整体，谁都可以找供应商的麻烦，如核价的只管砍价，处理订单的只管催货，财务不按时付款、连仓库也不配合验收。供应商变成"公共草地"，其合法权益得不到保

---

① 环境经济学家哈克于1968年发表《公共草地的悲剧》，其悲剧表现在公共草地无人负责，全社会只知索取，无人维护，最后致使草地退化。之后，人们用公共草地泛指无人负责并造成减损后果的各种社会现象。

护，只能通过非法手段找靠山，形成系统的腐败。

因此，企业必须指定一个部门统一负责寻源管理（一般是采购部门），该部门对外协调企业内部技术、质量、生产和采购部门之间的利益诉求，平衡各部门的选择标准，统一对外管理供应商。这样，一是供应商的合理诉求有专人负责，背地里找靠山的情况会减少，客观上减少了腐败；二是各部门形成合力，一致对外保护了企业的应得利益。

管理供应商权利的集中可能造成该部门权利的增大，但是权利大并不可怕，可怕的是没有约束的权利。因此，必须制定严格的选择和管理供应商制度，固化流程，通过系统维护企业整体利益。

9.1.2　供应商寻源分类

9.1.2.1　采购实体应依据采购需求，通过各种资讯媒体寻找潜在供应商并对供应商进行分类。供应商分类标准应客观、统一、简单易懂，并取得企业相关职能部门的认可。

示例：在品类管理中，包装材料类：纸箱、纸袋、包装盒；钢材：型钢、板材、棒料等；依据供应商绩效分类：战略供应商、优质供应商、合格供应商、资格未定供应商等。

【释义】

一、寻源

依据企业发展战略和新产品开发计划需求，采购部门应从各种媒体资讯中寻找符合企业需要的供应商信息。

1. 新供应商资讯来源方式

通过各种采购指南、新闻传播媒体，如电视，广播，报纸，各种产品发布会，各类产品展示（销）会，行业协会、行业或政府统计调查报告或刊物，同行或供应商介绍，公开征询，供应商主动联络以及其他途径。

2. 问卷调查

问卷设计由采购部主导，质量、设计研发等单位协助，设计应注意的事项有如下几条。

（1）依本公司的需要设计内容及格式。

（2）应尽可能掌握、了解供应商的资讯。

（3）易于填写。

（4）通俗易懂。

（5）便于整理。

二、供应商分类

采购实体应依据其提供的品目或细目对所需供应商分类，但供应商分类和商品编码分类的性质和目的不同，商品编码分类是为了实现标准化管理，提高采购管理效率，供应商分类的目的是确定采购实体和供应商的战略关系。本条规定了分类的原则。

所谓分类就是按照"品目或细目分类",如依共性的材料对象归为一类,企业成立由采购、质量、技术等部门组成的专业团队。一个专业采购团队包括采购经理,若干技术员、工程师和采购员,在采购经理组织协调下,制订品类策略,确定关系类别,是竞争性供应商还是合作性供应商,决定和哪些供应商做生意,处理供应商发生的质量、技术问题。

依照供应商绩效分类,可分为战略供应商、优质供应商、合格供应商和资格未定供应商,这种分类也可理解为分级。所谓分级就是在分类的基础上把供应商分为若干级别,以便区别对待。有些工程公司把供应商分为一线供应商、区域集团采购供应商等级别,赋予采购实体不同的采购权限。

对供应商的分类是重要的沟通工具,可以清楚地告诉公司职能部门,公司对特定供应商的策略,在合作时应当注意的事项等。

三、供应商分类工具

细化供应商分类有很多途径,但常见的方法是卡拉杰克矩阵①(见图9-2),并由此进一步引入了风车图(见图9-3)。

卡拉杰克矩阵的横坐标是市场复杂性,体现在产品的可使用性、供应商的数量、技术变革速度、贸易壁垒以及运筹的复杂性;纵坐标是采购的战略重要性,表现在通过产品的组合性,表示某类产品在总成本中的占比以及该类产品对收益率和增长率的影响体现出价值增值。

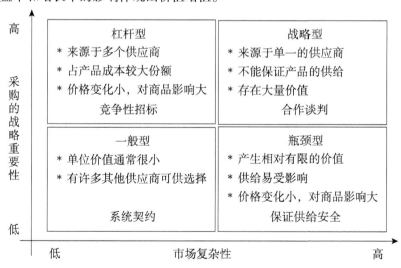

图9-2　卡拉杰克矩阵

---

① 卡洛斯·梅纳,罗姆科·范·霍克,马丁·克里斯托弗.战略采购和供应链管理:实践者的管理笔记[M].张凤,樊丽娟,译.北京:人民邮电出版社,2016.引用时根据原著个别名词做了调整。

从图9-2可以看出，在战略型一栏中，财务相互关联，并存在风险，因此需要长期密切合作；一般型低收益和低风险并存；杠杆型缺乏良好的沟通，有激烈的竞争，有很多供应商可以选择，当面临巨额财务冲击时几乎没有任何转型风险；瓶颈型面临的是保障供给而不是价格收益。供应商分类细化的目的是让企业把大部分资源和精力集中到主要供应商上。

类似以上分类方法，《战略采购和供应链管理》英文版作者卡洛斯·梅纳等人引入了"风车图"（见图9-3），对供应商客户细化分类。

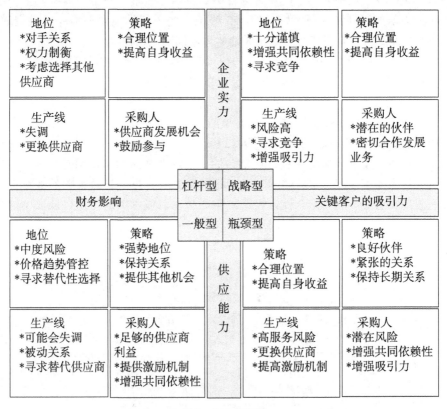

图9-3 风车图

供应商也可以通过该图定位自身的采购策略。如战略型供应商把一个战略客户看作很好的合作者，并获得长期合作的机会；然而，如果采购人认可的战略型供应商并没有把采购人视为战略合作者，双方之间的关系就处于危险状态，采购人可能面临竞争挑战。反之，如在左上方的杠杆型供应商的客户中，有供应商认为采购人是战略合作者，采购人将处于有利位置，因为供应商不会弃你而去，会在竞争环境中积极表现。

【示例】

供应商细分准则（见表9-1）

表9-1 供应商细分准则

维度	类别	分类	项次
价值创造潜力	成长层面	价值主张	1. 战略匹配度
			2. 战略合作
		产品特性	3. 产品质量特性重要度
			4. 品类市场复杂程度
	创新层面	创新互动	5. 成本控制
			6. 共同开发
	协作层面	合作范围	7. 配套范围

根据上述细分准则，对供应商队伍进行细分，并有针对性地实施相应的采购策略，推动战略采购的实施。

9.1.2.2 采购实体可运用人工智能、大数据等技术手段对需求设备、物资和服务进行分类编码。

【释义】

1. 编码技术标准

随着大数据技术的发展，企业可以借助大数据、智能化等技术手段，整合企业对于设备、物资、服务的历史采购数据和外部渠道获取的信息数据，结合大数据、机器学习的分类与聚类算法，将设备、物资、服务等信息数据标签化、结构化处理，形成符合企业自身特点的设备、物资、服务的层级化分类体系，并辅以编码，最终实现"一物一码、以码识物、一码到底"的企业设备、物资、服务的数字化管理体系。对于部分缺乏技术手段或缺少相关数据资源的企业，鼓励其整合和借鉴行业内与市场中成熟的编码技术，对设备、物资、服务分类编码，最终使各类型企业的数字化治理能力得到提升。

2. SITC

20世纪50年代，在研究制定海关税则商品分类目录的同时，为便于联合国统计工作的需要，由联合国秘书处主持，在1950年草拟了《国际贸易标准分类》（*Standard International Trade Classification*，SITC）。该国际贸易标准分类把国际贸易商品共分为10大类（section）、63章（division）、233组（group）、786个分组（sub-group）和1924个基本项目（item）。SITC是以等级为基础、以阿拉伯数字来表示商品的，第一个数表示类，第二个数表示章，第三个数表示组，第四个数表示分组，第五个数表示项目。

3. HS

HS是由原海关合作理事会（现世界海关组织）主持制定的一部供海关、统计、进出口管理及与国际贸易有关各方共同使用的商品分类编码体系，其全称是《商品名称及编码协调制度》（*The Harmonized Commodity Description and Coding System*，简称协调制度，又称 HS）。

HS 编码"协调"涵盖了 CCCN（《海关合作理事会税则商品分类目录》）和 SITC（《国际贸易标准分类》）两大分类编码体系，于 1988 年 1 月 1 日正式实施。

4. 行业或企业编码

企业可依据行业特点，参照上述标准制定本企业采购标的编码标准，如国家电网对其采购的 40 万个品目进行了编码，准确的编码是采购工作标准化、系列化、合理化的基础和保证。

9.1.2.3 采购实体应依据供应商分类结果，组织采购、质量、技术等专业人员对供应商进行分类管理。

【释义】

供应商分类意图是针对具体采购项目，一是要摸清家底，绘制采购资金的分布图，包括企业地域分布、品目分布、细目分布、供应商分布等；二是针对不同供应商区别管理，要把资金用在投入回报率最高的地方；三是供应商数量的合理化，太多应整合，太少应补充。

国内一些企业把供应商分为四类，采取不同的策略区别对待，对战略供应商、优质供应商重点管理。

（1）战略供应商：该类供应商决定企业的生死存亡，关键技术、质量或规模难以替代，是管理的重点。

（2）优质供应商：该类供应商绩效评价好、表现好，但是可以替代，公司决定优先合作。如一般铸件加工，供应商很多，因为优质供应商价格、质量、交货期、服务等方面出类拔萃，企业有了订单会优先交给优质供应商。为了建立长期合作关系，优质供应商在第一次招标进入合格供应商名单后，之后不宜再使用招标采购方式，随着订货批量的增加，可以通过协商实现年度降本计划。

（3）合格供应商：指能够满足企业生产需要，通过招标采购等竞争性采购方式选择入库的一般供应商，是在优质供应商不能满足生产需要时的替补。

（4）资格未定供应商：指新供应商或待考察的供应商，该类供应商分两种，一是新入围供应商，公司对其有个了解的过程，需要观察；二是原来的优质供应商业绩评价有些问题，需要"留厂察看"，考察完毕，要么回归原队伍，要么淘汰出供应商库。

9.1.3 供应商评估

9.1.3.1 企业应依据规定的供应商评估标准，对申请入库供应商的履约能力和合作意向进行综合评估。

9.1.3.2 供应商评估标准应至少包括：

——财务状况；

——质量管理；

——生产管理；

——交付能力；

——价格波动合理性评价；

——物料管理系统；

——环境保护；

——商业道德；

——对二级供应商的管理能力。

【释义】

在供应商选择阶段，评估是核心，是对供应商技术、生产、质量和物料管理体系进行系统的评估。评估工作必须有刚性的制度、固定的流程，本条对评估的条件作出规定。

一、供应商评估因素

财务指标评估是对供应商评估的首要因素。供应商的财务分析从清偿能力开始，清偿能力取决于流动资产，严格说是扣除库存的资产；清偿能力还取决于盈利能力，体现在资产回报率和净利润指标。盈利水平是财务结果，取决于企业的周转能力，反映在应付账款、应收账款和库存上，这三个数据好，企业效益好。此外，还要注意供应商的资本结构，它决定了供应商的长效绩效；还应注意财务指标是相对性的，没有绝对意义，数据应在竞争对手之间比较才有意义。采购文件可以要求提供供应商的财务报表，如果是上市公司，在网上就可以查询。这样严谨的财务分析一般用于重大决策，如决定长期合作的战略合作伙伴。

简易财务分析如图9-4所示。

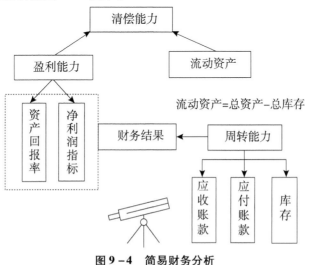

图9-4 简易财务分析

除了财务指标，还要评估供应商的质量管理、生产管理、物料管理体系。这三大体系是确保供应商运营绩效的保障，也是实现企业盈利能力的基础。需要解释的是物料管理系统的评估，在物料管理中对下级供应商管理的能力评估在外包和供应链分级分层的环节中很重要。

对供应商质量管理、生产管理和物料管理体系的评估一般用在新供应商的导入环节。评估一般应由三部分专家组成，质量工程师评估供应商的质量管理体系，企业设计开发工程师评估供应商的生产管理体系，采购专家评估供应商的物料管理体系。每项评估都应有详细的评估清单，一定要以事实为依据，客观准确，特别注意不能只在价格上做文章，这会给企业质量管理造成很大的风险。

二、评估"工具"使用的条件

企业对供应商质量管理、生产管理和物料管理体系的评估是选择、评价供应商的重要工具。对供应商的全面评估有事前、事后和事中三种情形。

（一）新供应商准入

纳入新的供应商时，必须要对新供应商进行全面评估和认证，必须要满足企业各项规定的基本要求，不能简单用招标的采购方式，价格低就纳入合格供应商清单，必要时还应进行实地考评。如果企业在质量、交货期、服务等指标上难以客观评估，可能存在作假的情况下，价格总是可以做得很低，采购腐败表面上是价格腐败，实质上是以降低质量为代价。对新供应商的评估是"事前"管理。

（二）战略供应商绩效出现问题

战略供应商的绩效评价出现问题事关企业核心利益。作为补救措施，应对其进行质量、生产、供料系统重新评价，达不到标准的，应制定切实可行的办法，确保在一定期限内达到考核标准，这叫"事后"管理。

（三）定期评估

定期评估属于"事中"管理，依照制度规定，抽取一定比例的供应商进行主要体系的评估，评估可采用答卷的方式，采购部门通过数据调查或现场核实。一般年度评估数据有可比性。

9.1.4 供应商选择

9.1.4.1 企业应根据供应商评估结果中的历史绩效、发展潜力，选择合适的供应商，达成合作协议。

9.1.4.2 采购实体可在供应商生产现场，通过访谈察看、资料查阅、问卷调查等方式，了解供应商的真实信息。

9.1.4.3 采购实体应综合考量规模效益、竞争格局和供应风险等因素选择供应商。

9.1.4.4 采购实体应固化供应商的选择流程，并对入库供应商实施注册管理。

9.1.4.5 采购实体可依据供应商的分类，确定适当的供应商选择方法；具备招标条件的，宜通过招标采购选择供应商。

【释义】

对供应商进行评估的目的是选择供应商。

一、确定选择供应商的采购办法

依据对供应商的分类、评估，经过初步询价，确定采购供应商。选择供应商应优先在战略供应商或优质供应商中选择，只有符合招标采购条件的选择招标采购。除了信息资料的审核外，必要时还需要进行实地考察。

供应商选择既要满足当前的需要，又要考虑未来的发展；供应商选择是品类战略的关键构成；选择供应商的因素因项目不同而不同，但从选择供应商的视角看，共性的战略考量因素是规模效益、竞争格局和供应风险。

二、主要选择因素分析

（一）规模效益

规模效益指企业应优先考虑生产能力能满足本企业需要批量的供应商，企业生产能力的指标主要是净资产，包括关键设备，需要具备相应资质，还有行业排名等，供应商获得批量规模订单，可以显著降低生产成本。

选择的原则是既要使供应商有规模效益，但又不应在供应商业务收入中占比过高，否则会给双方带来不必要的风险。业务过于集中，采购人业务的起伏波动对供应商影响太大，供应风险必然增加。

（二）竞争格局

选择供应商第二个需要考虑的战略因素是竞争格局。在订单采购中，实质性竞争越充分采购合同价格越低。但是对于战略寻源，还应遵从供应链总成本最低的原则选择供应商。

这里有两个问题，一是什么是充分竞争？也就是具体到每个品类选几家供应商合适。二是如果每个项目都找最便宜的供应商，在供应链管理中会有什么后果？

（1）竞争是市场行为，是客观存在的现象；竞争任何时候都存在，不以人的意志转移。真正带来差异化优势的是企业行为。在实质性竞争的格局中，两家供应商就会产生充分的竞争，这两家企业必须是势均力敌的企业。如飞机行业，只有波音和空客两家，两家为什么不会联手操纵市场，因为市场规模有限。

具体到某一个品类，当能形成实质性竞争的时候，两个供应商就是充分竞争。

需要注意的是，导入竞争一定要导入实质性的竞争对手，如果为了应对强势供应商，导入非实质性对手，既没有形成实质性竞争又增加了供应商数量，还丧失了规模效应。再继续导入供应商会导致采购额更加分散，供应商管理更加困难，形成恶性循环。如拳王泰森和一群小孩玩拳击，永远形不成竞争，再找 10 个小孩也没用。

（2）如果每一品目我们都通过招标采购选择最便宜的供应商，虽然每个项目合同价格最低，但是在供应商层面会导致供应商太多，采购额分散，后续运营很麻烦。设备来自多家供应商，运营复杂度增加，如售后服务的备品、备件库存增加，规模效应也成为问题，最终造成供应链成本的增加。

（三）供应风险

选择供应商的战略考量是供应风险，即如何应对供应商可能出现的交货延期、质量问题，甚至可能存在的其他供应风险。

关于风险管控，常见的办法是分散风险，即不要把鸡蛋装在一个篮子里，典型的做法是进行备份。如同一个料号，A 供应商负责 70%，B 供应商负责 30%，万一 A 供应商交不了货或是出现质量问题，还有 B 供应商可以应急，价格还可能更低。有些公司还规定，凡是达到一定采购量的产品必须多点寻源。但有专家认为，比较"一品一点、一个料号、单点寻源"和"一品多点、一个料号、多点寻源"，人们就会发现以下问题。

（1）价格因素。产品的价格 70% 以上在设计阶段已经决定了。设计离不开供应商的参与，如果采用单点寻源，供应商会把最新的、独特的技术提供给设计部门，组合到新产品中，从而增强企业产品的竞争力。如果是采用多点寻源，只能造成供应商的忠诚度越来越低，谁也不愿意协助采购方优化设计，成本控制从源头上落后了。

此外，"一品多点"造成规模效应的递减，供应商生产成本增加，降价的空间少了。

（2）工期因素。由于"一品多点"占供应商业务比例不大，到了产能短缺的时候，供应商不会优先供货，会向业务占比大的企业倾斜。此外，由于多点寻源导致的采购额分散，降低了企业对供应商的管控力度。在一些季节性、周期性强的行业里，"一品多点"的问题就充分显现，旺季来了产能不够，供应商互相推诿，谁都想均衡生产，怕造成淡季的积压。

（3）质量因素。每个供应商的产品质量不会完全一样，即使采用的是同一个标准。如果 A 供应商的产品质量好，绝不会用 B 供应商的产品做备份，如果"一品两点"，那么在同一料号层面上出现质量问题的概率反而增加。

（4）在管理水平比较高的企业，常见的做法是料号层面"一品一点"，即一个料号尽量只给一个可靠的供应商做，以便增加料号层面的规模效益；在品类层面，维持不止一个供应商，保持相当的竞争。也就是说风险管控是在品类层面，这是一种既保证规模效益，又控制风险的做法①，比如焊接设备的采购可以有两家或三家供应商，但具体到某一个规格型号只安排一家。

---

① 链接：https://www.jianshu.com/p/9ab5f0cd48ff。

（5）"一品一点"的例外情形。一是采购量特别大，超过了供应商的最佳经济批量，任何一家供应商都难以单独满足，应当多点供应。二是采购量特别小，主要依靠市场采购的商品。这类产品主要靠市场拉动，采购人对其影响可以忽略不计。三是粗放式管理的企业，管理能力差，供应商数量多，多点供应很普遍，用来分散风险。结果是管理资源更分散、采购额更分散、对供应商的控制力更差，只好再找新的供应商，陷入恶性循环。

三、强化管理供应商的能力

（一）"无形的手" ≠ "短期关系"

市场经济的鼻祖亚当·斯密认为，市场是无形的手，最终可以理顺一切不合理的经济行为。但是不要忘记，任何整合行为都要付出代价，包括时间、经济活动也是这样，无形的手不等于短期行为。如果企业只注重短期行为，一定走不远。日本在其特有的财阀体制下把"一品一点"的供应模式做到了极致。系统地降低了供应链成本，提高了质量，加速了新品的开发，这是日系汽车全面超过美系汽车的原因之一。在这种模式下，日系企业的议价能力也没有降低，成本控制能力也很强。现在北美企业也认识到，一定要注重和供应商的长期合作，同时强化供应商管理系统，实行全面供应链管理以提高企业的竞争力。

（二）供应商管理团队

对"一品一点"的供应商，采购人和他们有长期的依存关系，需要有强大的团队来管理和维护。企业缺乏对供应商管理的经验一般是"一品多点"，导入"市场竞争"就成了采购人必然的选择，订单分散，批量上不去，问题更多。

供应商管理是跨部门之间的工作，特别是对战略供应商的管理，它绝不是采购部门这一层次的事，必须整合企业不同层次、不同职能部门共同维护，包括企业高层领导的参与。如建立季度汇报会、年度高层例会、文化交流等制度，逐步形成"战略心理"，最后形成"战略合力"，有时可能比"协议"还重要。

新供应商开发是跨部门的事，技术、质量、采购等部门都需要介入。在一般情况下设计部门处于强势地位，但是采购部门应当早期介入，发挥采购部门的作用。例如，供应商接触设计部门之前，采购部门需要和供应商签订保密协议，在合作设计开发之前明确知识产权以及后续定价机制；采购部门应和设计、质量、生产部门沟通，明确和供应商谈判的注意要点和保密事项，在新供应商开发中发挥领导作用。

在与供应商合作期间，要注意虚心向供应商学习，通过沟通交流获得对方在这个领域中的知识、信息和经验。尤其在经验方面，有些我们竞争对手走过的弯路，供应商及时提醒我们，可以避免很多不必要的风险。

四、关于选择供应商的方式

针对战略寻源应依照《操作规范》选择适当的方式，符合招标条件的应选择招标采购的方式，即同时符合采购需求明确、具有竞争条件、采购时间允许、交易成本合理的条件。企业供应商战略寻源更多的情形还是谈判，一旦纳入供应链一般不要轻易排除，除非绩效评价出现重大问题。频繁更换供应商的，往往是技术含量不高的行业。

五、选择供应商的流程

企业应建立对供应商评价选择的制度，固化选择供应商的流程。寻源的成果是合格供应商的清单，供应商清单中供应商入库或退出一般应由企业采购最高负责人经过程序批准。对于重要采购、设备的采购只有在企业电子采购平台注册的供应商才能有资格被授予合同。在强有力的采购管理组织领导下，企业统一的电子采购平台是采购管理的载体，平台为有关供应商的决策和绩效管理提供充分的信息，同时帮助固化供应商管理流程。

【案例】

"一品两点"的一地鸡毛①

一、故事梗概

最近天气很冷，可物料计划办公室很热闹。新车型导入时，事情本身就多，而多家供应这个老问题在这个新车型上更是异常突出——大家一直在抱怨"一品多点"（即同一物料，多家供应），这些年来也没有多少实质性改善，反倒在新项目中愈演愈烈。

据资料表示，支持"一品一点"的一般会强调供应链成本更低，供应商管理水平更高；而支持"一品多点"的呢，通常自诩抗风险能力强，价格具有竞争优势，这里不讨论孰优孰劣，而是聊一聊"一品多点"在实践过程中会有哪些问题。

在这个新产品导入案例中，零件 M 由供应商 A 供应（老供应商），已经使用在车型 X 上。市场竞争激烈，公司决定生产更具有竞争力的车型 Y，跟车型 X 混线生产，共用平台。车型 Y 也会用到零件 M，而且零件编号一样，但寻源决定用价格更优的供应商 B（新供应商）。

在新产品项目组的领导下，各专业按部就班展开工作。供应商质量 SQE 小组按零件 M 的技术图纸要求，对新供应商进行了供货认证。采购部门在公司 ERP 系统里（案例公司用 SAP 系统），为零件 M 设定两家供应商，并按照各自所供车型的预测量，设定双方的供货比例。物流按零件号、供应商代码、供货工厂、要货地、上线工位，为新供应商设定物料包装和路线。在生产线上，两个车型的零件 M 正好都在同一工位，用同一工艺，所以车间在技术准备上没有什么。在大家的一致努力下，各部门都反映项目状态正常，正式交付批量生产了。但是，运行的第一天就出问题了。

物料计划部门率先发言："采购部门在 ERP 系统里面设定的供货比例是固

---

① 首次发表在黄雪川的个人微信公众号。

定的，而实际上车型 X 和车型 Y 的投产量会随着需求变化。"这就意味着即便零件 M 的总量对了，分配到两家供应商的量也可能是错的。

工厂物流部门也发声了："物流系统是按零件号、供应商、要货地区分的，无法按车型区分送货。"这意味着即便每个供应商的供货量是对的，也可能送给错误的车型。

车间也来反映："你们别吵，不管你们怎么做，反正我是同一工位同一件号，无法保证新供应商的料用在车型 Y 上、老供应商的料用到车型 X 上——60秒一台车，一天上千台车，这个零件供应商代码在零件上只有 5 毫米高，靠工人的肉眼，一个个地识别零件上的供应商代码既有风险，也无法保证生产节拍。"

但是，供应商质量 SQE 小组不同意了，"质量部门是按照项目要求认证供应商的，那就是新供应商匹配车型 Y，老供应商匹配车型 X。匹配错了，混装有质量风险；出了质量问题，也无法准确、快速地追溯到正确的供应商。"

最后，大家建议质量部门投入更多资源，完成等效认证，即老供应商的可以用在车型 Y 上，新供应商的可以用在车型 X 上；不做等效认证的话，就承担一定的风险混装。

质量部门还没有表态，财务就插话了："各位，两个车型是独立核算的，即便是混线和混装，从财务的角度，也得归到对应的品牌下，否则成本核算就有问题。"

一阵寂静后，现场操作人员自然知道，大致估计个两车型的用量就 OK 了，谁知道哪个零件装到哪个车型上，成本核算自然是应付差事的。

多么熟悉的情节啊。前端一个简单的"一品多点"，给后端带来多少复杂的问题。管理成本也增加不少，工作质量和效率也都受影响。

二、换个思路又如何

上述案例中，某汽车企业在开发新产品中，对原供应商提供的零件再次招标采购，试图降低合同成本，节约的资金 $J = [(M^x - M^y) \times 批量] - (管理成本 + 质量风险)$。这个值是正数还是负数还不知道。

如果我们从大采购的理念处理新品的供应问题可能更好一些。如果使用零件 M 不变，那么我们为什么不找供应商 A 沟通一下呢？企业可以通过合作谈判的方式同供应商 A 讨论零件 M 的供应问题，增加了一倍的订货量，价格是否应当降一点呢，大家可以详细计算一下供应商 A 零件批量扩充后的生产成本、管理成本、财务成本、交易成本。零件 M 整体降价，车型 X、车型 Y 都获益，企业也不需要做质量认证，也没有了招标等交易成本，生产也会提高效率等。这样做企业盈利和第一种办法相比是不是更好呢？其节约的资金 $L = [\Delta M \times (X 批量 + Y 批量)] + (\Delta 管理成本 + 质量风险)$。

主张"一品两点"的主要是管理能力不足，怕担责任，在风险管理中，很重要的一个环节是对风险的评估，如果 M 不是瓶颈零件，只有一家的供应风险概率是很低的。在"一品一点"上做到极致的企业是日本的日立和丰田。

【案例】

某科技型企业选择供应商的程序规则① （见图9-5）

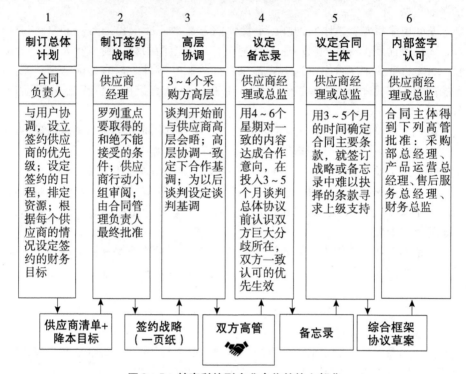

图9-5　某高科技型企业合作签约六部曲

【案例】

西门子公司选择供应商的原则

（1）寻找行业内最好的供应商，在技术成本和产量规模上领先。

（2）所选定的供应商必须把西门子列为重要的顾客之一，这样才能保证服务水平和原料的可得性。

（3）供应商必须有足够的资金，保持快速增长能力。

（4）每个产品至少由2~3个供应商供货，避免供货风险，保持良性竞争。

（5）每个原材料的供应商数目不宜超过3个，避免过度竞争。

（6）供应商的经营成本每年必须有一定幅度的降低，并为此制度化。

（7）供应商的订货份额取决于总成本分析，包括价格、质量、物流服务的

---

① 引用刘宝红的《采购与供应链管理———一个实践者的角度》，部分有删改。

分析，成本越高，订单份额就越少。

（8）新供应商可以在平等条件下加入西门子的 E–Bidding 系统，以得到成为合格供应商的机会。

（9）当需要寻找新的供应商时，西门子会进行市场研究，找到合适的被选供应商。

（10）对潜在供应商要考察的是其财务能力、技术背景、质量体系、生产流程、生产能力等综合因素。

（11）合格的供应商将参与研发或加入高级采购工程部门的设计工作。

（12）先通过试生产流程的审核，证明供应商能否按西门子的流程要求，生产符合西门子质量要求的产品。

（13）然后再通过较大规模的试生产，确保供应商达到 6 西格玛质量标准以及质量和生产流程的稳定性。

（14）如果大规模生产非常顺利，就进一步设立衡量系统（包括质量水平和服务表现）；如果不能达到关键服务指标，西门子就会对供应商进行"再教育"。

（15）当西门子的采购策略有变化时，供应商的总成本或服务水平低于西门子要求的时候，供应商的供应资格就可能被取消。

9.2 供应阶段管理

【释义】

寻源阶段到选择供应商并同其签订供货合同为止，之后进入采购的供应阶段。供应阶段管理主要是对供应商的绩效评价和供应商集成管理。

在"小采购"的理念下，供应阶段就是履行合同，出了质量和进度问题，采购部门协助解决。但在"大采购"的理念下，采购部门不再是围绕合同订单转，而是把工作重点放在对供应商的管理上。

和"小采购"被动、分散、过程导向不同，"大采购"是主动、集中、结果导向的管理工作。采购部门主要有两项任务，一是选择并管理能满足公司战略需要的供应商；二是管理领导内部团队共同履行供应商管理义务。

众所周知，供应商管理是跨部门的工作，包括工程设计、质量管理、订单处理等，采购任务是领导这个跨职能的团队。这就需要公司授权，也需要采购部门自身具有更高的领导力。在企业不同发展阶段，对供应商的选择和评价指标也不尽相同。基本思路是：阶段性连续评价、网络化管理、关键点控制和动态学习过程。这些思路体现在供应商评价体系的建立、运行和维护上。

9.2.1 供应商绩效评价管理

9.2.1.1 采购实体宜建立不同产业或产品类别的供应商绩效评价体系。

9.2.1.2 供应商绩效评价的内容，应包括成本、质量、交货（交付）、服务、技术、资产管理、员工素质、生产服务流程等指标；依据行业不同，各项指标的权重应有所区别。

【释义】

一、供应商评价体系

在 2006 年的欧洲领袖论坛上，英国石油的一位副总裁介绍公司的供应商管理。企业通过战略寻源选择了合适的供应商，使供应商绩效提高，但绩效随后会逐渐下降。Corporate Executive Board（CEB Inc.，总部位于美国阿灵顿）也有类似的发现，研究表明，如果没有严格的合同管理，战略寻源或集中采购 75% 的节支成果会在 18 个月内消失殆尽（见图 9 - 6）。

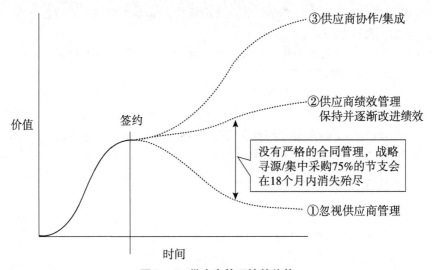

图 9 - 6　供应商管理绩效趋势

因此企业应当建立连续的供应商评价体系，包括供应商进入评价、运行评价、供应商问题辅导、改进评价及供应商战略伙伴关系评价，不同阶段的指标体系应有区别。

9.1.4.3 对选择供应商战略评审因素作出规定，主要是规模效益、竞争格局和供应风险三个方面，在运行阶段，针对其主要评价因素，有专家提出了 6 个西格玛应用理论，也有专家提出供应商管理指标体系 QCDSTAP。

二、QCDSTAP 指标体系[①]

供应商管理指标体系包括七个方面：质量（Quality）、成本（Cost）、交货（Delivery）、服务（Service）、技术（Technology）、资产（Asset）、员工与流程（People and Process），合称 QCDSTAP，即各英文单词的第一个字母。前三个指

---

① 万秀武：《两种实用的供应商管理办法》，引自百度：《供应商管理体系 QCDSTAP》，本文引用时有删节。

标各行各业通用，相对易于统计，属硬性指标，是供应商管理绩效的直接表现；后三个指标相对难于量化，是软性指标，却是保证前三个指标的根本；服务指标介于中间，是供应商增加价值的重要表现。前三个指标广为接受并应用；对其余指标的认识、理解则参差不齐，对这些指标的执行则能体现供应商管理的水平。

（一）质量指标（Quality）

常用的质量指标是百万次品率。优点是简单易行，缺点是一个螺丝钉与一个价值10000元的发动机的所占比例一样，质量问题出在哪里都算一个次品，这就导致了供应商可以通过操纵简单、低值产品的合格率来提高总体合格率。在不同行业，标准大不相同。例如在采购品种很多、采购量很小的"多种少量"行业，百万次品率能达到3000就是世界领先水平；但在大批量加工行业的零缺陷标准下，这样质量水平的供应商八成属于被淘汰对象。

不良质量成本（Cost of Poor Quality，COPQ）用来弥补百万次品率在统计方面的不足。其概念是造价不同的产品，质量问题带来的损失不同；同一次品，出现在供应链的不同位置，造成的损失也不一样（如更换、维修、保修、停产、丧失信誉、失去以后生意等）。例如，坏在客户处，影响最大，设权重为100；坏在公司生产线，影响相当大，设权重为10；坏在供应商的生产车间，影响最小，设权重为1。该产品价格为1000元，在上述三个环节各出现一个次品，总的不良质量成本就是 $100 \times 1000 + 10 \times 1000 + 1 \times 1000 = 111000$ 元。这个指标有助于促使在供应链初端解决质量问题，在一些附加值高、技术含量高、供应链复杂的行业比较流行，美国的飞机制造业、设备制造行业等设备原厂（OEM）采用得比较多。

质量领域还有很多指标，例如样品首次通过率、质量问题重发率（针对那些旧习难改的供应商）等。不管采用什么质量指标，统计口径一致、有可对比性，才能增加公司内部及供应商的认可度。而且质量统计不是目的，统计的终极目标是通过表象（质量问题）发现供应商的系统、流程、员工培训、技术等方面的不足，督促整改，达到优质标准。

质量问题无法在问题发生的层面解决。

（二）成本指标（Cost）

常用的成本指标有年度降价，要注意的是采购价差与降价总量结合使用。例如年度降价5%，总成本节省200万元。在实际操作中采购价差的统计远比看上去复杂，相信经历过的人有同感。例如针对新价格什么时候生效这个问题，采购方按交货期定，而供应商按下订单的日期定，这些一定要与供应商事前商定。

多采购回馈是指当采购额超过一定额度时，供应商给采购方一定比例的回扣，这个条款给买卖双方增加采购的动力。付款条件是指在公司资金宽裕的情况下，鼓励供应商提前领取货款，但要给采购方折扣。例如货到 10 天发款，给采购方 2% 的折扣等。这两个方面设立具体的指标也未必现实，很多公司把它算作年度采购价差的一部分。

有些公司也统计 80% 的开支花在多少个供应商身上，目的是减少供应商数量，增加规模效益。具体指标很难定，因为公司、行业不同，即使同一公司在不同市场环境下，最佳供应商数量也不同。例如在买方市场下，供应商数量越少越好，这样规模效益好；但在卖方有产能限制、原材料不足等情况下，供应商多，采购方的风险就相对低。美国的高级采购研究中心的统计表明，2004 年有 9.4% 的供应商占 80% 的采购额，这一比例逐年降低，2005 年和 2006 年分别为 7.7% 和 7.6%。该统计的对象是美国大型公司，采购额动辄几十亿、上百亿美元。针对中小公司的统计尚未发现。

（三）交货（Delivery）

常用的交货指标是按时交货率，其概念很简单，但计算方法很多，例如按件、按订单、按订单行，都可能结论不同。该指标的缺点与质量指标中的百万次品率一样：一个螺丝钉与一个发动机的比例相同。生产线上的人会说，缺了哪一个都没法组装产品；但从供应管理的角度来说，一个生产周期只有几天的螺丝钉与采购前置期几个月的发动机，还是不一样。

对于供应商管理库存（Vendor Managed Inventory，VMI），因为有最低与最高库存点，按时交货率可通过相对库存水平来衡量。例如库存为零，断货风险相当高；库存低于最低点，断货风险很高；库存高于最高点，断货风险很小，但过期库存风险升高。这样，统计上述几项指标可以衡量供应商的交货表现。根据未来物料需求和供应商的供货计划，还可以预测最低与最高库存点在未来的走势。

值得注意的是，成本、质量和交货三项指标应综合考虑。这些指标如果分归不同部门，部门间的推卸责任就可能很厉害。例如在美国的一些大公司里，成本归供应管理部门管，质量由质量管理部门负责。为降低成本，供应管理部门力图以低成本进行企业采购；为确保质量，质量管理部门则坚决反对。两者的争执旷日持久，往往导致全球采购战略失败。解决方法之一是让一个部门同时负责三个指标，促使其通盘考虑。

上述三大指标可客观统计。尽管没有一种完美的统计指标，但只要统计口径一致，不同供应商之间、同一供应商的不同时期之间就有可比性，就能很好地反映供应商的总体表现。下面要讲的服务、技术、资产、员工与流程指标则相对主观，统计上不是很直观，但对于衡量供应管理部门绩效很重要。

（四）服务指标（Service）

服务无法直观统计，但是，服务是供应商的价值的重要一环。已故 IBM

（国际商业机器公司）首席采购官里希特（Gene Richter），是三届美国《采购》杂志"采购金牌"得主。他总结一生的经验，有一点就是要肯定供应商的服务价值。服务在价格上看不出，价值上却很明显。例如同样报价的供应商，一个有设计能力，能对采购方的设计提出合理化建议；另一个则只能按图加工，哪一个价值大，不言而喻。

服务是无形的，在不同的公司、行业侧重点也会有不同。但共性是服务都涉及人，可调查用户满意度来统计。例如公司期望供应商给设计人员提合理化建议、尽量缩短新产品的交货时间、主动配合质量人员的质量调查、积极配合采购人员的调度和催货，那么公司可发简短的问卷给相关人员，调查他们对上述各项的满意程度，以及哪些地方需要改进。统计得多了，统计结果便具有代表性。更重要的是，供应商得到的信号是，公司在统计他们的服务质量，任何一个人的意见都很重要。这样就可尽量避免只有主管机构才能驱动供应商的现象。

（五）技术指标（Technology）

对于技术要求高的行业，供应商增加价值的关键是因为他们有独到的技术。供应管理部门的任务之一是协助开发部门制订技术发展蓝图，寻找合适的供应商。这项任务对公司未来发展至关重要，应该成为供应管理部门的一项指标，定期进行评价。不幸的是，供应管理部门往往忙于日常的催货、质量、价格谈判，对公司的技术开发没精力或兴趣，在选择供应商时随随便便，为几年后出现的种种问题埋下祸根。

对供应管理部门，技术指标还包括应用信息技术采购。这个指标有利于促进采购方、供应商利用先进技术，节省成本，提高效率。美国高级采购研究中心的统计表明，2004 年 7.7% 的供应商与采购方通过电子采购合作，到 2006 年则达到 13.5%；2004 年电子采购占采购额的 17.3%，到 2006 年则占到 20.5%。信息技术的应用深度、广度逐年增加，供应管理部门是主要推动力。

（六）资产（Asset）

供应管理直接影响公司的资产管理，例如库存周转率、现金流。供应管理部门可通过供应商管理库存转移库存给供应商，但更重要的是通过改善预测机制和采购流程，降低整条供应链中的库存。例如美国的半导体设备制造行业，由于行业的周期性太强，过度预测、过度生产的现象非常普遍。大公司注销动辄几千万美元的库存，到头来，整个行业看上去赚了很多钱，但扣除过期库存，所剩无几。但有些公司通过改进预测和采购机制，成功地降低了库存，因而成为行业的佼佼者。所以，供应管理部门的绩效指标应该包括库存周转率，这样也可避免为了价格优惠而超量采购。

在供应商方面，资产管理体现了供应商的总体管理水平，包括固定资产、流动资产、长期负债、短期负债等，这些都有相应的比率，不同行业的比率标准可能不同（如在合同加工行业，库存周转率动辄几十、上百；而在一些大型设备制造行业，一年能周转六次就是世界级水平）。作为供应管理部门，定期（如每季度）审阅供应商的资产负债表，是及早发现供应商经营问题的一个有效手段。现金流、库存水平、库存周转率、短期负债等都可能影响供应商的今后表现，也是采购方能否得到年度降价的保证。

人们往往忽视了供应商的资产管理，普遍认为只要供应商能按时交货，就不管其有多少库存、欠多少钱。但问题是供应商管理资产不善，成本必定上升，羊毛出在羊身上，上升的成本要么转嫁给客户，要么就自己亏本而无法保证绩效，两种结果都影响到采购方。在有些行业换个供应商就行了，因为市场很透明，采购就像到超市买东西；但对更多的行业来说，换供应商会带来很多问题和不确定因素，成本很高。所以敦促现有供应商整改达标往往是双赢的做法。

（七）员工与流程（People and Process）

对供应管理部门来说，员工素质直接影响整个部门的绩效，也是获得其他部门尊重的关键。学校教育、专业培训、工作经历、岗位轮换等都是提高员工素质的方法，可建立相应的指标，例如100%的员工每年接受一周的专业培训、50%的员工通过专业采购经理认证、员工跳槽率低于2%等。

流程管理是优化与供应商有关的业务流程，比如预测、补货、计划、签约、库存控制、信息沟通等。供应商的绩效在很大程度上受采购方的流程制约，如预测流程中，如何确定最低库存、最高库存，按照什么频率更新、传递给供应商，都直接影响供应商的产能规划和按时交货能力。再如补货，不同种类的产品，按照什么频率补货，补货点是多少，采购前置期是多少，不但影响到公司的库存管理，也影响到供应商的生产规划。

流程决定绩效。管理层可以通过动员、强调达到一时效果，但不改变流程及其背后的规则，这种效果是很短暂的。流程管理和改进的关键是确定目标和战略，书面化并实施流程，确定责任人并定期评估。在此基础上，开发一系列的指标，确保流程按既定方式运作，并与前文所述的按时交货率、质量合格率等指标挂钩。这样从流程到绩效，再由绩效反馈到流程，形成一个封闭的管理圈。值得注意的是，流程改进更多的是循序渐进而非革命，因为每个公司都有现行的流程，不大可能推倒重来，要通过不断微调来优化。

指标的价值在于其规范和引导行为。供应商管理的指标体系不但引导供应商的行为，也是评价供应管理部门绩效的重要依据。上面的七大指标体系，不同公司可在不同发展阶段制定相应的侧重点，具体到指标上，要力求简单、实用、平衡。供应商综合绩效评估指标框架体系如图9-7所示。

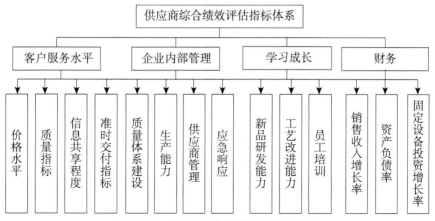

图 9-7 供应商综合绩效评估指标体系

【示例】

供应商综合绩效评估指标框架体系①

制造业供应商绩效评估细则见表 9-2。

表 9-2 制造业供应商绩效评估细则

指标体系		评分				评分责任人
		4（优秀）	3（良好）	2（一般）	1（差）	
质量	13 周次品率	<300	<1000	<3000	其余	供应商工程师
	质量事故	没有	—	—	一个或多个供应商原因	供应商工程师
成本	成本	最好	高出 0~5%	高出 5%~10%	高出 10%	供应商经理/采购员
	降本积极性	分解成本建议降本合作	积极提出降本建议	有时提出降本建议，不积极	没行动	供应商经理/采购员
交货期	13 周按时交货率	95%以上，且有上升趋势	90%以上	80%以上	其余	采购员
服务	合作容易度	优秀	良好	一般	差	供应商经理

---

① 徐工集团供应商绩效评估指标体系，引自 2016 年《中国采购调查报告》

指标体系		评分				评分责任人
		4（优秀）	3（良好）	2（一般）	1（差）	
服务	电子商务	95%网上交易	85%	低于85%	不在网上交易	采购员
	及时汇报订单状况	实时更新交货时间	每周更新交货时间	偶然更新交货时间	不问则不更新	采购员
	响应速度	所有问题当天答复	所有问题24小时答复	通常会答复但需要采购方跟进	不跟进不回复	供应商经理
	快速打样	1天报价3天交货	2天报价1周交货	4天报价10天交货	其余	采购员
	产能爬坡	3个月翻一倍	4个月翻一倍	—	其余	供应商经理
技术	管理系统	有系统流程应用且提高改进	流程存在	一些流程	其余	供应商经理/供应商工程师
	生产系统	有MRR，有产能模型，精益生产5S	有MRR，部分产能分析5S	有MRR，5S	没有MRR	供应商经理/供应商工程师
	关键技术用在客户产品	是的	—	—	没有	供应商经理/设计师
	技术能力	具备所要求的技术能力并不断提高	具备90%的能力，不缺关键能力	能满足80%的技术要求，缺失一些关键技术，但可以接受	—	供应商工程师/设计师
	质量系统	通过ISO认证，问题根源与解决方案2周内即可做出	在1年内计划通过ISO认证，有根源与解决方案分析能力	在2年内计划通过ISO认证	没有	供应商工程师
	设计系统	有能力设计模具、有CAD和CNC编程能力	—	有CNC编程能力，但没有模具设计能力	没有编程能力	供应商工程师/设计师

指标体系		评分				评分责任人
		4（优秀）	3（良好）	2（一般）	1（差）	
资产管理	缩短交货期	所有采购前置期缩短至2周以内	所有采购前置期缩短至3周以内	所有采购前置期缩短至4周以内	其余	采购员/供应商经理
财务状况	财务稳定性	营业额高于1.5亿美元，盈利	营业额在0.8亿~1.5亿美元，盈利	营业额在0.3亿~0.8亿美元，盈利	其余	供应商经理
	行业依赖度	<20%的营收来自半导体设备行业；10%~24%来自我公司	21%~50%的营收来自半导体设备行业；3%~30%来自我公司	<60%的营收来自半导体设备行业；<40%自我公司	其余	供应商经理
全球支持	是否有全球网络	有	没有，但在构建过程中	—	没有，没有计划建立	供应商经理/售后服务人员
售后市场	是否在售后市场竞争	不竞争	竞争，但主动与我公司协商	竞争，愿意与我公司协商（但未主动联系）	竞争，且不愿与我公司协作	供应商经理/售后服务人员

9.2.1.3　采购实体应对供应商的产品质量、交货及时性、交货准确性、应急保障、售后服务、问题处理等表现，进行即时或阶段性评价，对供应商的综合实力、日常供应情况、总体价格水平等进行季度性或年度性的定期评价。

9.2.1.4　采购实体宜对供应商的评价信息及时沟通、分析、整合，优化供应商管理。

【释义】

在一些批量生产行业，如汽车、奶制品等流水线生产行业需要连续性日常评价，流水线上一般都有相关指标的自动检测记录。在一些单件小批生产的制造业、采用项目化管理工程的企业都建立了适合企业特点的评价制度。采购团队应及时对自动记录的信息分析整合，必要时还应对数据和实物核实对比，及时分析并采取措施，尽量避免风险的发生，风险发生后尽量把风险造成的损失降到最小。本条案例就是企业"鼹鼠"利用计算机篡改系统造假贪污的事件，值得国企有关部门领导注意。

【案例】

电厂员工与供煤商勾结套利上千万元[①]

运煤车明明没装满，可系统里记录的毛重却是装满了的数据。青山某国有电厂的一次上级例行检查中，发现了蹊跷，而且有7家供煤商出现"少装货、多称重"的情况。

检察机关侦查后发现，这是一起由电厂员工、供煤商、程序员等多方里应外合策划的案件。不到一年内，这伙人篡改运煤车称重系统，虚增煤炭重量，牟利超过一千万元。

一、运煤车总是装不满

2014年7月，青山某国有电厂上级单位例行检查工作，进入轨道衡车间发现，轨道上通过的运煤车有些不对劲，每辆运煤车都未装满。电厂检查了这批煤的称重结果，显示每车煤的毛重为50吨，但目测最多40吨。

这其中必有蹊跷！电厂找来了称重系统的开发商，调查发现，系统竟然已经被人篡改。原本的系统设计是无法更改毛重数据的，但现在可以手动更改，原本40吨重的煤，可以改成50吨。

那么，仅仅是现在这批煤的重量造假吗？经过对比一系列过往数据发现，有7家供煤商数据异常。而这些异常的数据，都发生在电厂的轨道衡计量员魏某值班期间。

魏某并没有计算机基础，他又是如何做到的呢？青山区检察院侦破后揭开了其中的秘密，原来，这一切都与××热电厂员工杜某强有关。

二、修改系统，虚报数字

2012年，杜某强就开始琢磨，能不能更改称重系统的数据，让煤车少装煤，但过秤时重量不减，以此套利？

杜某强想起了认识的程序员袁某农，说服其加入自己的计划。他们将目标对准了青山这家国有电厂，并拉来该电厂的轨道衡计量员魏某参与。

随后，杜某强联系上了该电厂的供煤商王某平，称可以帮他在过秤时少装货但毛重符合订货数字，让他多赚钱。2013年10月，在魏某值班时，杜某强带着袁某农来到值班室，将袁某农制作的能更改毛重数据的病毒软件，加装在称重系统上。当王某平的煤车来称重时，魏某就虚填数字，他们约定，套取的利润由四人分成。

初尝甜头后，杜某强想多联系几家供煤商，如法炮制获取更大利益。于是，王某平将自己名下的另一家企业，也介绍给了该电厂。

2013年11月，王某平又找到了另一名供煤商钱某刚加入，双方约定，每虚

---

① 引自《楚天都市报》2018－11－06。

增 1 吨煤，钱某刚给王某平 100 元。而后，钱某刚又约供煤商祁某喆加入。

此外，王某平还联系了三家企业，由王某平提供渠道供煤，以这三家企业的名义卖煤给该国企电厂。

三、非法套利 1387 万元

杜某强还找到了运煤车到达的前一站武东车站发车值班组，由王某平将魏某的值班表发给武东车站。当王某平等人的运煤车到达时，武东车站的值班人员负责安排发车时间，以保证这些运煤车到达电厂时，正好是魏某当班。为此，王某平每月给武东车站的值班人员 1 万元作为报酬。几人之间主要通过短信联系。"接到短信后，我首先通过软件，修改系统内的原始毛重数据，完成后传给燃煤调度中心。最后再按照修改后的数据，将称重系统内的原始数据修改一致。"魏某说。

在 2013 年 10 月至 2014 年 8 月间，7 家运煤商的问题运煤车共到达电厂 46 批次，虚增煤 24768.7 吨，非法套利 1387 万元（其中已结算 1041 万元）。魏某获 13 万余元，袁某农获 5.5 万元，钱某刚和祁某喆获 85 万余元，其余由杜某强和王某平瓜分。

青山区检察院历时一年多的侦查，将该犯罪团伙一网打尽。2018 年武汉市中级人民法院依法宣判，王某平多罪并罚获刑 20 年，并处罚金 110 万元；杜某强犯贪污罪，判刑 13 年 6 个月，处罚金 60 万元；魏某、袁某农、钱某刚、祁某喆也分别获刑。

通过本案例我们看到了犯罪分子的贪婪，但同时也看到了该企业管理的混乱。这个案件是在上级例行检查时发现的，电厂对供电煤耗有考核指标。其中，火力发电机组每供出单位千瓦时电能平均耗用的标准煤量由电厂自动瞬时记录，在"煤耗子"犯罪期间，这个指标一定不正常，企业管理人员如果负责任，经常到现场巡视，绝不能让犯罪分子得逞如此之久。所以，这起企业内鬼和不法供应商勾结的案例值得我们深思。

9.2.2 优质供应商集成管理

采购实体可对关键优质供应商进行集成管理；引导关键优质供应商介入早期产品设计，降低企业成本；导入电子商务、优化采购流程，降低交易成本；实施供应商管理库房、准时制生产方式等策略，降低库存和运营成本。

【释义】

一、供应商管理的最高阶段

供应商集成是供应商管理的最高阶段，就是把关键供应商集成到公司的供应链中，让他们成为公司的有机延伸。

在设计阶段，这意味着让关键供应商早期介入产品开发；在量产阶段，通过 VMI、JIT（准时制生产方式）等简化与供应商之间的产品流、信息流和物流；在交易过程中，通过电子商务等信息化手段，更有效地传递信息，促进协作。

越是复杂、技术含量高的行业，产品设计和工艺设计联系就越紧密，供应商早期介入就越重要。如美国电话电报公司（AT&T）推行供应商早期介入，每样关键技术在技术开发阶段只选择两个供应商，在保证充分竞争的同时也能很好地深入合作。

二、追求高阶段降本

企业降低成本有三个台阶。

（1）招标采购降本，这个阶段降本的潜力有限，一般为企业利润的10%，采购做到极致让供应商一分不赚也就是这么多。供应商长期以来不赚钱要么退出供应链，要么降低产品质量。

（2）流程优化降本，降本的空间在20%左右。优化流程包括生产经营等环节，通过精益生产、六西格玛等工具降低生产成本，通过电子商务和适当的采购技术降低交易成本，这些都和供应商有关。和供应商建立长期合作关系，可以有效降低合同成本，过于充分的竞争导入了太多的不确定因素，反而系统地增加了交易成本。

（3）设计优化降本，降本的空间在70%左右。这个阶段更离不开与供应商的深度协作，是供应商集成的主战场。价值工程、价值分析离不开供应商，因为如果没有供应商的生产工艺知识，研发人员就没有办法优化设计。

当采购人和供应商的降本目标抵触时，会产生"小采购"方案，就是招标压价，利润转移，一条道走到黑。美国EPC（工程总承包）巨头福陆公司为了改变这种情况，把战略供应商在设计阶段就纳入项目，及早利用供应商的经验、技术来降低项目总成本。相应地，这也把采购的任务从围绕订单提升到选择和管理供应商，提高了采购的战略地位。

三、创造供应商集成的条件

"大采购"也是美国最近二三十年在采购研究方面的重点。在美国，这一战略过渡经历了近半个世纪。外包战略盛行后，供应商的地位从单纯的执行功能上升到战略高度，客观上促成了采购向"大采购"的过渡。如果说，绩效管理是面向全体供应商，那么集成管理仅针对关键供应商，并不是每个供应商都可以早期介入设计、参与优化流程。供应商的集成是难度最大的跨部门协调组织工作，目前我国企业对关键供应商集成管理的还不多，需要从以下方面努力。

1. 强有力的领导

首先要给采购部门配备强有力的领导，有资格、有能力协调企业内部、外部的交叉事务。更重要的是要得到高层领导的绝对信任和授权，同时应当具有先进的供应链管理知识，具有娴熟的采购技术和管理能力，在长期合作、深度协作的背景下完成企业的降本目标。

2. 部门职责清晰

"大采购"是跨部门的合作和协调，企业总部和分部的职责必须清晰。以澳洲电讯为例，各职能部门以管理供应商为目标，对供应商实行最高级别的管理，如表9-3所示，企业总部和分部明确责任范围内的第一责任人、协助人，聚焦管好供应商。

表9-3　　　　　　　　企业总部和分部供应商管理分工

责任范围	任务	总部采购	分部采购	特点
寻源战略	寻源战略	①	—	*采购团队围绕供应商构建，而不是内部客户 *采购团队的责任是开发供应商、管理供应商关系、增进供应商协作、增加议价和创新能力 *供应商管理绩效通过以下方式： ①培训员工； ②配置资源； ③推广最佳实践； ④开发系统软件和工具 *挑战： ①远离用户，项目支持力度下降，预热成本上升； ②不断说服用户推行采购项目，管理成本增加
寻源战略	供应商资格和选择	①	②	
供应商管理	供应商关系	①	②	
供应商管理	供应商绩效管理	①	②	
风险管理	供应商风险管理	①	①	
风险管理	依法合规	①	—	
风险管理	企业社会责任	①	①	
供应商协作	供应商创新	①	②	
供应商协作	IT系统和电子商务	①	②	
供应商协作	数据标准和信息共享	①	②	
需求管理	实际消费管理	②	①	
需求管理	技术规范管理	②	①	

资料来源：Corporate Executive Board（CEB）。

注：①主要责任者；②次要责任者。

3. 各部门形成合力

除了公司总部和分部的职责分工明确外，企业内部各职能部门也必须分工明确、信息共享。如果各部门多头对外，企业即形成"公共草地"，其风险本释义5.3中有论述。

企业内部职能部门管理供应商的分工见表9-4。

表9-4　　　　　　　　企业内部职能部门管理供应商的分工

任务	供应商经理	供应商工程师	设计人员
供应商分类	①	②	②
供应商认证	①	②	
供应商产品认证	①	②	②

任务	供应商经理	供应商工程师	设计人员
供应商选择	①	②	—
供应商绩效管理	①	②	—
质量系统评估	—	①	—
质量系统改进	—	①	—
生产系统评估	—	①	—
生产系统改进	—	①	—
物料系统评估	①	②	—
技术能力评估	—	②	①
财力状况评估	①	—	—

注：①主要责任者；②次要责任者。

4. 加强采购部门的技术力量

在制造业，设计成本一般占总成本的70%左右，60%～70%的增值活动发生在供应商处。两个70%的纽带是采购部门，采购部门应当义不容辞地承担沟通、协调的组织管理责任。在采购团队中，一般有负责管理供应商的经理或工程师，但是缺乏设计部门的专职工程师，给采购团队的工作带来困难。企业应安排并说服设计部门的专家参加采购团队，这样供应商集成的工作才容易落到实处。

5. 督促、帮助、提高供应商管理能力

近年来，由于生产制造业的利润越来越薄，如家电行业，一些大的企业试图把生产工作外包给供应商，如海尔集团开始尝试逐步加大外包的份额。有这么一种说法：竞争力不再只是造得便宜，更多的是买得便宜，采购作为这些行业的核心竞争力就显得更加突出。但总体来说，类似汽车行业那样有能够负责一个模块或系统的设计、制造，并管理第二、第三级供应商的不多。这就需要行业排头兵在企业转型过程中，不但经营管理理念要变化，而且供应链观念也要变化，应有计划地选择一批优秀的供应商，并系统地督促、帮助提高其供应能力，强化管理第二、第三级供应商的能力，尽快完成供应链的外包转型。

9.3　供应商关系管理

【概说】

著名咨询公司 Gartner（高德纳）对供应商关系管理的定义为：供应商关系管理是用于建立商业规则的行为，以及为企业实现盈利，对提供不同重要性的产品/服务供应商的沟通和理解。

供应商关系管理的重点如下。

（1）对整个供应环节的重心调整及灵活性把控。

（2）管理战略采购成本，从而实现从价格到价值的转变（主要内容详见本书编制说明3.2）。

（3）供应链的风险。

（4）信息技术对采购过程的优化。

供应商管理的基础是建立一个完整的供应商网络。通过对供应商的分类、评估，选择优质供应商签订合同，在合同履行过程中不断进行绩效评价。作为供应商管理的最高形式，集成优秀的供应商参与本企业的设计研发或运行咨询管理，从而实现价格和价值的转变。这就是所谓"大采购"的理念。

在供应商关系管理中，还应注意供应链的风险把控，特别是在全球采购供应链管理中，政治也是我们应当关注的因素；此外，信息技术对采购的影响和优化作用在供应商关系管理中也是不可估量的。由于采购人资源有限，在供应商关系管理中，重点是对战略供应商和少数特殊供应商的关系管理，特别是企业内部供应商、甲方指定供应商，这些是企业经常遇到又难以处理的供应商。

9.3.1 战略供应商管理

9.3.1.1 采购实体宜根据企业供应链需要，对供应商进行分级管理，区分战略供应商、优质供应商、合格供应商、资格未定供应商等。

9.3.1.2 采购实体可与战略供应商签订长期战略合作合同，并通过定期业务评估进行绩效管理，督促、帮助战略供应商持续改进、提升。

9.3.1.3 采购实体可定期或不定期安排企业高管和战略供应商举行高层沟通会议，推进双方合作关系。

【释义】

要让战略采购落地实施，首先就要有稳定的供应商网络，并注意对整个供应环节的重心调整及灵活性把控；其次还要管理战略采购成本，从而实现从价格到价值的转变；再次要关注供应链的风险；最后关注的是信息技术对采购过程的优化。

毋庸置疑，对战略供应商的管理是供应商关系管理最重要的组成部分。

所谓战略供应商就是不可替代的供应商，不可替代的原因有技术、质量、加工规模等方面。战略供应商在企业合作伙伴中处于相对强势地位，关系到企业的生死存亡，具有实实在在的战略重要性。

一、管理战略供应商关系的三要素

（一）制定管理战略

对于战略供应商，应当在公司层面形成供应商战略，研发、采购、质量等跨职能部门形成合力和战略供应商打交道。在和战略供应商合作时最大的问题是企业各部门没有形成合力，容易被战略供应商各个击破。如日本企业设备报价低，但运营成本高；德国企业设备报价高，但运营成本低，当企业和这些战略供应商合作时应当权衡全寿命成本，做好战略考量。采购时不能仅考虑采购合同价。

（二）建立长期关系

战略供应商具有技术、质量甚至价格规模的优势，但是，世界上任何一个产品都不是只有一家生产，市场那只无形的手还在起作用。对于采购方，需要一段时间才能淘汰一个供应商，但供应商想吸引一个新客户也需要时间，这就注定双方的关系是长期合作关系，由此产生了很深的依赖关系，这种关系会促使双方更加理性。采购方的优势是长期需求，凡是供应商的期望值都是在未来的订单上，作为筹码可以要求战略供应商在长期合作中逐步降低合同成本。对战略供应商的管理已经远远超过采购经理层面，需要整合公司不同层次、不同职能的力量来管理。

（三）实现双赢

天下熙熙，皆为利来；天下攘攘，皆为利往。在长期关系下，任何一方不获利都不能持久。这意味着对战略供应商而言不能只关注自己的利益。压倒骆驼之后，损失的不仅是骆驼，还有骆驼的使用者。谋求共赢应是出发点，也是战略供应商管理的基调。换句话说，构建与供应商合理的利益分享机制，是保障供应和提升竞争力的关键。

具有核心竞争力的供应商应该具有保持技术领先的能力，因为只有这样，供应商供应的原料、材料才有质量和服务的保证。同时，由于产品成本和质量在研发阶段就已基本决定，在这一阶段供应商的参与，能使其获得对设计的所有权的拥有感，也能够使供应商以及生产商拥有更多的机会去改进产品的质量和设计，显著降低供应商管理成本，在很大限度上能够使生产商和供应商之间实现互利共赢。

二、管理战略供应商的办法

管理战略供应商的办法主要有签订长期合同、绩效考核、督促交流。把供应商视为对手的观念已经行不通了，只有把供应商纳入企业的生产系统中，由采购方与之一起对产品质量进行监控，方能取得理想效果。这些理念意味着企业必须与战略供应商建立长期的合作关系。

某公司对各类供应商差异化管理的内容见表 9－5。

表 9－5　　　　　　　　各类供应商差异化管理模板[①]

供应商类别 / 管理方式	增长型战略供应商	增长型优选供应商	资格未定——升级	资格未定——降级	消极淘汰	积极淘汰
季度业务汇报评审	Yes	或许	No	No	No	No
获准参与新产品开发	Yes	Yes	有限	No	No	No

---

① 摘自刘宝红《采购与供应链管理——一个实践者的角度》。

续　表

供应商类别 管理方式	增长型战略 供应商	增长型优 选供应商	资格未定 ——升级	资格未定 ——降级	消极 淘汰	积极 淘汰
供应商月度绩效卡	Yes	Yes	或许	No	No	No
全球采购合同	Yes 今年 签订	Yes 明年 签订	No	No	No	No
价格协议（微型全球 采购合同）	No	No	或许	——	No	No
供应商改进小组	如果有需要	——	如果有需要	No	No	No
公司高层会议（首席 采购官以上）	≥1 次/年	如果有需要	No	No	No	No

注：供应商改进小组——战略供应商一般都在技术发展的最前沿，但最新技术往往需要充分验证，供应商在试错阶段的质量、工艺问题较多，对于特定技术，采购人可安排采购经理、设计人员、质量部门组成供应商改进小组，督促帮助战略供应商改进。

9.3.2　内部供应商管理

列入《内部产品和服务的直接采购目录》或承担企业维修服务、工程服务的集团内部企业，可参照战略供应商管理。

【释义】

我国现行国有企业体制是原计划经济体制下的全民所有制企业在市场经济改革中不断深化演变、逐步发展而来的。与国际通行的股份制企业不完全相同，在企业内部有一级、二级、三级法人等多级法人。这种法人的法律属性属于《中华人民共和国民法通则》（2009 年修正）第五十一条中的"法人型联营"。

在改革之初，为了摆脱原有行业、体制隶属管理的羁绊，一些有经济关系的科研单位、不同行业的企业在自愿的前提下组成各种形式的经济联合体，包括紧密的、半紧密的、松散的三种①。随着改革的深入，前两类企业通过行政整合组成"企业集团"，其中紧密的体现为"企业内部统计报表合并"的企业，半紧密的属于集团管理，但统计报表各自核算。这种经济联合体有以下法律特征。

一是各级法人主体保持着法律赋予企业的全部权利，具有完全的法人地位；二是各级法人拥有其实施经济活动和管理协调经济职能的一定数量的财产，自主经营；三是上级法人对下级法人有"特殊"的行政管理职能，这种特殊性区

① 引自李显冬，陈川生. 试论科学生产联合体的法律特征［J］. 山西大学学报（哲学社会科学版），1984（1）：34－38.

别于计划经济时期的政府部门管理。表现在其内部有一定的经济关系，包括供应链管理的上下游企业、相关企业等；这种体制是企业纵向整合的结果。

在这种体制下，为了集团企业利益的最大化，凡企业能够生产、提供的产品在企业内部流通就顺理成章了。企业也为此制定了相应的规章制度，保证这种经济关系的可靠稳定。本条规定，承担企业维修服务、工程服务的内部企业可依照战略供应商管理。

9.3.3 关键二级供应商管理

采购实体应将涉及企业产品质量一致性、产品成本和用户体验等重要的关键二级供应商，纳入对一级供应商的管理范畴；管理的内容应包括供应质量、技术和整体商务关系等。

【释义】

在供应商管理中，涉及产品质量、产品标准、产品成本和用户体验等重要的关键下级供应商，企业可以直接管理。本田（美国）公司对轿车车座关键下级供应商的管理示意如图9-8所示①

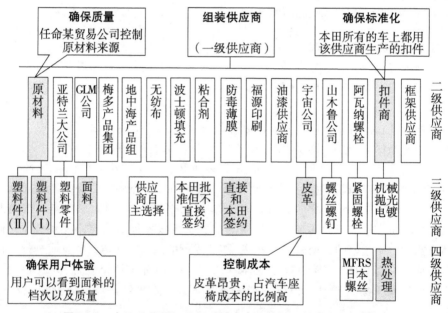

图9-8 本田（美国）公司对轿车车座关键下级供应商的管理

从上图我们看到，本田（美国）公司针对质量、标准化、控制成本和确保用户体验，对关键下级供应商的管理延伸到四级供应商。在二级供应商管控扣

---

① 资料来源：THOMAS CHOI, TOM LINTON. Don't let your supply chain control your business [J].
Harvard Business Review, 2011 (12).

件和原材料；在三级供应商管控塑料件、面料、皮革；在四级供应商管控扣件的热处理。其供应商都是"一品一点"，最大限度地增加规模批量，保证成本降到最低。

9.3.4　用户指定供应商管理

用户指定供应商参照战略供应商管理。

【释义】

用户指定供应商在工程施工中被称为"甲供"，甲供设备、物资在风险管理中也被称作"风险自留"，是风险控制的手段之一。在工程建设项目中为了保证关键设备、重要原材料质量，甲方通过指定品牌、产地等方式，或由甲方直接购买的方式提供。双方可以在采购合同中约定。

但是，在招标采购过程中，法律规定不能指定品牌等，这是由于指定品牌等于确定了合同相对人，而招标采购最大的特点是合同对象的不确定性。国家发展改革委等七部委联合发布的《工程建设项目货物招标投标办法》第二十五条："招标文件规定的各项技术规格应当符合国家技术法规的规定。招标文件中规定的各项技术规格均不得要求或标明某一特定的专利技术、商标、名称、设计、原产地或供应者等，不得含有倾向或者排斥潜在投标人的其他内容。如果必须引用某一供应者的技术规格才能准确或清楚地说明拟招标货物的技术规格时，则应当在参照后面加上'或相当于'的字样。"法律规定可以在特定技术规格前加上"或相当于"的字样，改变了指定品牌的性质，变成了技术规格的要求，这是法律允许的。除了招标采购外，其他采购方法都可以指定品牌。

采购人指定下级供应商还有节约成本的原因，如惠普采购一些产品，加价卖给自己的供应商，集成到最终产品中又卖给惠普，原因是惠普由于规模批量大可以取得最优惠的价格，这实际上把采购中心变成利润中心，而不是传统的成本中心。希尔顿酒店也把采购中心变成了利润中心。

9.4　供应商信用管理

9.4.1　供应商信用信息管理

9.4.1.1　采购主体应加强对供应商的信用信息进行管理；信用信息管理的内容宜包括供应商基本信息、经营管理信息、产品/服务信息、交易记录、供给能力、财务状况和信用记录等。

【释义】

1. 信用管理

供应商信用管理和风险管理既有联系，又有区别，在学科建设上属于不同学科。

信用管理在学科建设上称为信用管理学。信用管理学主要研究"信用"的内涵、具体形式、与经济的关系，探索信用管理的具体内容以及信用经营和信用管理服务机构的产品与服务，分析社会信用体系的构成、运行机制及其法律环境和数据环境，指导信用成果在社会和经济领域的应用。

信用管理包括供应商信用管理和企业信用的建设管理。

《条例》中第六章法律责任第七十八条规定："国家建立招标投标信用制度。有关行政监督部门应当依法公告对招标人、招标代理机构、投标人、评标委员会成员等当事人违法行为的行政处理决定"，明确"透明化"是法定的监督手段。

本条是对供应商信用管理的规定，要求企业针对供应商可能存在的失信风险、诚信危机和失信行为建立识别、预警、防范、控制和处置的管理体系。必要时可要求供应商作出诚信承诺、规定相关过程并使其持续受控。

2. 供应商征信和供应商信用评价

供应商征信和供应商信用评价是供应商信用管理的重要工具。

传统的信用评价主要是评价主体的偿付能力，即能否在规定的期限内还本付息的能力；对供应商的信用评价则不同，在一个供应链体系中，供应商不仅是信用投放人，也是信用承受人。因此，对供应商的信用评价，不仅要研究其是否具备与之供给能力相对应的偿付能力，即对金融机构的信贷偿付能力和对上游供应商的应付账款的支付能力，同时还要研究其可持续性的供给能力。因此，供应商信用评价的重点就是考察其长期信用状况与可持续性供给能力。

供应商征信系专项征信，其征信目的引用了国家标准《合格供应商信用评价规范》中关于合格供应商的定义与判别标准，即充分分析供应商的"长期的信用状况与经营的稳定性"，征信内容吸收了国家标准《企业信用调查报告格式规范 基本信息报告、普通调查报告、深度调查报告》中对企业基本信息、产品与技术信息、竞争能力信息以及财务信息等的要求，根据信构行业数据库内容，通过计量分析研判目标供应商行业地位、运营效率以及临界表现，以充分表现供应商的供给能力及可持续性能力。

供应商信用评价根据国家标准《合格供应商信用评价规范》中关于合格供应商信用评级的定义与判别标准，评价内容结合了国际信用评级的基本理念、基本指标体系及公允原则，通过构建信用风险计量模型，根据供应商所处行业的发展状况以及供应商发展、潜力、稳定和风险等方面的表现综合评价供应商的长期信用状况与可持续供给能力，也就是供应商长期经营的稳定性，并通过信用等级符号定义供应商的信用状态。采购人以此作为判断是否和供应商合作的基础条件。

3. 供应商信用信息管理

企业的信用信息内容较为复杂多样，以邓白氏公司的信用信息数据库为例，其信用数据包括了三个组成部分、九类信息内容。

第一部分是企业的基本信息，共分为三类。第一类是包括企业名称、地址、电话及邓氏编码等身份信息，第二类是企业的规模、雇员人数、业务范围、年销售收入等自然状况信息,第三类是企业总部、主要投资者、分支机构及部门结构等组织信息。

第二部分数据主要涉及企业的信用记录和状况,此部分信息也有三类。一是企业的财务状况,包括企业的资产负债表、收益率、发展趋势和信用等级评定情况;二是企业的付款和银行记录,主要包括企业各种应付账款情况、付款记录与特点、银行开户及贷款情况等;三是法院、行政执法及其他公共信息,包括诉讼、判决等法院记录、行政处罚记录、欠税情况、破产记录以及企业在政府的登记注册信息。

第三部分主要是关于企业经营管理活动方面的信息,如企业高级管理人员的情况、主要业务领域、品牌等。

企业征信中应注意个人隐私的保护。国外较为成熟的征信市场中,年龄、性别、血型、宗教信仰等并不能被纳入信用评价的标准;而国内部分征信机构不但采集这些敏感信息,甚至根据这些信息对用户进行差别对待。企业在信用信息管理中应避免此类现象的发生。

供应商的信用信息管理可着重于产品/服务相关信息、账款应收应付情况、供货记录、付款记录、信用等级评定、公共信用记录等方面。

9.4.1.2 采购实体可利用电子采购平台,在供应商基本信息数据库的基础上建立供应商信用信息数据库;数据库内容除 9.1.3 中的评估内容以外,还可包括供应商征信数据、供应商信用评价数据及风险预警信息。

【释义】

供应商的信用信息除供应商主动提供外,通常零散地分布在各类信息共享平台,采购人对多个供应商同时进行信用风险评估和监测需要付出大量的人力、时间和信息成本,且难以系统地观测同一供应商在不同时间、针对不同采购人时的信用风险变化情况。建立信用信息数据库可解决采购人这一困境。数据库中应包含供应商提供的信息及外部信息,当采购人未能掌握供应商的全部信息或必要信息时,可通过购买服务的模式,向独立第三方征信机构购买。供应商信用信息数据库的主要内容包括但不限于供应商基本信息、经营信息、生产信息、产品/服务信息、质量信息、交易信息、财务信息、违约信息、舆情信息等,采购人可通过数据库查看供应商单一企业的信用信息、对比不同供应商之间的同类项目,也可通过征信记录、信用评级报告全面、便捷地观测供应商综合信用状况。同时,供应商信用信息数据库将不断累积供应商信用信息,为采购人对供应链进行大数据分析和管理提供数据支撑,有利于在长期采购活动中规避由供应商带来的信用风险。

【示例】

北京信构信用管理有限公司开发的供应商信用信息数据库

如图 9-9 所示,在挖掘、收集、整合供应商公开信用信息的基础上,通过生成征信报告和信用评级报告，建成征信数据库基础平台。采购人将采购记录、支付记录、追溯记录、质检记录、售后服务记录等输入数据库，记录供应商违约原因及损失的相关信息；同时数据库根据自建市场监测平台及搜索引擎，提供供应商动态信用记录以及市场表现数据。采购人可引用第三方信用风险发现与风险计量技术，依托供应商信用信息数据库的数据支撑，实现对供应商信用信息的动态管理。

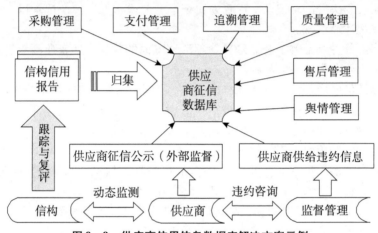

图 9 - 9　供应商信用信息数据库解决方案示例

9.4.1.3　企业可通过政府信用信息公示平台或第三方信用信息共享平台对已入库供应商和潜在供应商进行信用信息查询，也可依法将供应商信用信息数据库与之数据互通。

【释义】

《国务院关于印发社会信用体系建设规划纲要（2014—2020 年）的通知》中指出，社会信用体系建设的主要目标是：到 2020 年，社会信用基础性法律法规和标准体系基本建立，以信用信息资源共享为基础的覆盖全社会的征信系统基本建成，信用监管体制基本健全，信用服务市场体系比较完善，守信激励和失信惩戒机制全面发挥作用。近年来各级政府、行政机构、司法机关积极引入大数据、云计算、搜索引擎等技术支持，建设并不断完善企业信用信息共享机制，其中比较具有代表性的如下所示。

（1）2014 年上线运行的国家企业信用信息公示系统，公示的主要内容包括市场主体的注册登记、许可审批、年度报告、行政处罚、抽查结果、经营异常状态等信息，公示信息来自工商行政管理部门、其他政府部门及市场主体。

（2）2015 年上线运行，由国家发展改革委、中国人民银行指导，国家信息中心主办的"信用中国"网站，该网站是政府褒扬诚信、惩戒失信的总窗口，向社会公众提供"一站式"的查询服务，通过对社会信用相关新闻事件及政策法规进行集中展示、建立"黑名单"等方式，推动守信联合激励及失信联合惩戒。

各行业领域、各行政领域、各级人民政府积极响应社会信用体系建设的需求，运用自身的数据优势搭建大量信用信息共享平台，采购人可以根据行业分类、区域特征有针对性地选择、使用不同政府部门建立的信用信息公示系统。除此以外，当前部分信用服务机构、数据服务机构构建了完备的集数据采集、数据清洗、数据聚合、数据建模、数据产品化为一体的大数据解决方案，向客户提供包括企业基本信用信息在内的深度信用分析和风险预警产品等，简化了对目标企业进行信用信息收集、风险发现的工作流程。

目前国家有关部门关于信用管理出台的文件主要有以下几个。

①国务院印发的《国务院关于建立完善守信联合激励和失信联合惩戒制度加快推进社会诚信建设的指导意见》。

②国家发展改革委、国家税务总局等 34 个部门联合签署的《关于对重大税收违法案件当事人实施联合惩戒措施的合作备忘录（2016 版）》。

③国家发展改革委、工商总局等 38 个部门联合签署的《失信企业协同监管和联合惩戒合作备忘录》。

④国家发展改革委等 22 个部门出台的《关于对违法失信上市公司相关责任主体实施联合惩戒的合作备忘录》。

⑤国家发展改革委、最高人民法院等 44 个部门联合签署的《关于对失信被执行人实施联合惩戒的合作备忘录》。

⑥国家发展改革委、人民银行等 18 个部门联合签署的《关于对安全生产领域失信生产经营单位及其有关人员开展联合惩戒的合作备忘录》。

⑦最高人民法院等 9 部门联合发布《关于在招标投标活动中对失信被执行人实施联合惩戒的通知》。

⑧原国家工商行政管理总局发布《严重违法失信企业名单管理暂行办法》。

《严重违法失信企业名单管理暂行办法》共 21 条，主要规定了立法宗旨、严重违法失信企业和严重违法失信企业名单管理的含义、管辖、严重违法失信企业名单列入情形和列入程序、严重违法失信企业名单移出情形和移出程序、惩戒措施、异议和救济等内容。部分内容如下。

第五条 企业有下列情形之一的，由县级以上工商行政管理部门列入严重违法失信企业名单管理：

（一）被列入经营异常名录届满 3 年仍未履行相关义务的；

（二）提交虚假材料或者采取其他欺诈手段隐瞒重要事实，取得公司变更或者注销登记，被撤销登记的；

（三）组织策划传销的，或者因为传销行为提供便利条件两年内受到三次以上行政处罚的；

......

（五）因不正当竞争行为两年内受到 3 次以上行政处罚的；

（六）因提供的商品或者服务不符合保障人身、财产安全要求，造成人身伤害等严重侵害消费者权益的违法行为，两年内受到 3 次以上行政处罚的；

（七）因发布虚假广告两年内受到 3 次以上行政处罚的，或者发布关系消费者生命健康的商品或者服务的虚假广告，造成人身伤害的或者其他严重社会不良影响的；

（八）因商标侵权行为 5 年内受到 2 次以上行政处罚的；

......

企业违反工商行政管理法律、行政法规，有前款第（三）项至第（八）项规定行为之一，两年内累计受到 3 次以上行政处罚的，列入严重违法失信企业名单管理。

第十三条　各级工商行政管理部门对被列入严重违法失信企业名单的企业实施下列管理：

（一）列为重点监督管理对象；

（二）依照本办法第五条第一款第（一）项规定被列入严重违法失信企业名单的企业的法定代表人、负责人，3 年内不得担任其他企业的法定代表人、负责人；

（三）不予通过"守合同重信用"企业公示活动申报资格审核；

（四）不予授予相关荣誉称号。

9.4.2　第三方征信与信用评价

9.4.2.1　对采购数额较大、项目执行期较长、长期重复采购的重要供应商及涉及企业供应链安全的相关供应商，采购实体可引入第三方征信和评价。

9.4.2.2　第三方征信和评价机构应具备企业征信资格，并在中国人民银行有关机构备案。

9.4.2.3　采购实体可结合采购实际需求将供应商第三方评价及信用等级作为其参与采购活动的评价因素之一。

【释义】

9.4.2.1 款针对采购数额较大、项目执行时间长、长期重复采购的重要供应商，涉及企业供应链安全的相关供应商仅通过网上平台的查询是不够的。目前国家级的征信平台主要的征信数据来源于行政许可和行政处罚信息，这些信息对于理解和认识一个供应商的履约意愿有着重要的价值，但是这并不能反映一个供应商是否具有真正意义上的履约能力。因此，需要独立的第三方信用评价机构对其进行专业的信用风险计量分析。

追溯我国征信市场真正的起步，要从 20 世纪 90 年代算起。经过多年的发展，我国已初步形成政府背景信用信息机构、社会征信机构、评级公司和信贷市场评级等机构的多层次征信市场。

我国征信行业目前形成了三大领域。第一大领域为金融征信，以央行征信中心为主导，其建设的全国企业和个人征信系统是重要的金融基础设施；第二大领域为各类政务征信，如工商、税务、海关等部门；第三大领域为商业征信，主要开展信用等级、信用调查、信用评级业务，包括100多家社会征信机构和80家信用评级机构。

为规范征信活动，保护当事人合法权益，引导、促进征信业健康发展，推进社会信用体系建设，2013年国务院发布《征信业管理条例》（以下简称《征信条例》）。

《征信条例》的出台，解决了征信业发展中无法可依的问题。有利于加强对征信市场的管理，规范征信机构、信息提供者和信息使用者的行为，保护信息主体权益；有利于发挥市场机制的作用，推进社会信用体系建设。

9.4.2.2款规定了企业征信咨询机构的资质要求。

9.4.2.3款是针对供应商征信信息结果的应用，征信信息评价是采购人能否与被评价供应商合作的基础。

《政府采购货物和服务招标投标管理办法》第二十条第（十五）项规定，招标文件应包括"投标人信用信息查询渠道及截止时点、信用信息查询记录和证据留存的具体方式、信用信息的使用规则等"。

财政部规定该信息的使用规则是：

（1）根据《国家发展改革委 人民银行 中央编办关于在行政管理事项中使用信用记录和信用报告的若干意见》《国务院关于社会信用体系建设规划纲要（2014—2020年）的通知》《国务院办公厅关于运用大数据加强对市场主体服务和监管的若干意见》《财政部关于在政府采购活动中查询及使用信用记录有关问题的通知》及《政府采购货物和服务招标投标管理办法》等文件规定要求，投标人必须提供由第三方社会征信机构出具的信用记录或信用报告，并须由其信用机构的信用管理师签字盖章生效，否则视为无效信用报告（说明：自己截图的没有法律效力）。

（2）根据《征信业管理条例》第十一条："国务院征信业监督管理部门应当向社会公告经营个人征信业务和企业征信业务的征信机构名单"规定，出具信用报告的第三方征信机构必须持有《企业征信业务经营备案证》，未在国务院征信业监督管理部门取得《企业征信业务经营备案证》的信用公司出具的信用报告无效（说明：现在社会上的各种评估公司及协会出具的信用报告非常多，但都不具备法律效力）。

（3）参与本项目的信用报告及查询渠道必须出自具备《企业征信业务经营备案证》第三方信用机构查询平台，并注明项目名称及招标编号等。

（4）参与本项目的投标人信用报告截止时间及信用等级要求为：至递交投

标文件截止时间前××天内，企业信用等级为×××以上的企业。

（5）本项目的信用报告使用规则为：根据国务院及相关部委鼓励守信企业的要求，信用为 AAA 的投标人加 5 分，信用为 AA 的投标人加 3 分，信用为 A 的投标人加 1 分，信用为 BBB 及以下的投标人不得分（说明：招标加分情况可以根据项目实际情况编写，原则上 C 级不能参与项目投标）。

对于不允许偏离的实质性要求和条件，采购人或者采购代理机构应当在招标文件中规定，并以醒目的方式标明。

以上规定企业采购可参照执行。

限制失信被执行、严重失信和虽然一般失信但未履行守信责任的供应商参与企业采购活动的办法参照本标准 9.6 条的有关规定执行。

【案例】

中国建筑装饰协会的会员引入第三方信用评价

为落实《国务院关于印发社会信用体系建设规划纲要（2014—2020 年）的通知》（国发〔2014〕21 号）、民政部等八部门《关于推进行业协会商会诚信自律建设工作的意见》（民发〔2014〕225 号），推进行业信用体系建设，完善企业守信激励、失信惩戒机制，近年来越来越多的行业协会选择委托第三方信用评价机构，对行业内企业进行信用评级，并将评级结果应用到评奖评优、招标投标等领域。

中国建筑装饰协会的会员企业频繁参与工程和货物类招标活动，无论对投标人还是招标人，信用风险管理都是刚需。2014 年开始，中国建筑装饰协会与北京信构（第三方信用评价机构）通过长期合作，对数千家会员企业（主要是工程类企业）进行信用评价，评价结果以国际通用的三等九级标识，评价内容主要包括受评企业基本情况、工程质量、内部治理水平、人力资源分析、运营效率分析、行业地位分析、财务实力分析、履约记录及公共信用记录等，充分整合受评企业的相关信用信息、发掘受评企业的信用风险点，在对招标人（采购人）进行风险揭示的同时，帮助受评企业完善内部风险管理、提高信用建设水平。目前中国建筑装饰协会与北京信构合作进行的信用评价项目已顺利应用到全国多地的工程招标投标环节，为推动公共采购和招投标领域中的信用体系建设助力。

招标投标活动不但涉及投标人和招标人，也涵盖了招标代理机构。2016 年以来，中国招标投标协会和北京信构达成合作，对近七百家招标代理机构进行信用评价，其中包含多家招标代理行业的龙头企业，评价内容除常用项外，还包括招标代理项目情况等具有行业特色的内容。对于采购人来说，将供应商（投标人）和中介服务机构（招标代理）的信用评价结果纳入供应商信用信息数据库，能够帮助其在采购的各个环节节省成本，全过程降低信用风险造成损失的可能性。

9.5　供应商风险预警管理

【概说】

供应商风险预警属于风险管理的内容之一，在风险管理中属于风险识别、评估环节，其风险源属于外部驱动因素。但风险预警管理不仅有风险识别，还有识别结果输出和处理等，因此单独编为一节，其包括预警信息管理、预警信息通报、预警信息发布和预警信息处理四个条款。

9.5.1　预警信息管理

企业应建立供应商风险预警信息通报、发布和处理的管理办法。

【释义】

在供应商管理中，供应商风险涉及企业供应、生产、库存、质量管理、设计等方面，因此，企业应制定供应商风险预警信息管理办法。办法包括预警信息的内容、通报的程序、可能需要发布的审核程序，以及启动应急预案的程序等处理办法。采购实体是该系统的首要责任部门。

9.5.2　预警信息通报

采购实体发现供应商出现以下状况时，应通过信息系统及时向相关部门通报：

——供应商的经营、生产状况发生重大变化；

——供应商财务状况持续恶化可能影响其生产经营的；

——供应商发生重大法律纠纷可能影响其保障供应和服务能力的；

——其他可能导致供应商供应和服务质量下降的重大事项；

——出现其他可能导致供应商停产或破产的重大事项。

【释义】

1. 本条规定了可以发布预警信息的范围和内容

《招标投标法实施条例》第五十六条规定："中标候选人的经营、财务状况发生较大变化或者存在违法行为，招标人认为可能影响其履约能力的，应当在发出中标通知书前由原评标委员会按照招标文件规定的标准和方法审查确认。"该条规定的本意是发现供应商经营、财务状况发生较大变化或者存在违法行为影响履约能力对招标人的救济措施。本标准将其分解为五项：第一、二项是供应商的经营、生产发生重大变化，财务状况持续恶化，这些变化势必会对本企业产生影响；第三项是供应商发生重大法律纠纷，这类纠纷可能是供应商的问题，也可能是别人的问题，但是在诉讼期间如果出现诉讼保全，可能影响供应商的正常生产，间接影响对企业的供货。因此，本标准将其作为预警信号。企业应该对"较大变化"作出具体规定。

第四项由于供应商的其他原因，比如管理不善造成供货质量严重下降、供货不能按合同规定的时间送达，如果此类事件发生不止一次，采购部门就应该深入了解，如属于大概率事件应当及时预警。

第五项是针对供应商可能停产或破产的警告，发生此类事件的概率不高，但是对企业来说是致命的。

2. 获取信息的渠道

本条没有规定获取此类信息的渠道，由企业制度规定。一般该类信息从公开网站上获取时已经滞后，"风起于青蘋之末"，这类信息的获取应当从供应商的供货和服务能力上判断，或者是从和供应商的销售人员交谈的蛛丝马迹中判断。该类信息对双方事关重大，不能道听途说，必须要保证信息的真实性。

9.5.3 预警信息发布

预警信息不宜对外公开发布；内部发布时，应符合企业关于预警信息发布、审核的制度规定。

【释义】

鉴于该类信息的高度敏感性，企业应制定供应商风险预警信息管理制度，也可在风险管理制度中单列一个章节。管理制度应包括管理部门、发布单位、审核程序和发布办法。发布办法包括企业内网发布、文件通知、口头通知等，以及接收该类信息的层级、单位，保密级别等。

预警信息一般不应对外公开发布，以免引起不必要的法律纠纷。但是有专家指出，特殊事项可能有信息披露的需要，比如不良行为处理中的破产、调查期内的违法违规等行为。因此，本条规定用"不宜"公开，而不是"严禁"公开。如确有必要，企业可以在需要的范围，用妥善的办法予以公布，真正起到预警作用。

9.5.4 预警信息处理

采购实体收到预警信息后，应对与本企业存在交易的被预警供应商进行评估，判断其交易风险，依照9.5.2的规定通报，并组织实施紧急预案。

【释义】

本条规定属于企业供应商风险预警信息管理制度的重要组成部分。企业收到预警信息后应立即启动风险应对方案。首先是结合本单位进行风险评估，然后根据信息的危害程度，分别采取不同的措施执行风险防范的应对措施。

9.6 供应商不良行为管理

【释义】

对供应商不良行为的管理包括认定和处理的办法。企业和供应商之间的合同一般属于民事合同（国防军事合同除外），采购人和供应商是平等的法人主体，因此，采购人不能对供应商的违法行为做任何处罚。只能按照合同约定，以缔约过失或违约责任进行处理；或依照企业制度规定，在一定期限内限制有不良行为的供应商参加本企业的采购活动。

9.6.1 供应商不良行为认定

9.6.1.1 采购实体应建立供应商不良行为认定和处理制度。

9.6.1.2 供应商不良行为认定的范围应包括：

——符合9.5.2所列情形，并已给企业造成实质性经济损失或名誉损失；

——供应商的行为对企业产品、工程或服务造成不良影响或损失。

9.6.1.3 采购实体可根据企业所受影响或损失程度，制定不良行为等级标准；可分为一般不良行为、较重不良行为和严重不良行为等。

示例：严重不良行为包括采取非法手段索取欠款、骗取合同影响企业正常生产秩序；产品存在批次质量问题拒不召回、退换，影响工程或产品质量造成重大社会影响；贿赂企业员工等。

【释义】

企业应建立供应商不良行为认定标准和限制交易的具体规定。不良行为按照行为性质可分为违反合同约定、违反企业制度规定和违反政府法规三方面内容。其中违法违规事项由政府有关部门处理，触犯刑律的交由司法部门处理。

违反合同约定的行为中，包括不履行合同、不全面履行合同，在质量、交货期、相关服务等方面出现不能容忍的违约行为给企业造成实质性的损失的，除了按照合同约定进行必要的赔偿外，对于情节严重的还可以在一定时间内限制同其交易。

违反企业制度的行为中，包括对出现问题企业未完成要求的整改计划，采取非正当手段索取欠款等行为，半年内有2次或一年内有3次无效投诉的行为，给各企业造成经济和名誉损失的。

违反政府法规的行为包括在投标时串通投标、弄虚作假、假借他人名义等行为、贿赂企业采购人员等影响采购制度的公平，给各企业造成难以挽回的损失等。

依据对企业的影响程度，企业制定不同的等级标准。

9.6.2 供应商不良行为处理办法

9.6.2.1 经采购实体认定，企业可依据不良行为等级标准，禁止不良行为供应商在一定期限内参与投标或承接业务。

9.6.2.2 企业可对具有下列不良行为的供应商从重处理：

——存在弄虚作假、围标、串标、违法分包、转包等行为；

——在半年内有2次无效投诉或1年内有3次无效投诉的行为；

——存在企业制度规定的其他严重违法违规行为。

【释义】

供应商出现不良行为应按照企业制度规定，由企业采购监督部门认定，并依据认定标准通知采购部门执行。

在企业采购活动特别是招标采购活动中，企业制定异议和投诉制度是保护采购人合法权益的重要通道。但是个别供应商滥用救济权利，只要自己不中标或未能成交就投诉，浪费了企业有限的行政资源。在处理类似活动中，财政部有可以借鉴的经验。

在机电产品国际招标投标活动中，需要招标代理机构代理的投标事宜包括代理投诉事项。商务部2014年颁布的《机电产品国际招标投标实施办法（修订）》第一百条规定"招标机构有下列行为之一的，给予警告，并处3万元以下罚款；该行为影响到整个招标公正性的，当次招标无效：

......

（七）因招标机构的过失，投诉处理结果为招标无效或中标无效，6个月内累计2次，或一年内累计3次的......"。

本标准参照该条款对供应商作出类似规定。

企业可依据违法行为对企业造成的损失程度制定《供应商不良行为认定标准和限制交易期限规定》。

【示例】

《供应商不良行为认定标准和限制交易期限规定》（见表9-6）

表9-6 　　　　　《供应商不良行为认定标准和限制交易期限规定》

类别	序号	认定标准	限制交易期限	备注
一般不良行为	1	交货验收时，未提供产品技术证明［产品合格证书、检验证书、型式试验报告（如有）等］，经催告在合理期间仍未提供的	3个月	
	2	未按约定缴纳履约保证金的		
	3	收到成交通知书后，未按规定签约，或经过催告在规定时间内仍未签约的		
	4	因供应商原因，未按需求计划及时交货，经催告后在合理期间内仍未供货，影响物资供应的		
	5	在现场验收中，出现严重质量缺陷的		
	6	交货验收后发现质量问题，经告知未按要求采取有效应对措施处理的		
	7	产品和服务使用过程中出现质量问题，未按合同约定进行整改的		
	8	提供不合理票据办理结算，经告知未按规定要求处理的		
	9	其他		

类别	序号	认定标准	限制交易期限	备注
较重不良行为	10	第三方抽检质量不合格的	6个月	
	11	恶意报价、诽谤、诬告或陷害其他竞争对手的		
	12	无正当理由拒不签约或不履行合同的		
	13	未按合同或需求计划及时交货或安装调试，经两次及以上催告仍未在合理时间内完成交货或安装调试，影响生产和建设的		
	14	未按合同约定或违反采购文件承诺，擅自更换产品品牌、规格，经告知后拒不改正的		
	15	提供虚假产品技术证书的		
	16	现场验收产品或服务质量不合格，未按要求解决的		
	17	因产品或服务质量问题造成安全隐患，影响生产和建设的		
	18	产品质保期内出现质量问题，未按合同约定完成整改或整改进度缓慢，影响生产和建设的		
	19	因合同纠纷导致法律诉讼采取过激行为的		
	20	采用不正当手段索取货款的		
	21	违约或其他不正当行为给企业造成不良社会影响的		
	22	违约或其他不当行为给企业造成10万~100万元损失的		
	23	其他		
严重不良行为	24	以各种方式弄虚作假，骗取合同，干扰正常采购秩序的	1年	
	25	在招标采购活动中串通投标、围标的		
	26	合同履行中，非法转包、违法分包的		
	27	未按合同约定在需求计划内交货经两次以上催告造成企业工程项目被迫延期或企业不能按时交货受到处罚的		
	28	产品存在批次质量问题，拒不进行召回、退还和撤换的		
	29	因供应商产品或服务质量问题，造成工程质量缺陷或采购人的整机出现质量事故、安全事故或其他不良影响的		
	30	贿赂企业员工的		
	31	采取不正当手段维护权益，影响采购人正常生产秩序或造成不良社会影响的		

类别	序号	认定标准	限制交易期限	备注
严重不良行为	32	违约或其他不良行为给企业造成100万~200万元损失的	2年	
	33	采取不正当手段维护权益，扰乱采购人正常生产秩序或造成较大不良影响的		
	34	违约或其他不良行为给企业造成200万~500万元损失或较大不良社会影响的	永久	
	35	违约或其他不良行为给企业造成重大经济损失、重大不良社会影响或严重扰乱企业采购秩序的		
	36	其他		

9.7　集中服务与管理

采购实体可组建供应商集中服务部门，为供应商提供下列服务：

——负责办理有关合同签约业务；

——提交合同履约单据；

——提交合同支付单据；

——办理合同变更业务；

——物流、仓储、验收业务咨询；

——接收供应商异议函或投诉书；

——被授权处理供应商异议或投诉。

【释义】

为方便供应商管理，国家电网公司等企业率先组建了供应商服务中心，依托企业电子采购平台"窗口"，在服务大厅办理相关事宜。合同在网上签订，单据在线上流转，发票智能审核，业务所需时间由过去的7天缩短为3分钟，极大地提高了工作效率；同时该中心在网上公布了各种事项的范围、程序，接受社会和各供应商的监督。包括在网上接收供应商的投诉，"店大不欺客"，体现了长期、平等、双赢的供应商管理理念，也促进了企业的发展。

以下五个示范文本是该服务中心网站下载的相关文本，供有关企业工作参考。

【示例】

合同签约业务办理

（签约通知）

在国家电网公司发布中标公告后，国家电网公司供应商服务中心（以下简称"中心")的工作人员会电话联系贵单位投标联系人确定签约相关事宜，并以传真、邮件等形式告知贵单位签约细节，请根据通知要求赴中心进行合同签订。

一、合同签约准备

贵单位合同签订人员赴中心签约时，请备齐以下资料。

（1）由国家电网公司发布的贵单位中标通知书、签约通知书或中选通知书等资料。

（2）贵单位法定代表人授权书，请按照签约通知给定格式制作。

（3）被授权人身份证原件。

（4）贵单位公章或合同专用章。

二、合同签订

1. 合同文本

中心的合同签约工作人员会根据您的签约物资为您提供合同文本，该文本是根据您中选标包的招标文件合同制作而成。

合同文本中有以下内容需要您提供准确信息：

贵单位地址：　　　　　　　合同执行单位：

邮编：　　　　　　　　　　联系人：

联系人：　　　　　　　　　电话：

电话：　　　　　　　　　　传真：

传真：　　　　　　　　　　E-mail 地址：

开户银行：　　　　　　　　地址：

账号：　　　　　　　　　　邮编：

税号：

注：（1）贵单位地址应为贵单位营业执照登记地址。

　　（2）电话应为办公室座机和移动电话。

　　（3）开户银行和账号应与贵单位日后出具的物资结算发票相关信息完全一致。

2. 业务流程图（略）

【示例】

合同履约单据提交

一、单据提交范围

合同履约单据提交范围包括物资供应履约过程中产生的物资移交单、验收单、验收证书、质量确认单、设计冻结书、试验报告、发货单等。

二、业务流程图（略）

三、履约服务工作内容

1. 资料审查及交接

审查贵单位所提供的单据填写方式、内容是否符合实际情况及结算标准。

合格单据做好交接手续，办理后续业务；不合格单据返还贵单位修改，待合格后办理交接手续。

审查合格后的单据办理交接手续，如需盖章或领导审批后返还贵单位的，办理后返还。

2. 系统信息维护、更新

根据贵单位所提交单据内容，及时在 ERP 系统内进行收发货处理，办理资金预算及支付申请等相关工作。将相关单据原件移交对应部门存档，物资供应部留存复印件。

3. 履约业务咨询

对贵单位提出的物资履约问题进行解答，能够现场处理的，即刻进行解决，做好相关记录，并给予回复。对不能立即处理的问题，及时上报相关领导，解决后及时将结果以电话或书面形式回复贵单位，并做好相关记录。

四、具体工作流程

1. 单据接收流程

（1）对贵单位提供的相关履约单据进行审查，审查单据填写格式、内容是否符合标准。

（2）对贵单位符合标准的单据予以接收，做好相关交接手续。如有不符合标准的，指出不符合标准单据的不符合项，退还贵单位进行修改。

（3）根据已接收的移交验收单、验收证书等资料内容，在 ERP 系统内进行收发货操作，定期将出入库单交合同结算部。

（4）根据预算及支付时间节点要求，办理相关资金预算及支付申请手续。

（5）根据单据归档要求，将相关单据原件移交至相关部门，物资供应部留存复印件，按规定进行存档。

2. 业务咨询流程

（1）受理贵单位提出的有关履约业务问题。

（2）能够现场解答、处理的，及时解决，给予回复，同时做好相关记录。

（3）不能够马上解决的问题，及时上报相关领导。处理后及时以电话或书面形式告知贵单位处理结果，并做好相关记录。

【示例】

合同支付单据提交

一、单据提交范围

合同结算单据提交范围为履约保函、发票等资料。

二、业务流程图（略）

三、支付服务工作内容

1. 资料审查及交接

审查贵单位所提供的物资发票填写方式、内容是否符合实际情况及结算标准。物资发票合格的做好交接手续，办理后续业务。物资发票不合格的返还贵单位修改，待合格后办理交接手续。

2. 系统信息维护、更新

根据贵单位所提交的物资发票，及时办理相关资金预算及支付申请等相关工作。并将相关单据原件移交相关部门存档。

3. 支付业务咨询

对贵单位提出的物资支付问题进行解答，能够现场处理的，即刻进行解决，做好相关记录，并给予回复。对不能立即处理的问题，及时上报相关领导，解决后及时将结果以电话或书面形式回复贵单位，并做好相关记录。

四、具体工作流程

1. 物资发票接收流程

（1）对贵单位提供的相关物资发票进行审查，审查单据填写格式、内容是否符合标准。

（2）对贵单位符合标准的物资发票予以接收，做好相关交接手续。如有不符合标准的，指出不符合标准单据的不符合项，退还贵单位进行修改。

（3）根据已接收的物资发票等资料内容，在信息履约平台上进行数据维护、更新。

（4）根据预算及支付时间节点要求，办理相关资金预算及支付申请手续。

（5）根据单据归档要求，将相关单据原件移交至相关部门。

2. 业务咨询流程

（1）受理贵单位提出的有关支付业务问题。

（2）能够现场解答、处理的，即刻进行解决，同时做好相关记录。

（3）不能够马上解决的问题，及时上报相关领导。处理后及时以电话或书面形式告知贵单位处理结果，并做好相关记录。

【示例】

合同变更业务办理

一、合同变更定义

履约过程中的合同变更是指合同在执行过程中，由于贵单位名称、开户银行、账号发生变化，或实际物资需求与合同中签订的物资数量或规格型号等方面出现差异，需对原合同进行的变更。

二、贵单位名称、开户银行、账号发生变化的变更

（1）该变更的发起单位为供应商，请您提供相应的变更函件，说明变更原因、变更内容和变更合同名称及合同编号，加盖本单位公章后提交一份原件至合同变更窗口。

（2）如发生公司名称变更，需出具工商行政管理部门给予变更的批示等材料，同时加盖变更前后的单位公章。所需文件如下所示。

①更名通知原件；

②工商行政管理部门准予变更登记通知书的复印件，并加盖变更前、变更后单位的公章；

③变更后税务登记证的复印件，并加盖单位公章；

④变更后组织机构代码证的复印件，并加盖单位公章；

⑤变更后企业法人营业执照的复印件，并加盖单位公章；

⑥变更后有关的新印章印模的复印件（例如合同专用章、财务专用章、发票专用章等），并加盖单位公章。

（3）您提交的变更资料经业务人员审核后，会及时为您办理变更相关手续。为了不影响您的资金支付，请在贵单位以上信息变更时及时到中心办理变更手续。

（4）业务流程图（略）。

三、供货范围的变更

（1）供货范围变更的发起单位为工程建设管理单位，由建设管理单位根据工程情况编制合同变更说明表，经工程项目管理单位审核后转交至中心。中心在完成资料的审查报批后，会及时通知贵单位赴大厅签订相关的补充协议，协议签订工作要求参照合同签约业务流程。

（2）业务流程图（略）。

【示例】

仓储配送业务咨询

一、工作范围

我中心仓储配送业务窗口工作人员主要负责关于仓储、配送、履约管理、废旧物资处置等业务的咨询服务工作，包括解答相关问题，发放相关资料，根据目前现行管理制度提供相关建议，同时收集来自各方对于中心的建议。

二、业务流程图（略）

三、自助业务查询

中心大厅设自助查询设备，可查询合同基本信息、供应商履约指南等有关信息。

四、业务投诉

（1）我中心设立投诉电话，并安排值班经理在大厅接待供应商投诉。主要受理供应商及其他单位对大厅工作人员在合同签约、履约、结算办理过程中的不文明行为或违规违纪行为的投诉。

（2）投诉受理不超过三个工作日。投诉电话：010－××××××××。

（3）接收供应商投诉程序：

接收投诉—填写投诉意见单—意见反馈至相关部门核实查办—投诉回馈—工作结束。

10　采购绩效考评管理

【概说】

本章是对企业管理和执行部门工作人员考核、评价的规定。

考核语出《颜氏家训·省事》"有一礼官，耻为此让，苦欲留连，强加考覈（音"核"）"。

其故事梗概说，有山东学士与关中太史争论历法，共有十几个人，相互之间乱争了好几年也没有结果，内史下公文交付议官来评定是非。

颜氏认为，四分历和减分历各有优缺点，没必要争论，况且议官所懂得的知识，不可能精于争论的双方，以学识浅薄的人去裁判学问深厚的人，哪里能让人服气呢？既然这事不属于法律条令所掌管，就希望不要让我们来判决此事吧。整个议曹的人不分地位高低，都认为颜氏说得对。有一位礼官，却以表现这种谦让态度感到耻辱，苦苦地舍不得放手，想方设法对两种历法进行考核。他的有关知识修养又不足，无法实地进行测量，就反反复复地去询问争论的双方，想借此看出其中的优劣。他们从早到晚地聚会评议，暑往寒来，不胜烦劳，由春至冬，竟然无法裁决，抱怨责难之声四起，这位礼官才红着脸告退了，最后还被内史搞得下不了台，这就是好名声、出风头所招来的耻辱。

这是最早出现"考核"一词的来历，指考察核实之意。

评价是指对一件事或人物进行判断、分析后的结论。最早见于王林《燕翼诒谋录》、《宋史·隐逸传上·戚同文》、徐朔方《前言》，有衡量、评定价值和交易定价等意思。

本章是关于对企业采购工作的检查、衡量、核实、判断，即考核评价，对企业采购考核评价体系、评价范围、对象、方式、标准以及总结评价进行规定。

10.1　评价考核体系

10.1.1　采购实体应建立对采购活动的绩效评价与考核体系，定期或不定期对企业内部相关部门的采购活动进行绩效评价考核。

10.1.2　绩效考核的基础指标应涵盖采购对降低企业总成本的作用和对提高企业竞争力的影响等方面；考核标准应客观、简单、实用、平衡。

【释义】

10.1.1 款对企业采购工作的考核作出原则性规定。

一是考核评价工作应在一个考核评价体系内进行，以避免随意性。

二是考核评价的工作安排分为日常和定期两种办法。

三是考核的目标是降低企业总成本，而不仅仅是降低采购合同成本，从而提高企业的竞争力。

10.1.2 款是对考核标准的要求：客观、简单、实用、平衡。客观，如对于瓶颈采购主要考核供货及时率和价格控制力等效果指标；简单，如小额办公用品等行政采购主要考核上网采购率、采购周期等效率指标；实用，如招标集中采购的考核主要是节约资金等效益指标；平衡，如供应链管理采购重点在于动态考核率以实现供应链全局优化目标，其相关公开采购率指标数值的确定要适当。

在本条示例中，客观、简单、实用容易理解，重点解释下平衡。在供应链管理中，对采购指标的考核中，平衡是关键。下面的一个案例说明了考核平衡的重要性。

【案例】

新官上任三把火

采购专家刘宝红在《采购与供应链管理——一个实践者的角度》一书中讲到了他遇到的一位采购经理做的荒唐事。作者将其大意浓缩如下。

有位采购员升为采购部门某品类部经理，新官上任烧了"三把火"。

一是对供应商大调整，把一些零部件从一个供应商转到另一个供应商，这些零部件价格下降了，采购部门有了效益。他的做法是专挑用量大的询价。原供应商的价格是捆绑报价，价格降下来后，批量大的零部件盈利弥补小批量零部件的亏损，现在被迫降价造成供应商微利或亏损。直接后果是影响供货的及时性，因为该企业已经不是供应商的 VIP，造成交货延期对企业的损失和他无关。（影响进度）

二是改变了前任稳妥的采购办法。前任采购经理对新产品采购施行第一次招标采购，进入量产后，不再二次招标的方式。这样供应商就不必担心好不容易开发的产品便宜了竞争对手，对新品的开发按时交货率很高，而且还为企业派出技术人员做技术支持。这位经理上台后，改变了前任政策，在量产时二次竞价，结果彻底破坏了双方信任的基础。企业规定用一个月的产量询价，这位经理用一年的产量询价采购，价格是降下来了，但是随着老产品的淘汰，这些已经进货的老零部件成为库存，这个损失和企业对他的考核无关。（增加库存）

三是对于关键供应商，不能用招标或竞价方式采购的，就直接压价。某个零部件的主要原材料是镍板。合同签订时，国际镍板的价格是 2.4 美元/磅，这位经理要求降价时的国际镍板价格已经涨为 14 美元/磅，供应商多次要求上调价格，现在不仅不上调反而要再降价。为了不失去这个客户，供应商被迫降价。但是，原来的材料是德国镍板，质量好、价格高，为了降低成本，供应商选用了质量差、价格便宜的法国镍合金，零部件装到设备上运到客户处，客户反映和原来的设备不一样，新生产线和老生产线性能不一样，调整生产线损失之大，是企业承担不起的。企业被迫更换这些关键零部件，几百台设备已经发往世界各地，成本损失达几十万美元，更重要的是给企业的信誉造成不可挽回的损失。出了这么大的质量事故，这位采购经理并没有感到惭愧，认为和自己无关。（影响质量和企业信誉造成重大经济损失）

这是企业对采购部门的考核指标出了问题。

【示例】

卡普兰、诺顿"平衡计分卡"（见表 10 – 1）[①]

表 10 – 1　　　　　　　　　　平衡计分卡

财务		内部消费者	
利益相关者（企业内部）觉得我们怎么样		消费者（使用部门）如何看待我们	
目标	衡量方法	目标	衡量方法
高效的采购	采购成本开支比率 平均采购订单处理成本	内部消费者（企业内部部门）满意度	年度内部消费者评价
提高采购的财务贡献	经管理开支的成本节省率（%） 经管理开支的成本规避率（%）	从申请批准到下采购订单（PO）节约的时间	平均循环时间
内部运营		学习和发展	
我们必须要精通什么		我们该如何继续提升创造价值并创新	
目标	衡量方法	目标	衡量方法
改进供应商运送	准时、全部运送 质量（PPM）	加强采购专员的发展	比例（%）证明 每个员工的培训开支
提高合规性敏捷收购	内部审核承诺 循环时间	员工满意度	调查（表示员工满意度的比例）
加强合作	合作关系调查 活跃的合作对象的编号	改进知识管理	所学科目的文件证明和传播

注：成本规避是指从产品生命周期的全过程考虑成本，在产品设计、生产、销售和服务全过程中，与产品资源消耗相关的所有成本都计入成本，力图从根本上避免产生消耗的一种降低成本的办法。成本规避的主要途径是控制并规避"劣质成本"，同时把控制范围扩大到避免错误产生的原因。劣质成本指废品、返工、退货、索赔、产能过剩、交付延迟、定价失误等。

---

① 罗伯·卡普兰（Robert S. Kaplan）是美国哈佛商学院的会计学和贝克基金会教授，大卫·诺顿（David P. Norton）是复兴全球战略集团的创始人之一，担任总裁。两人合作建立平衡计分卡理论并在 1992 年的《哈佛商业评论》上发表。

　　平衡计分卡旨在将部门目标与业绩指标挂钩，通过财务、内部消费者、内部运营、学习和发展等不同角度考核，从而实现采购降本总目标，避免"新官上任三把火"事件的发生。

10.2　考核评价范围和办法

10.2.1　企业考核管理部门应按年度对承担采购管理和采购执行的部门或个人进行考核评价。

10.2.2　采购考核评价可采取自我评价与上级单位复核评价相结合的方式；企业考核管理部门在考核年度初期宜确定复核评价的项目名称或复核的比例。

【释义】

　　10.2.1 款规定了考核评价的范围，既要考核采购实体，也要考核个人，其中，采购实体包括采购管理部门和采购执行部门；两个部门的考核是管理和执行不同层面考核，其内容有区别。

　　在一个考核年度内对企业采购部门的考核是企业管理制度的重要组成部分。由于国有企业使用国有资金经营，对国企考核指标的设计既是理论问题也是实践中需要解决的问题。

　　2008 年 10 月 28 日颁布了《中华人民共和国企业国有资产法》。

　　该法第十六条规定："国家出资企业依法享有的经营自主权和其他合法权益受法律保护。"

　　该法第六条规定："国务院和地方人民政府应当按照政企分开、社会公共管理职能与国有资产出资人职能分开、不干预企业依法自主经营的原则，依法履行出资人职责。"

　　依据上述规定，采购活动属于企业经营活动的组成部分，该项工作的考核应当由企业依据行业和企业的不同特点和要求通过制度予以规定。

　　10.2.2 款规定了考核的办法。根据企业年度生产运营计划，企业下达采购部门的考核指标，在考核年度结束后有关部门组织考查、核实；由于采购项目繁多，不可能逐项核查，只能规定一个抽查的比例或复核的比例。在实践中，企业制度规定了自我评价和上级抽查考核的办法。

【示例】

某国有企业采购管理考核评价暂行规定（摘录）

第三章　评价组织与实施

　　第十一条　股份公司采购管理部门每年组织一次对各单位采购管理的评价工作。必要时采购管理部门可组建评价小组对各单位实施评价，小组成员由相关部门人员和上级单位采购管理部门的人员组成。

　　第十二条　每年 2 月底前，股份公司各二级单位对照本单位适用的各项评价表对本单位上一年度的采购管理情况进行资评，由需求单位对采购供应部门的服务水平进行评价打分。并将评价打分结果报股份公司采购管理部门。

第十三条　股份公司采购管理部门根据收集到的各单位的相关统计资料和管理信息，结合相关调研、检查情况，对各单位的自评结果进行复核评价，确定最终评价得分。复核评分工作原则上在每年3月底前完成。

第十四条　根据最终得分，划分各单位得分等级。得分≥90分为优秀单位；80分≤得分<90分为优良单位；70分≤得分<80分为达标单位；70分以下（不含本数）为不达标单位。

10.3　对采购管理工作的考核

10.3.1　企业对采购管理工作的绩效考核指标至少应包括：
——采购管理组织与体制；
——采购流程管理与运营；
——供应商管理；
——信息化管理。

10.3.2　企业应依据所在行业和自身特点，分别设置绩效考核的定量指标、系数和权重。

示例：定量考核指标，如集中采购率＝年度各级集中采购金额/年度采购总金额×100％，公开采购率＝年度公开采购金额/年度采购总金额×100％。

【释义】

企业综合管理部门应当对企业采购实体进行考核。

10.3.1是对采购实体管理采购活动的考核规定。

本款引用国资委2020年对央企采购部门的对标考核指标。有关具体考核内容参见国资委企改局2020年采购管理对标评估表所列明细结合本企业实际确定（见表10-2）。

表10-2　　　　　　　　　　采购管理对标评估指标

1. 采购管理组织与体制	2. 采购管理与运营	3. 供应商管理	4. 信息化与大数据应用
1.1 采购与供应链战略	2.1 供应链管理创新	3.1 战略供应商协同	4.1 数据分析与应用
1.2 组织机构设计	2.2 内部协调机制	3.2 供应商管理体系	4.2 统一编码体系
1.3 岗位职责与分工	2.3 集中采购管理	3.3 供应商动态量化考核	4.3 信息化平台建设与集成

续　表

1.4 人才的队伍建设	2.4 集中物流管理	3.4 供应商考核应用	4.4 采购电子商务平台与建设
1.5 内部与风险管理	2.5 集中资金管理	3.5 采购质量管控覆盖	
1.6 监督机制	2.6 需求与计划管理	3.6 全寿命周期质量管理	
1.7 绩效考核	2.7 采购品类管理	3.7 质量沟通与反馈	
1.8 统一管理与资源共享	2.8 公开采购		
	2.9 上网采购		
	2.10 电子招标		
	2.11 采购金额		
	2.12 采购节约		
	2.13 招标文件标准化		
	2.14 招标流程标准化		

10.3.2 款规定了考核权重和定量的计算办法。

集中采购率＝年度各级集中采购金额/年度采购总金额×100%

公开采购率＝年度公开采购金额/年度采购总金额×100%

上网采购率＝年度电子采购平台实施采购金额/年度采购总金额×100%

电子招标率＝年度电子采购平台实施采购金额/招标总金额×100%

供应商动态量化考核（评价）率＝年度执行完毕且实施动态量化考核的合同（订单）份数/年度执行完毕的合同（订单）份数×100%；或年度完成考核的供应商数量/年度签约的供应商数量×100%

　　近年来，国资委对于直属央企的采购管理进行对标考核，对规范和提高国有企业采购管理水平发挥了重要作用。随着国际上采购理念和采购管理、采购技术的发展，考核指标也会不断完善。

　　上述考核指标涉及量化指标的，集中采购率和公开采购率是效益指标；上网采购率是效率指标；电子招标率既属于效益指标也属于效率指标；供应商动态量考核属于供应商管理指标的考核。这些考核指标的科学性需要在实践中检验，行业不同，企业不同，标准的指标也应有所区别，否则为了达标会出现指标造假的可能。

【示例】

考核指标的咨询建议

为提高国有企业采购管理水平，加强供应链管理能力建设，中国物流与采购联合会有关专家以供应链管理的视角和"大采购"的理念，在国资委考核体系基础上设计了以下考核指标，如表 10 - 3 所示。这个体系增加了供应链和大采购职能引导性指标。

表 10 - 3　　　　　　对国有企业采购考核指标的咨询建议

2020 年国资委评价指标	咨询建议指标	备注
①采购管理组织与体制 ②采购管理与运营 （建议将②分解为 3 项） ③供应商管理 ④信息化与大数据应用	①采购管理体制与机制 ②采购制度规范 ③采购效率与效益 ④合规性 ⑤供应商管理 ⑥信息化与数据管理	将原三级指标体系调整为两级，调整后指标总数缩减为 28 个 二级指标中带＊项目是针对供应链管理要求增加的，包括采购战略、安全库存水平、合同管理、社会责任、供应商分类管理、二级供应商管理六项 上述内容的必要性和重要性在表 10 - 4 至表 10 - 9 及其说明中都有阐述

本书抛砖引玉将其列入释义，供国家和省市区有关部门和企业制定考核制度时参考。

1. 采购管理体制与机制（见表 10 - 4）

表 10 - 4　　　　　　　　　　采购管理体制与机制

一级编号	指标类别	二级编号	指标名称	评价要素	分值
1	采购管理体制与机制	1.1	组织机构设置	集团层面和各级子公司内设有从上到下、从初级到高级的采购与供应链职能体系，有明确的岗位分工与职能范围，并在高级管理层内由专职领导分管，有统一、成熟、科学的管理制度、决策机制和汇报机制	4

续　表

一级编号	指标类别	二级编号	指标名称	评价要素	分值
1	采购管理体制与机制	1.2	内部协同水平	采购与供应链部门能够与集团和子公司内设计、研发、生产、物流、财务、市场等各职能部门密切协同，充分发挥采购与供应链部门在集团整体经营中的价值创造能力	6
		1.3	*采购战略	集团和各级子公司都设有相应的采购战略规划，与集团整体发展总战略相配合，并由高级管理层定期调整；集团内各级单位依据采购战略规划制定符合本单位特色定位的长短期采购目标与采购策略，并在各项采购活动中贯彻执行	2
		1.4	人才建设	集团和各级子公司定期引进采购与供应链专业人才，并定期举行采购及供应链方面的内外部培训，有成熟、完善的员工晋升机制，有鼓励采购和供应链岗位员工自我提升、创新发展的激励机制	5

考核说明：

1.1

（1）考核要求：请列出集团和各级子公司内负责采购与供应链职能的部门、岗位设置，并说明集团内采购统一管理制度、决策机制和汇报机制。

（2）要素说明：

①采购范围包括直接物料采购、间接物料采购、服务采购、租赁、备件备品采购、设备资产采购、工程采购等。

②采购与供应链部门职责范围包括物料品类管理、新产品开发介入、制订采购需求（物料）计划、供应商寻源、供应商管理、成本分析、库存与物流管理、生产质量控制、参与排产计划、风控与内控、合同与招标管理、影响供应市场、采购信息与数据管理等。

1.2

（1）考核要求：请说明采购与供应链部门和集团内其他部门的协同机制，可以利用数据和案例说明采购部门与其他部门深度协同所产生的效益。

1.3

（1）考核要求：请说明本集团的采购战略规划、调整机制，并说明企业在具体采购实践中是如何依循采购战略设计采购目标和采购策略的。

1.4

（1）考核要求：请说明集团内的采购与供应链人才引进与培养模式，可以使用数据或案例说明本公司在采购与供应链人才引进与培养方面取得的成绩。有员工创新的，还可以介绍本公司由员工发起的、自下而上的有效创新案例。

（2）要素说明：采购与供应链方面的培训内容包括项目管理技能、财务知识、市场分析技能、供应商管理技能、质量管理技能、产品知识、法律法规、政策导向、沟通与协调能力、数据分析能力等。

2. 采购制度规范（见表 10 - 5）

表 10 - 5 采购制度规范

一级编号	指标类别	二级编号	指标名称	评价要素	分值
2	采购制度规范	2.1	标准化工作	集团和各级子公司制定了科学、完善的管理制度和操作规范，对企业经营过程中涉及的各项业务流程、生产步骤、文件表格、物料品类等都制定了统一的标准，与国际标准和国家标准对接，推动与供应商和客户的标准统一，并积极参与相关单位标准的制修订工作	5
		2.2	内控与风险管理	集团内有成熟的内控管理体系和风险控制管理体系，有应对重大风险、突发情况的预警系统和应对预案，能快速应对突发的供应链断裂和失效事件，能够将风险控制贯穿采购业务全过程，实现对内外部风险的有效控制	4
		2.3	监督与考核	集团设有对各级采购和供应链部门的健全的监督机制和绩效评估体系，能够对采购和供应链各项业务进行全流程监督，为绩效评估考核提供事实依据。对采购和供应链部门的考核应科学全面，不单纯追求采购成本的低廉，而是全面考核采购与供应链各项工作对集团总体经营效率的贡献	2
		2.4	创新发展水平	集团有鼓励创新的激励政策，有将新模式、新技术投入应用的标准化流程和创新效果评估机制，能够推广效果显著的创新方案、淘汰效果不理想的创新方案，并对创新过程进行经验总结和学习	2

一级编号	指标类别	二级编号	指标名称	评价要素	分值
2	采购制度规范	2.5	需求计划管理	集团内所有采购计划都是在与需求部门充分沟通的基础上制订的，采购和供应链部门能够跟踪需求执行情况并进行分析，能够根据需求部门提供的信息对集团内部需求进行长期和短期预测，同时引入供应商参与早期的需求预测，能够得到市场对需求的反馈影响	4

考核说明：

2.1

请说明企业是如何：

——建立标准化作业流程；

——对来料、在制品、成品等采用物料唯一编码规则；

——采购标准化物料，使用标准化运输载具和库存设备；

——使用标准化文件文档，采购信息与数据使用统一标准；

——为供应链上下游其他环节的标准化作出贡献。

2.2

请说明集团风险、内控管理体系的情况，包括风控管理制度、各类风险应急预案等，并说明风险、内控管理与采购业务相结合的主要做法。可以使用案例和数据说明风险管理和内控管理体系的成效。

2.3

请说明集团和各级子公司对采购与供应链部门的监督机制和绩效考核机制，列出监督办法和绩效考核指标，说明是否责任到人、定期定量评估，是否有外部标杆，是否有内部问责和反馈整改机制，并说明本集团的采购水平是否达到了业界领先。

2.4

请说明集团的创新激励政策、专利研发水平和供应链创新应用方案。可以使用案例说明集团采购和供应链方面的创新成效。

2.5

请说明集团的需求管理机制和采购计划制订流程，描述集团的采购计划、销售计划、生产计划等各方面计划是如何联动的。

3. 采购效率与效益（见表 10 - 6）

表 10 - 6　　　　　　　　　　　采购效率与效益

一级编号	指标类别	二级编号	指标名称	评价要素	分值
3	采购效率与效益	3.1	公开采购水平	集团公开采购率	5
		3.2	集中采购水平	集团内所有分公司和子公司共享采购资源，对采购和寻源等活动有统一的流程、统一的管理制度和统一的信息系统。采购资源包括供应商库、采购专家、零部件规格等。集团在制定统一的采购管理制度时，应科学合理地规定集中采购的品类，达到集团整体采购规模效应、库存成本和供应灵活性的平衡，以集团总体经营效率的最优化为最终目标，而非单纯的采购成本最低	3
		3.3	*安全库存水平	集团内各级采购与供应链管理部门合理制定每年的采购周期，能够科学平衡采购提前期、采购成本与采购质量之间的关系，灵活满足不断更新的产品线与波动的市场需求所产生的采购需求。集团各仓库合理设置安全库存水平，并能够通过灵活的采购与供应链管理策略降低安全库存水平，实现供应效率的提升	4
		3.4	采购权限	—	2
		3.5	仓储统一管理	集团能够对物资储备实行统一的组织和管理，建立有资源共享的储备和供应管理体系，有统一的仓储管理信息系统，能够对库存进行定性和定量的分析，能够以集团整体经营效率最优为目标合理平衡利库成本与再采购之间的关系，对呆滞库存有科学的处理办法	3
		3.6	呆滞库存处理	集团能够通过提高预测准确度、合理设置推拉耦合点、先进先出、提高物料标准化水平等方式，尽可能减少呆滞库存给集团经营活动带来的成本压力	4
		3.7	库存周转效率	集团能够根据整体经营需求对库存进行合理设计规划与管理，能够使用 JIT、VMI 等现代供应链理论和库存管理规划方式，有效管理本公司各类库存，平衡库存成本与供应灵活性之间的关系，使库存管理水平处于行业领先水平	4

考核说明：

3.1

（1）考核要求：公开采购率 = 年度公开采购金额/年度采购总金额×100%

（2）要素说明：

①请分别列出集团层面、二级企业层面的年度公开采购金额，年度采购总金额，以及按《招标投标法》第六十六条和《招标投标法实施条例》第九条规定未进行招标的年度采购金额，并计算集团公开采购率。

②集团公开采购率计算中，年度采购总金额需减去按《招标投标法》第六十六条规定未进行招标的年度采购金额。

③公开采购方式指采购人以采购公告方式邀请不特定的潜在供应商参与采购项目的方式，包括公开招标及企业自行定义的其他公开采购方式（如竞价询比采购、竞争谈判、单一来源采购等采取事前公示的，也属于公开采购。在符合有关法规的情况下，根据管理需要实行合格供应商入围管理的，如果入围供应商是以公开的方式产生的，则面向本集团全体合格供应商的采购也属于公开采购）。请简要说明集团公开采购的主要采购方式、公开途径和公开内容。

3.2

（1）考核要求：请列出集团内采购管理制度清单，说明集团内采购统一管理和采购资源整合方式，并计算公司的集中采购比例，说明现行的集采比例与公司经营效率最优点的集采比例之间的差距。如果有统一的电子商务平台可列出。

（2）要素说明：

①集中采购指在集团或二级企业采购部门的统一管理下，发挥集团化整体优势，组织实施集中统一的对外采购。主要包括总部直接集中采购、总部组织集中采购和总部授权集中采购等方式。

②请分别列出集团层面、二级企业层面的年度集中采购金额、年度采购总金额，并计算集团集中采购率。集中采购率 = 年度各级集中采购金额/年度采购总金额×100%。

③该数据应与企业报送国资委的最终财务决算一致（请协调本企业财务部门，按本企业报送国资委的《企财 19 表：主要业务情况表》中的数据填写该数据。如无法实现请单独说明）。

④请根据本企业的组织架构和采购需求等特点，说明本企业集团集中采购率的合理范围。

⑤商贸和科技企业集中采购率暂不列入统计范围。

3.3

请计算企业安全库存占企业总产值的比例，以及该比例相对上一年度的下降率。

3.4

集团采购与供应链管理部门能够管理的支出占集团全部支出的比例。

3.5

（1）考核要求：请说明集团和各级子公司物资集中管理的情况，包括仓库网络设置原则、仓储统一管理制度、储备和供应规模、利库原则、呆滞库存处理制度等。

（2）要素说明：

①物资统一储备管理包括由集团和子公司自行管理的仓储、供应商代储和联合仓储等多种形式的库存。

②指标衡量的库存包括原材料、在制品、半成品、成品、在途产品等广义库存。

3.6

请说明本公司对呆滞库存的界定范围，并计算当前所有权归属集团的呆滞库存金额。

3.7

（1）考核要求：请分别列出集团对原材料、半成品和产成品的库存周转率，并说明本公司的库存周转水平在业内所处的位置。

（2）要素说明：

库存周转率 = 年度主营业务成本 COGS① / 当年平均库存价值

平均库存价值 = （期初库存价值 + 期末库存价值）/2

4. 合规性（见表 10 - 7）

表 10 - 7　　　　　　　　　　合规性

一级编号	指标类别	二级编号	指标名称	评价要素	分值
4	合规性	4.1	采购流程合规	集团和子公司建立了符合法律规定的采购流程，对每一项采购活动都有记录并得到严格执行，采购流程建立在对未来需求和供应市场分析的基础上，对采购工具准确应用，对信息依法公开，并开展流程的定期审核和评估	3
		4.2	*合同管理	集团和子公司建立了合同授权、评审、批准流程，有标准化合同模板，有合同分类分级管理和过程管理，对合同修改进行有效跟踪和管理，有合同执行的绩效考核	3

① COGS：主营业务成本（cost of goods sold），指公司生产和销售与主营业务有关的产品或服务所必须投入的直接成本，主要包括原材料、人工成本（工资）和固定资产折旧等。

续 表

一级编号	指标类别	二级编号	指标名称	评价要素	分值
4	合规性	4.3	*社会责任	集团能够按期给付供应商款项，建立了知识产权保护和供应链绿色可持续计划，建立了知识管理机构和评估考核机制，将绿色指标列入供应商选择和评价指标，在整个供应链开发过程中引入先进可持续技术	3

考核说明：

4.1

请说明企业采购流程从未来需求分析延伸至供应商绩效评估和改进发展的案例，列出企业依相关法律法规对各种采购工具（如招标、询比竞价、谈判、单源采购等）的准确运用情况，说明采购流程随着企业战略、规划和目标等变化持续改善和提高。

4.2

请列出集团企业合同管理流程，描述价格监控和预测体系（如有）以及合同执行的绩效考核规范，列出不断完善合同签订和过程管理、降低合同风险的系统性方法。

4.3

请计算集团按期付款的采购金额占采购合同总金额的比例，说明集团知识管理和评估机制，描述产权保护流程和获取、共享、应用知识的流程。请说明集团和子公司供应商选择和管理过程中的绿色可持续指标、供应链全程实现的绿色技术等。

5. 供应商管理（见表 10-8）

表 10-8 供应商管理

一级编号	指标类别	二级编号	指标名称	评价要素	分值
5	供应商管理	5.1	*供应商分类管理	集团和子公司设有供应商分类管理制度，对战略供应商、普通供应商、备用供应商等不同类型的供应商有相应的管理策略和维护办法，采购和供应链部门能够对供应市场进行分析、对物料进行分类，形成有层次的供应商关系矩阵	5

一级编号	指标类别	二级编号	指标名称	评价要素	分值
5	供应商管理	5.2	*二级供应商管理	集团和子公司有供应链二级、三级供应商信息库，能够将对供应风险的把控延伸到供应链上游（供应商的供应商）	3
		5.3	供应商绩效评估	集团建立了供应商基本评审评估制度，设有合格的供应商名录，且采购时从该名录中选择。根据供应商考评结果，不断调整供应商策略，跟随企业发展。有规范的供应商选择流程，对供应商选择的流程、人员明确，并建立供应商年度和战略性寻源规划	4
		5.4	供应商关系管理	集团与供应商信息交互共享，有战略供应商和合作研发的重点供应商。对战略供应商，建立信任、双赢、开放的长期合作关系，对重点供应商进行技术辅导规划。整体供应商关系管理战略有供应商关系发展规划蓝图和实施路线图	4

考核说明：

5.1

　　请说明本集团的供应商分级分类管理机制和结果，展示供应商管理成效。

5.2

　　请列出集团和各级子公司的二级、三级间接供应商管理办法，说明集团是如何对供应商的供应商进行管理的。

5.3

　　请列出集团供应商评估制度、供应商选择流程和合格供应商名单。说明企业的年度和战略性寻源规划，并阐述采购规划与企业发展方向、企业整体战略是否吻合。

5.4

　　请说明企业战略供应商选择机制，列出现有的战略供应商和合作研发的重点供应商或共同成长、协助培养的小微供应商。请说明与战略供应商的合作机制和信息共享机制。

6. 信息化与数据管理（见表10-9）

表10-9 信息化与数据管理

一级编号	指标类别	二级编号	指标名称	评价要素	分值
6	信息化与数据管理	6.1	采购信息化水平	集团各级采购与供应链部门使用覆盖采购供应全流程的信息管理系统进行各项采购活动，并与集团内外业务相关单元的信息系统实现了数据互联，包括在线需求提报、电子订单、物流追踪、物料入库编码、出库管理等，保证信息系统数据记录准时、完善、正确	5
		6.2	电子采购	集团能够在合理范围内使用自行建设或第三方经营的电子招标交易平台、电子商务平台等在线交易平台进行采购与供应活动	2
		6.3	数据互通	集团内部各级子公司之间，以及集团和外部供应商、仓库、渠道、销售、物流等环节建立了高度集成化的信息互通机制，实现了全集团内外部的数据接口统一化，能够实现数据在供应链上下游的自由流通，形成供应全流程的数据闭环	4
		6.4	数据管理	集团建立了完善的数据管理体系，包括数据的标准化、设备物资的统一编码、电子文档标准化、数据维护与整理、数据信息保密规则等	2
		6.5	数据利用	集团建立了常态化的数据分析机制，能够对各项基础数据进行深度分析，并将分析结果应用于战略规划、业务管理、经营策略制定等方面	3

考核说明：

6.1

（1）填报要求：请说明集团采购管理信息化实现情况，列出采购管理信息化系统的主要流程节点和管理模块，简要介绍采购管理的信息化闭环情况。

（2）要素说明：采购全过程普遍实施信息化管理是指尚未建成采购管理信息系统，而利用其他信息化手段对采购全过程的各个环节实施信息化管理。

6.2

（1）考核要求：请列出集团所使用的或搭建的电子商务平台、电子招标交易平台等任何与采购信息化相关的平台，并介绍平台具体信息，计算集团在线采购率，说明集团是如何利用电子采购提高经营效率的。

（2）考核说明：在线采购率＝在线采购金额／年度采购总金额×100%。

6.3

请简要说明集团内部、集团与供应商等之间的数据联通情况，介绍数据互联互通的主要做法，以及数据互通对经营所产生的助益。

6.4

请简要说明集团采购与供应相关的基础数据的分类管理体系、数据规模、标准化程度等。

6.5

请简要说明集团采购管理价格、仓储、货期、供应商等各项数据分析体系的基本情况，列出主要分析指标或报表名称和数量，说明数据分析体系的信息化实现方式，说明分析结果的应用范围。

10.4 对采购执行工作的考核

10.4.1 企业对采购执行工作的绩效考核指标应包括：

——效率指标；

——服务指标。

10.4.2 项目采购的考核可分为阶段性考核和竣工验收考核，应执行6.8.2规定；运营采购的考核可依据行业和企业特点制定考核办法。

【释义】

本条是对采购实体实施采购活动的考核规定。

针对目前企业普遍存在的采购部门只重视效率环节的倾向，依据"大采购"的理念，工作考核同时提出采购部门应制定对其他部门服务的指标，以增强各部门之间的协作意识。

由于行业和企业特点不同，标准没有列示具体的考核指标。仅就项目采购和运营采购作出原则性的规定。

1. 实现采购目标、完成采购任务是主要的考核指标

此处的效率指标首先包括采购人本身的工作效率，时间少、办事多，即完成的采购任务多；其次是选用采购组织形式和采购方式得当，采购综合效益高，费用少、效果好。标准没有列举效益指标主要是防止错误地引导采购人员仅满足在采购环节压级、压价，而没有供应链管理下的全局观点。因此通过增设服务指标的考核引导采购人员逐步建立"大采购"的理念。

效率指标最根本的体现是考核采购实体对照采购需求和采购计划，落实实际结果与需求和计划的对比偏差。

不同类别的采购考核指标不一样，比如一次性大规模采购，追求公开采购

率；供应链下的供应商库的采购，追求动态考核，追求协同收益的提高；对于瓶颈采购，追求供货及时率和价格控制力；小额办公用品等采购，追求上网采购率、采购周期等效率指标。

2. 建立强相关服务指标

长期以来，对企业采购部门的考核主要是效率指标，在单一指标的驱动下，职能部门之间协作度低，形不成供应链。在当前强化供应链管理的背景下，考核指标除了效率指标外，应增加相关服务指标，以强化协作意识。

我们都知道，企业产品价格是由市场决定的，但成本是由复杂度决定的。生产批量越大，生产成本越低；产品规格型号越多，管理成本越大。如摩托罗拉的手机电池有100多个品种，必然造成后续管理费用的增加，每个电池供应商的规模批量有限、降价规模空间有限。凡是复杂度高的企业注定难以生存，摩托罗拉逐步退出手机市场就是一例。在该案例中，采购部门会说设计部门搞的东西和我们采购有什么关系？这是"小采购"的说法。在"大采购"的理念下，采购部门应牵头率先提出标准化要求，提出降低供应链前端复杂性的意见，换句话说，在企业产品的标准化或降低复杂度考核中，其对象应包括采购部门。

3. 考核指标应系统调整

既然供应链前端的复杂性是造成采购部门交易成本和合同成本难以降低的原因，那么为什么采购部门会视而不见呢？这是因为考核指标这个指挥棒在起作用。在目前的考核指标设计中，产品的直接成本、采购成本在财务指标都有相对准确的统计，但管理费用平均分摊在各品种规格中，产品复杂度造成的复杂成本没有体现，没有考核必然没有相应管理的动力。在精细化管理中，企业应细化管理成本并进行考核。

采购效率指标是保证生产的满足度指标，基于成本的压力，企业通过集中采购降低成本，集中采购会降低采购效率，有些企业生产需要集中采购目录内的原材料，但是集团还没有开始集中采购，生产部门只好向供应商"借"一部分满足生产，这些应作为考核指标，以避免此类事件的发生。此外，管理部门决策失误，虽然采购合同节约了资金，但由于需求预测的失误，造成多余库存增加，因此考核指标应统筹兼顾、平衡设计。

4. 考核指标要落地

对采购执行部门的考核主要看采购结果，使用部门的满意度测评是重要的考核办法之一。运营性物资采购分为生产性物资和非生产性物资，前者相对集中，一般能够形成批量，但交付时间大都有严格要求，供应及时性应是重要考核指标；非生产性物资的采购相对品类复杂、批量小，便利和服务指标应是考核的重点。

某大型国有企业物资采购时，一味强调招标采购，采用低价中标法评标。结果2000万元的物资质量太差，因不能满足生产需求而导致"烂"在仓库，企业账面资产2000万元，实际在仓库里成为废铜烂铁，变相造成了国有资产的流失。据了解这种现象不是个别的，因此，企业呆账库存处理的考核对象应当包括采购部门。

10.5 总结提高

10.5.1 企业宜按采购项目或年度对采购工作全面总结和总体评价。

10.5.2 采购总结的内容宜包括：

——采购项目评价，主要为需求实体对采购项目数量、质量、时间、价格、采购成本的满意度；

——采购管理综合考核，包括廉洁自律、工作效率、专业人员队伍建设等。

10.5.3 通过招标方式采购的项目，企业应对采购实体中采购执行部门、咨询专家进行评议，总结管理经验。

【释义】

从质量管理的视角审视，总结提高是 PDCA 循环的最后一环。

10.5.1 规定了总结的范围，考核评价包括了采购过程和结果的总结评价。

10.5.2 规定了总结评价的内容。

10.5.3 是对招标采购相关人员的评价要求。

采购项目总结是采购项目结束后采购人自我评价的一种形式，总结的目的是改进项目管理。采购管理部门应组织相关部门对考核期或一年内的采购工作全面总结，企业对采购部门考核的等级评价应作为企业职工晋级、加薪、荣誉表彰的依据之一。

1. 对采购项目的总结评价

（1）工程建设项目和项目化管理的总结评价。

工程建设项目（施工、货物、服务）最重要的特点是一次性，项目的成功与否和采购工作密切相关。俗话说，"巧妇难为无米之炊，烂米也做不出好饭"。由于项目的一次性特点，在法定条件下，招标采购是采购的主要方法。招标采购有严格的程序规定，采购工作没有试错的机会，必须一次成功。因此，采购部门应当在项目投产运行后，通过逻辑框架法、比较评估法、层次分析法、网络分析法、因果分析法、成功度评价法、社会调查方法等多种后评价方法，分析采购项目的实际运营情况和实际投资效益，检验预期的投资收益和目标是否达到，对比实际的实施效果与项目的预期目标的偏差，或实施结果与其他同类项目的偏差，并分析其原因，总结项目成功的经验和失败的教训，为进一步提高项目投资效益提出切实可行的建议，以提高工程项目决策、设计、施工、管理水平，为合理利用建设资金、改进和完善管理、制定相关政策等提供科学依据，最终使社会相关利益群体利益最大化。

（2）对物资采购运营性服务等采购结果的评价。

采购组织形式和采购方式的多样化要求采购人熟悉各种采购组织形式和采

购方式的适用条件,重视供应商管理。注意协调企业各部门的关系,关注服务类指标的完成评价。为此,采购人要善于在总结自己的实践经验中学习,要把调查与研究结合;把定量分析与定性分析结合,既要有丰富的材料,又要找出本质;把集中起来与坚持下去结合,既要善于集中正确的意见形成科学决策,又要持之以恒地抓好落实。

2. 对采购人工作质量的总结评价

(1) 采购能力的总结评价。

①采购程序工作的满意度,如委托招标代理机构招标采购,执行程序是否有瑕疵,在接待相关领导、招标人,为咨询专家服务,处理投标、开标阶段突发事件的处理,供应商异议等方面是否有需要改进完善的地方。

②对采购文件的再评价。采购过程和结果是检验采购文件编制质量的试金石,如果咨询专家意见分歧较大,采购代理机构应当反思采购文件中的商务和技术条款是否设置恰当,评审办法是否选用适当,评标或成交方法的权值、权重是否设置准确,在该类项目采购文件的编制中有哪些收获和教训等。

③管理供应商的经验教训等。

(2) 采购人员廉洁自律的总结评价。

采购部门,特别是对供应商选择握有大权的领导或关键岗位员工每天和钱物打交道,从反腐败的视角看是个危险部门。因此必须通过制度、流程最大限度地保护干部,数据要公开,数据分析是对弱势职能的保护措施,保障其发言权[①]。公开性是最好的"防腐剂"。年终总结评价应当请监督部门进行反复教育,寻找典型案例,表彰廉洁奉公的好干部,对不适合做采购的干部安排其他工作,建立企业高效廉洁的采购队伍。

① 刘宝红. 采购与供应链管理:一个实践者的角度 [M]. 3 版. 北京:机械工业出版社,2019:273.

11 采购活动的监督管理

【概说】

本章是对企业采购活动监督管理的规定。其监督方式包括当事人监督、社会监督、行业自律、行政监督、司法监督。

通常认为，立法分配正义，行政推行正义，司法矫正正义，这是对权力机关、行政机关、司法机关三者在权力制衡原则下的职能配置、义务承担和责任承受关系的具体表述。换句话说，权责紧密相连，用权必受监督，尤其是行政权力。抽象的行政权力通过具体的行政行为来实施，行政权力缺乏监督必然导致腐败，行政行为缺乏监督必然失去公正，这是长期实践中得出的经验论断。

国有企业采购的监督管理和政府采购有相同之处，因为涉及国有资产，所以都应给予必要的管制，都应符合相关法律法规的要求；但又有区别，政府采购使用国有资金总体上是"消费"，国有企业采购使用国有资金用来"生产"。因此管制的程度、重点、方法都有不同。

公共采购包括国有企业采购的共性原则，及采购活动法律制度适用的合法性、合规性。2018年国务院国有资产监督管理委员会印发《关于印发〈中央企业合规管理指引（试行）〉的通知》（国资发法规〔2018〕106号），把合规性管理上升到一个新高度。目前合规性管理已经成为企业管理的一个重要分支体系，合规审查、合规评审、合规审计、合规培训与合规活动、违规调查与处置、合规报告、合规信息系统和企业合规文化构成企业合规管理系统。企业采购活动的合规性应纳入该系统。但是，合规性不是意味着只要采用合法的招标采购程序即可万事大吉，招标采购作为一种采购方式其本身不是防止腐败的工具。

下面两个案例充分说明，对工程建设项目的监督不能以是否运用采购招标方式作为合规的依据，监督的环节不能仅关注开标和评标等程序的合法性，在采购活动中，监督部门应加强对预算环节的监督，加强对合同履约结果的监督。

【案例】

某机场电梯采购的故事

某省地级市建设飞机场，其中涉及机场的电梯采购。在某电梯招标采购评标时，作者的同事S被抽取为评标专家。在该市交易中心评标室评标时，S专家发现评审产品的生产厂家及其规格型号和上星期评审的项目一样，那次厂家报价26万元，可这次报价成了36万元，S专家向其他专家介绍了这个情况，要求厂家进行解释。这引起招标人代表和交易中心管理人员的不满，他们呵斥 S 专家，你是哪个单位的，如果你再胡说八道，出了这个评标室，我们不能保证你的安全。吓得 S 专家不再说话。该厂家 36 万元中标。

后来，这位厂家代表再次遇到 S 专家，一见面就道歉说："S 处长，上次那个项目是人家让我报 36 万元，他们预算是 40 万元，招标文件最高限价 38 万元，其他投标人是他们找来陪标的。我收到的货款还是 26 万元，多余 10 万元是承诺他们的回扣，这也是我中标的条件。"

在向上级部门报告中，招标人报告本次招标节约资金 10%。真是莫大的讽刺。

【案例】

三眼峪大坝的悲剧①

2010 年 8 月 8 日凌晨，位于舟曲县城东北部的三眼峪暴发泥石流，当时刚建完的 4 道大坝被冲毁，死亡 1700 余人。

据了解，自 1996 年开始，国家就在三眼峪实施泥石流灾害防治工程，1998 年完成了该工程的规划设计，由原国家计委立项批复，其中最主要部分是建设防范工程。

该项目总投资 969 万元，经公开招投标，甘南藏族自治州恒达建筑工程有限公司以 795 万元的价格中标承建。泥石流灾害发生后，工程终止；按照工程进度，舟曲县共拨付给该公司工程款、征地款、项目前期费用 435 万元。剩余项目资金上交县财政，后全部用于退耕还林工程。

据甘南恒达内部一高管介绍，该项目经理陈生昌中标后，有一县领导告诉他，最多给 500 万元，后来又说只给 300 万元，最后，他才拿到了 100 多万元。陈生昌拿到工程后，便将采石、取沙、水泥等工作，全部承包给了他的一名叫杨玉红（音）的亲戚。陈生昌本人也知道大坝建设质量不达标。"他曾接到整改通知书。有一天，我们看见工人直接从沟里取土弄浆，还让他们停工整改。可到后来，发整改通知、要求停工等，就成了一种形式，工地上该咋干还是咋干。"

该高管称，炸山取石、就地挖沙也是因为缺钱，"就拿沙子讲，开始是从河边拉了淘洗过的沙子，1 立方米要 200 多元，考虑到成本，后来才直接从三眼峪沟里挖了"。

事发后，2011 年 1 月，舟曲县人民法院以陈生昌"无视国家法律法规，应当预见工程质量不满足规范要求，可能导致严重后果，造成重大安全事故和损

---

① 张淑玲：《京华日报》记者，原文《三眼峪大坝的悲剧》刊登在 2014 年 4 月 21 日的《京华日报》，《新华日报》《扬子晚报》、新浪网、扬子网等媒体 2014 年 4 月 22 日转载，标题有所修改。本书引用时用原标题，内容有删减。

失，由于疏忽大意没有预见，从而造成重大经济损失"为由，以犯工程重大责任安全事故罪判处陈生昌有期徒刑 2 年。

11.1　供应商的监督

【概说】

在公共采购活动中，采购人和供应商的法律地位虽然是完全平等的，但在具体的采购过程中，采购主体往往享有一种准行政权，对采购程序中的许多事项享有完全自由的裁量权，比如审查确定供应商资格的权利、选择和确定采购方式的权利、选择和确定采购程序的权利、选择和确定评审专家的权利、选择和确定评标方法和过程的权利、选择和确定中标供应商的权利等，这些自由裁量权利是任何供应商所不具有的。基于此，实施公共采购制度的国家和地区普遍认为，公共采购活动中的供应商是弱势群体，国际上的政府采购立法在救济程序方面都非常重视对广大供应商的合法权益给予倾斜保护①。其中，异议投诉制度就是对供应商合法权利救济的措施之一。

企业采购和政府采购属性的不同，决定其对供应商救济的办法也不同。国家对国有企业采购的投诉管理没有规定，本标准参照《招标投标法》和《政府采购法》关于异议投诉的有关规定，并针对企业采购的特点，设计了具有企业特点的异议投诉制度，兼顾效率和公平。

供应商对采购活动的异议投诉是采购当事人对采购活动监督的重要渠道。

实践证明，鉴于采购活动经济性、管理性、技术性和法律属性，供应商对采购活动的监督是有效的监督方式之一，同时，在采购活动中，供应商属于弱势相对方，因此法律或制度保护供应商投诉的权利尤为重要。

针对企业关于异议投诉制度的规定，要建立管理机制。在企业采购中除了法定招标采购外，采购过程和结果都是一般民事合同，《民法典》规定的合同形式有：买卖合同、供用电水气热力合同、赠与合同、借款合同、保证合同、租赁合同、融资租赁合同、保理合同、承揽合同、建设工程合同、运输合同、技术合同、保管合同、仓储合同、委托合同、物业服务合同、行纪合同、中介合同、合伙合同等。在合同签订和履行过程中，双方都是完全平等的合同主体，因此，采购人应虚心接受供应商对采购活动的异议和投诉，应基于公平、公正的理念积极主动沟通，尽量把问题的影响和对企业的损失降到最低。对于企业个别采购人员不公正的采购行为包括"吃、拿、卡、要"，甚至索贿等行为绝不袒护，严禁对供应商的异议和投诉打击报复。

---

① 谷辽海. 我国政府采购救济程序对供应商的限制［EB/OL］. http：//lib. cet. com. cn/paper/szb_con/43485. html. ［2006 - 01 - 03］.

11.1.1 供应商异议与投诉

11.1.1.1 异议与投诉主体：参与采购活动的供应商可对企业采购活动提出异议或投诉。

【释义】

在《招标投标法》中异议投诉的主体是投标人或者其他利害关系人。在《政府采购法》中，质疑投诉的主体只能是参加采购活动的供应商。

招标投标活动的质疑投诉主体之所以包括其他利害关系人，是因为该项活动的相对人除了合同双方外还有代理机构、评标专家、公共采购交易中心等多个主体。因此为了保障这些主体的合法权益，《招标投标法》作出上述规定。《政府采购法》及其条例对询问、质疑和投诉主体没有规定限制条件，但是财政部颁布的《政府采购质疑和投诉办法》第十一条规定："提出质疑的供应商（以下简称质疑供应商）应当是参与所质疑项目采购活动的供应商。潜在供应商已依法获取其可质疑的采购文件的，可以对该文件提出质疑。对采购文件提出质疑的，应当在获取采购文件或者采购文件公告期限届满之日起7个工作日内提出。"政府采购活动中只有经过质疑，采购才能进入投诉环节，因此，政府采购对质疑投诉的规定是只有参加采购活动的供应商才可以提出质疑和投诉。政府采购之所以对供应商的质疑投诉主体作出限制是由于行政成本较高，招标投标活动的行政监督部门众多，政府采购活动的行政监督部门只有财政部，因此有了上述区别招标投标法规的规定。

在标准讨论和征求意见期间，有专家建议，异议投诉的主体应当包括其他利害关系人，专家组没有采纳，主要原因是企业采购活动更多是基于民事合同，虽然使用国有资金，但购买的东西是为了创造更大的价值，国家对经营者的考核是企业最终经营结果的增值保值。因此，有些采购活动很难判断采购结果如何。如在"小采购"看来不公平，但在"大采购"的视角下可能很合理；为了降低交易成本，本条参照《政府采购法》的规定，对异议（质疑）投诉的主体作出限制，并进一步要求"实名制"，以便主动沟通，尽快处理。

11.1.1.2 异议与投诉接收部门：采购实体负责接收并决定是否受理供应商的异议函或投诉书；供应商可以自行选择异议或投诉两种维权方式；企业建立供应商服务机构的，可设专门窗口接收异议函、投诉书。

【释义】

无论是《招标投标法》还是《政府采购法》，关于投诉的程序规定都有一个异议（质疑）作为前置环节，以降低行政成本（《招标投标法》称为"异议"，《政府采购法》称为"质疑"）。细微的区别是前者要求的前置环节仅针对招标文件、开标和中标结果；后者对投诉的前置要求是采购活动的所有行为都必须经过质疑程序。考虑到企业采购完全是一个民商活动，因此没有规定针对投诉的前置环节。如果供应商对采购活动不满意，想向采购人本人提出，即称为异议，以便沟通；如果想直接向其管理监督部门提出，称为投诉，以便处理。因此，本条规定采购实体负责接收并决定是否受理异议或投诉。供应商可以选择"异议"或"投诉"两种并列的救济方式保护自己的合法权益。对于成立供应商服务中心的单位，供应商可通过窗口递交异议书或投诉文件。

11.1.2 供应商异议处理

11.1.2.1 采购实体在收到供应商异议函后，应在 2 日内对异议事由作出书面解释答复；但答复的内容不得涉及商业秘密。

11.1.2.2 异议供应商对采购实体的解释答复不满意，或采购实体没有在规定时间内答复，可向企业实体的上级管理部门投诉；采购实体工作人员涉嫌有违纪违法行为的，可向企业或政府纪检、监察部门举报。

【释义】

11.1.2 是对供应商异议处理的规定。

所谓异议（质疑）不属于行政救济手段，处理程序相对简单。异议（质疑）可能是对违法行为的质疑，也可能是由于各自对同一事项理解上的差异而形成，不一定存在是非或者对错之分。因此，异议（质疑）有助于采购人及时采取措施纠正招标投标过程中确实存在的问题，避免问题扩大造成难以挽回的后果。

为了提高处理异议的效率，《招标投标法》和《政府采购法》都对采购人在接收异议函后决定是否受理的时间作出规定。

1. 关于异议答复的规定

（1）招标投标法规。

①对采购文件的异议。

《招标投标法实施条例》第二十二条："潜在投标人或者其他利害关系人对资格预审文件有异议的，应当在提交资格预审申请文件截止时间 2 日前提出；对招标文件有异议的，应当在投标截止时间 10 日前提出。招标人应当自收到异议之日起 3 日内作出答复；作出答复前，应当暂停招标投标活动。"

②对开标的异议。

《招标投标法实施条例》第四十四条第三款："投标人对开标有异议的，应当在开标现场提出，招标人应当当场作出答复，并制作记录。"

③对招标结果的异议。

《招标投标法实施条例》第五十四条第二款："投标人或者其他利害关系人对依法必须进行招标的项目的评标结果有异议的，应当在中标候选人公示期间提出。招标人应当自收到异议之日起 3 日内作出答复；作出答复前，应当暂停招标投标活动。"

（2）政府采购法规。

①关于询问的规定。

《政府采购法》第五十一条："供应商对政府采购活动事项有疑问的，可以向采购人提出询问，采购人应当及时作出答复，但答复的内容不得涉及商业秘密。"

《中华人民共和国政府采购法实施条例》（以下简称《政府采购法实施条例》）第五十二条第一款："采购人或者采购代理机构应当在 3 个工作日内对供应商依法提出的询问作出答复。"

②政府采购活动事项质疑的提出。

《政府采购法》第五十二条："供应商认为采购文件、采购过程和中标、成交结果使自己的权益受到损害的，可以在知道或者应知其权益受到损害之日起七个工作日内，以书面形式向采购人提出质疑。"

《政府采购法实施条例》第五十三条："政府采购法第五十二条规定的供应商知其权益受到损害之日，是指：

（一）对可以质疑的采购文件提出质疑的，为收到采购文件之日或者采购文件公告期限届满之日；

（二）对采购过程提出质疑的，为各采购程序环节结束之日；

（三）对中标或者成交结果提出质疑的，为中标或者成交结果公告期限届满之日。"

该条是对《政府采购法》第五十二条书面提出质疑的法定起算时间的补充规定。补充的时间规定分别针对采购文件、采购过程和采购结果。

（3）企业关于异议处理的规定。

参考上述法规，本标准规定，采购实体收到供应商异议函后，应在 2 日内作出是否受理的决定。并规定答复不能涉及企业商业秘密。

2. 关于投诉处理的规定

11.1 规定了保护供应商合法权益有三个途径。一是直接投诉无须异议前置；二是先异议，答复不满意或不答复再投诉；三是针对采购工作人员涉嫌有违法违纪行为，可直接向企业或政府纪检、监察部门举报。

（1）受理投诉异议（质疑）前置的缘由。

异议（质疑）前置的原则就是供应商未经质疑不得提起投诉，这种制度设计的主要考量是鼓励当事人通过自主协商快速解决争议，使矛盾迅速得到化解，避免问题扩大造成难以挽回的后果，尽量减少行政干预的成本，以提高采购效率，使供应商得到实质性救济。

异议（质疑）前置的原则还包括供应商的投诉事项不能超出质疑事项，构成了异议（质疑）成为投诉的前置程序。这种前置既包括程序前置，也包括内容前置。

（2）本标准取消了异议前置的规定。

企业采购活动大都是一般商务活动，其程序纠纷解决一般通过协商沟通解决，采购结果的合同纠纷依据《合同法》和双方合同的约定，协商不成可依法向人民法院提起民事诉讼，除企业集团内部纠纷外，通过行政解决的不多见。一般也没有行政成本的问题，本着实事求是的原则，本标准取消了异议前置的规定，由供应商自行决定是先异议后投诉，还是直接投诉。

（3）关于直接举报。

针对涉嫌采购人违法违纪行为可向企业纪检监察部门或政府有关部门直接举报。一般违纪行为应向企业纪检监察部门举报，涉嫌违法如严重受贿的违法行为，每个公民都有向监察机关举报的义务。

《中华人民共和国监察法》中对监察机关处理报案、举报的规定：

第三十五条："监察机关对于报案或者举报，应当接受并按照有关规定处理。对于不属于本机关管辖的，应当移送主管机关处理。"

11.1.3 供应商投诉处理

11.1.3.1 采购实体的上级管理部门在收到供应商投诉书后，应在 3 日内决定是否受理。供应商就同一事项向两个以上主管部门投诉的，由具体承担该项目采购管理职责的主管部门负责受理。

11.1.3.2 受理部门决定受理后，应在 2 日内向投诉供应商发出受理通知书并开始调查取证；在处理过程中，应听取采购实体的陈述和申辩，如有必要，在发出受理通知 3 日内，组织采购实体和投诉供应商进行质证。

11.1.3.3 受理部门依据调查、质证的证据，会同有关部门应在 14 日内作出处理决定；需要检验、检测、鉴定、专家评审的，所需时间不应计算在内。

11.1.3.4 对捏造事实、伪造材料或者以非法手段取得证明材料的投诉供应商，采购实体的上级管理部门或监督部门应予以驳回，并纳入共信用记录。

11.1.3.5 受理部门的处理决定应书面通知投诉供应商，并依企业制度规定抄报企业有关部门。

【释义】

11.1.3 是关于对供应商投诉处理的规定。

11.1.3.1 是确定负责受理部门的规定。采购实体的上级管理部门不止一个，为方便解决问题，本款规定具体承担该项目采购管理职责的主管部门是首要责任人。

11.3.3.2 是对受理后处理过程的规定。

参照《政府采购法》有关程序规定，除了常规的调查取证外，还规定了组织质证程序。

所谓质证就是合同当事人之间就异议事项辩论，属于强制沟通，通过质证，保证当事人的参与权和知情权，使监督管理部门对争议的事项能够做到全面了解，使投诉处理决定有很强的合理性、合法性和可接受性[①]。之后，监督管理部门在两周内作出企业行政处理的决定。

11.1.3.3 是参照《政府采购法》对受理时间计算作出除外规定。

---

① 引自《〈中华人民共和国政府采购法实施条例〉释义》，财政部国库司、财政部条法司、财政部政府采购管理办公室等编著，中国财政经济出版社 2015 年出版的第一版。

11.1.3.4 是对应予以驳回投诉申请三种法定情形的规定。

（1）捏造事实。

投诉人捏造他人违反有关采购法律法规的情形，即以根本不存在的、可能引起有关采购监督管理部门做出不利于被投诉人处理决定的行为。如捏造投标人曾召集会议研究串标，要求采购监督管理部门撤销中标人。

（2）伪造材料。

通过虚构、编造事实上不存在的证明文件的行为。上述两条列举的行为属于证据造假。

（3）以非法手段取得证明材料。

通过欺骗、利诱、强迫等不正当的非法手段取得与投诉有关的证明材料。

如通过招标人、招标代理机构或者评标委员会成员获取应当保密的信息和资料进行投诉应当驳回。

上述条款列举的行为属于行为违法。凡缺乏事实依据的投诉财政部门审查后均应予驳回。

规定了对这类行为的处理办法，一是驳回，二是纳入其信用记录。

11.1.3.5 是对处理结果报告的规定。

处理决定是否公示，专家有不同意见，有专家认为，公示有利于监督处理的公正。但也有专家认为不宜公示，一是由于投诉案件的复杂性，一般社会公众在短时间内也难以判定处理的公正性。二是处理不当会给企业造成不必要的负面影响。即公示对处理公正的监督作用不大，反而可能有负面作用。三是结果抄报企业相关部门，可以在一定程度上监督采购投诉事项的公正性。专家组采纳了后者的意见。

【案例】
投诉内容明显不当但形式要件合格的投诉是否可以不受理

某市 X 单位组织政府采购项目招标，据有关利害关系人举报，TG 监督部门发现 D 公司有明显违法行为。但是由于 D 公司没有中标，反而向 TG 监督部门提出投诉。TG 财政部门认为 D 公司违法行为证据确凿，为提高行政效率，在法定期限向 D 公司发出不予受理的通知书。于是，D 公司向 S 省人民政府提起行政复议。S 省人民政府认为依据《政府采购供应商投诉处理办法》第十条的规定，要求 TG 财政部门重新作出受理 D 公司投诉的申请：

"投诉人提起投诉应当符合下列条件：

（一）投诉人是参与所投诉政府采购活动的供应商；

（二）提起投诉前已依法进行质疑；

（三）投诉书内容符合本办法的规定；

（四）在投诉有效期限内提起投诉；

（五）属于本财政部门管辖；

（六）同一投诉事项未经财政部门投诉处理；

（七）国务院财政部门规定的其他条件。"

案情分析：

该投诉书符合上述投诉条件，TG 财政部门作出不予受理的决定不当。S 省人民政府要求 TG 财政部门重新作出受理 D 公司投诉的申请，TG 财政部门受理后经查证予以驳回。

该案例说明只要投诉书形式要件合格，监督部门就应当受理投诉人的投诉，至于内容是否合法，在监督部门受理后经调查取证后才能作出决定。没有证据符合投诉请求的应当驳回。驳回是在受理投诉后作出的处理决定，与不予受理有明显不同。

11.2 社会监督

11.2.1 除必须保密的采购项目外，企业采购活动宜通过采购信息公开的方式主动接受社会监督；可按 T/CFLP 0016—2019 的规定进行信息公开。

【释义】

社会监督，是指社会依据宪法和法律赋予的权利，以法律和社会及职业道德规范为准绳，对执政党和政府的一切行为进行监督，主要有公民监督和舆论监督两种社会监督的行为主体。这种监督的特点是非国家权力性和法律强制性，监督的实现在很大程度上取决于国家的民主化水平和有关人员的法律意识、民主观念、道德水平以及社会舆论的作用。

信息公开制度也可称为信息披露制度。信息披露制度在各国的证券相关法规中都有明确的规定。实行信息披露，可以了解上市公司的经营状况、财务状况及其发展趋势，从而有利于证券主管机关对证券市场的管理，引导证券市场健康、稳定发展。这是对上市公司一种重要的监督手段。同样，在国有企业采购的监督活动中，信息公开制度也发挥着重要的监督作用。

本条规定了企业采购社会监督的主要方式，即除了必须保密的商业秘密外，企业应通过主动披露采购信息接受社会公众、包括采购当事人供应商的监督。

《操作规范》在各种采购方式的程序规定中都有关于信息披露的规定。在采购活动中的公告是公示行为的一种类型。政府发布的公告属于行政行为，并具有确定性、拘束性和执行性的特点。民事主体发布的公告是一种事实行为，属于民事行为范畴，对合同当事人具有拘束力。注意分清两类公告性质的不同。由于服务主体的扩大，公示内容包括了采购应当公开的全部信息。

11.2.2 采购实体采取招标方式采购的可公开的重点项目，应将资格预审文件和招标文件的关键内容、中标候选人关键信息、评标结果信息、投诉处理决定、当事人不良行为等信息公开。

11.2.3 采购实体应做好招标采购项目的供应商资格审查、开标、评标全过程记录，对招标投标过程录音或录像，对评标专家在评标活动中的职责履行情况予以记录。

11.2.4 采购实体就采购项目的记录内容，应作为采购报告内容的一部分存档。

【**释义**】

以上是对通过招标采购方式的重点采购项目社会监督的规定。

11.2.2 和 11.2.3 分别是交通运输部 2016 年 2 月 1 日实施的《公路工程建设项目招标投标管理办法》明确规定的内容，该规定提出了公路工程建设项目招标投标实行"五公开"和"三记录"规定的要求。该规定实行以来收到良好的效果。通过信息披露主动接受社会监督，也符合国家"三重一大"民主制度的精神。公开制度是国有企业采购领域预防腐败的利器。《招标投标法》第四十七条规定："依法必须进行招标的项目，招标人应当自确定中标人之日起十五日内，向有关行政监督部门提交招标投标情况的书面报告"。"五公开""三记录"的内容是报告的重要内容，11.2.4 对此作了规定。

【**示例**】

交通运输部办公厅关于 2018 年全国公路建设市场督查情况的通报

各省、自治区、直辖市、新疆生产建设兵团交通运输厅（局、委）：

按照《交通运输部办公厅关于开展 2018 年公路水运建设市场督查工作的通知》（交办公路函〔2018〕505 号）要求，交通运输部组织督查组，采用"双随机"抽查方式，分别对辽宁、安徽、广东、西藏、新疆和山西 6 省（区）公路建设市场行业监管和项目管理情况进行了督查。现将情况通报如下。

一、督查工作情况

督查期间，交通运输部督查组随机抽查高速公路、普通国省干线公路和农村公路在建项目 22 个，共计 52 个设计、施工、监理合同段，并核查了 9 家公路设计、施工和监理从业企业资质符合情况。督查内容包括公路市场准入、基本建设程序、招标投标、信用体系建设、合同履约、推进"四好农村路"建设、保证金清理和农民工工资支付以及企业资质标准符合情况等方面，特别针对甘肃折达公路考勒隧道事件暴露出来的相关问题开展了重点检查，并督促省级交通运输主管部门聚焦上述问题开展专项整治。督查共发现问题 113 项，提出整改意见 50 条，分别向被督查省份印发了督查情况通报。

二、公路建设市场总体情况

（一）管理制度不断完善。交通运输部发布了《公路水运工程监理企业资质管理规定》（中华人民共和国交通运输部令 2018 年第 7 号），《交通运输部办公厅关于贯彻实施〈公路水运工程监理企业资质管理规定〉的通知》（交办公路〔2018〕102 号），2018 年版《公路工程标准施工监理招标文件》和《招标资格预审文件》（交通运输部公告 2018 年第 25 号）以及 2018 年版《公路工程标准勘察设计招标文件》和《招标资格预审文件》（交通运输部公告 2018 年第 26

号）。被督查省份结合本地实际情况，不断完善管理制度，制修订了市场督查、招标投标、信用管理、设计变更、工程分包、农民工工资支付以及保证金清理等方面的管理办法或实施细则，有力保障了公路建设市场的公平竞争和规范有序。

（二）营商环境不断优化。交通运输部完善了监理企业资质标准，简化了资质申报材料，优化了审批流程，推行监理企业资质网上"电子化""清单式"申报和许可网上办理，进一步利企便民、提升服务。被督查省份积极落实"放管服"改革各项要求，进一步调整和下放行政审批事项，不断优化营商环境。辽宁大力开展"减证便民"专项行动，审批事项由 29 项减少到 16 项，并实现网上审批。

（三）项目招标投标不断规范。交通运输部修订发布了 2018 年版公路工程勘察设计和施工监理招标标准文件，升级了国家公路建设项目评标专家库管理系统。被督查省份认真执行有关法律法规，严格落实"五公开""三记录"等制度，有效遏制了招标投标违法违规行为。辽宁、安徽开发了招标项目电子行政监督系统，实现了省管交通项目招标备案流程标准化、服务透明化。

（四）信用体系建设不断推进。交通运输部组织对 261 家公路设计企业、873 家公路施工企业和 533 家公路监理企业，以及 72702 名监理工程师开展了 2017 年度公路建设市场全国综合信用评价，发布了评价结果公告。交通运输部印发了《交通运输部办公厅关于界定和激励公路水运工程建设领域守信典型企业有关事项的通知》（交办水〔2018〕11 号），向社会发布了公路水运工程建设领域守信激励企业名单，发挥了守信激励的"头雁效应"。被督查省份积极推进评价结果在招标投标等方面的应用，为营造诚实守信、规范履约的市场氛围发挥了积极作用。山西不断加大信用激励和惩戒力度，有效规范企业从业行为，信用监管体系初步建立。

（五）公路建设市场监管信息化水平不断提高。交通运输部全面优化升级了全国公路建设市场信用信息管理系统。推进公路建设市场与收费公路监管信息系统建设，打造公路建设市场监管全国一张网。被督查省份积极推进本地区公路建设市场信用信息管理系统建设和部省信用信息监管平台互联互通。广东在省级系统中增加了统计分析预警功能，对企业、项目基本信息和信用档案实施在线统计、分析、查询、预警，提醒省内主管部门和从业企业及时关注。

（六）公路建设项目基层党建工作成效不断显现。（略）

（七）"四好农村路"建设扎实推进。（略）

三、公路建设市场存在的主要问题

（一）建设程序方面。存在未取得施工许可即开工的情况，部分项目还存在设计审批程序倒置、质量监督手续办理不规范等问题。（略）

（二）招标投标方面。存在资格条件设置、评标办法、评标打分等方面问题。山西 S65 阳城至济源高速公路阳城至蟒河段设计和房建施工招标设定的投标人资格条件超过了工程实际需求，条件设置不合理。西藏对自治区内外企业设置了不同标准。新疆将在本地纳税和使用新疆户籍人员等作为评标加分条件。

（三）合同履约方面。存在中标单位人员变更率高、实际履约人员资格能力下降和未履行变更手续等问题。（略）

（四）设计变更方面。存在设计变更管理不规范、程序不严谨、未批先变等问题。（略）

（五）分包管理方面。存在管理制度不健全、以劳务合作名义代替专业分包，分包合同不规范等问题。（略）

（六）质量安全方面。存在质量安全管理规章制度落实不到位、标准化建设有待加强等问题。（略）

（七）保证金清理与农民工工资支付方面。不同程度存在保证金收取种类、形式、比例不规范等问题。农民工工资发放代领、无考勤记录，未设置农民工工资专用账户等问题也时有发生。（略）

（八）信用体系建设方面。存在与交通运输部评价规则不一致、评价工作不细致，以及信用信息填写不完整、审核更新不及时等问题。（略）

四、下一步工作要求

（略）

交通运输部办公厅

2018 年 12 月 31 日

11.3　行政监督

【概说】

本条是对企业采购行政监督的规定。

一、行政监督概念

1. 行政及行政监督

行政指的是一定的社会组织在其活动过程中所进行的各种组织、控制、协调、监督等活动的总称，行政权就是执行权。所谓监督，通俗地讲就是执法、纠正、处分，或者说监督就是对管理中异化行为的纠正和管制。监督的本质是管理服务的一种行为，应当同时达到对守法行为的保护和对违法行为的惩罚两种效果。

在监督体制中，行政监督是一种主动监督行为，同司法监督相比，成本较低、效率较高。

2. 国有企业对采购活动行政监督的法律属性

企业行政部门和政府行政部门的属性完全不同，且此行政非彼行政。

政府行政部门依法行使的权利称为"公权"。所谓公权指国家赋予的并以国家强制力为后盾的，以管理国家公共事务和谋取公共利益为目的的国家强制力。企业对采购的行政监督则是一种不完全的"公权"。公司内部监督机关的设置，是公司进行自我约束的需要；是公司内部分权制衡的结果；是监控公司经营者的有效途径之一；但完全区别于行政法意义上的行政监督。比如，企业采用招标方式采购时，在确定中标人之后，如有投诉事项，依法享有行政监督权的国家机关认为有必要，可以责令招标人暂停招标活动；企业行政监督部门没有这个权力；又比如，发现围标、串标，国家机关的行政监督可以对投标人处以千分之五的罚款，企业行政监督部门则不可以。由于企业的属性限制，针对违法行为，依照《中华人民共和国行政处罚法》国家机关也无法委托授权企业执行行政处罚。企业行政监督一般只有维持经济活动秩序的权力，类似公安机关的保安没有处分权、处罚权；企业行政监督只有在其行政管辖之内维持正常经营活动秩序的权力，对企业内部有一定的强制力，其强制力范围、程度有一定的限制，是一种"准公权"。

企业行政监督也有"私权"的属性。所谓私权指有关社会主体所享有的各方面权利，如签订合同的权利。其特征之一是这种权利的取得和行使完全凭当事人的意思自治，而不像公权的行使需要体现国家意志。国有企业行政监督的权利由法人通过制度规定授予，比如，有的企业将招标监督管理的职能交由法务部，也有的归纪检监察部门，还有企业成立专门的机构，其监督机构、职权范围不是法定的。另外，企业采购制度在不违法的前提下主要体现企业利益。企业负有为国家盈利创收的责任，不是慈善机构，制度规定的核心是提高企业综合效益。所以在维持企业经济秩序的意义及其合同意义方面，企业对采购活动的行政监督也属于"私权"，但也有特殊性。国有企业内部规章制度要体现出国家要求执行的政策法规，如在经济决策中的"三重一大"，制度的合规性等，民营企业没有这些要求。所以企业行政监督也不是完全的"私权"，还受到"公权"的约束。但这个权利不是以国家强制力为后盾由法律授予的，是企业内部自己制度的规定，在这个意义上，国有企业行政监督的权利是体现国有企业经济利益最大化的"私权"。

二、企业行政监督的范围

（一）关于工程项目的监督

招标投标法规主要是对政府投资的工程建设项目以及社会资本投资特定工程项目在采购源头进行的管制。

企业投资经营性项目分三种情况，一是重大项目或限制类工程项目，该类项目需要政府部门核准；二是依法需要备案的工程项目；三是企业生产需要自行决定的工程项目。前两类项目的招标投标活动依法由政府有关部门监督，如对国家重大建设项目实行稽查特派员监督制度，水利工程、交通（包括航空、铁路）工程、建筑工程、信息工程等项目分别由国务院主管部门通过颁布部门规章对招标投标活动实施监督。但是工业项目的监督有特殊性，工业和信息化部仅对通信行业颁布《通信工程建设项目招标投标管理办法》，对通信行业招标投标活动进行监督管理。原国家经贸委颁布的《工商领域企业固定资产投资项目招标投标管理办法》随着原国家经贸委的撤销自动失效，工业和信息化部对工业项目没有颁布类似部门规章，对这类项目的招标投标活动各地工信部门管制的程度不一，地方公共资源交易中心一般也不为其提供服务。

凡政府部门不直接管制的非政府投资的工程项目由企业采购监督部门负责监督。

国有企业采购活动可分为项目采购和运营采购。

（二）国有企业项目采购的法律适用

项目招标采购的目标是实现项目生命周期利益的最大化，招标采购是项目采购的主要方式。企业"项目招标采购"在满足需求的基础上，管理的重点是"合规"。

1. 工程项目采购

（1）国企自筹资金采购机电工程项目的法律适用。

在企业采购活动中，依据《建设工程分类标准》（GB/T 50841—2013）定义为工程，但无须政府审批核准也没有使用政府预算资金的项目，如大型气罐拼接安装工程、天然气管网工程等依据分类标准属于机电工程范畴。所谓机电工程是指机电设备安装工程。

该类机电工程项目一是政府有关部门无须审批、备案。二是这类生产工程，政府有关部门难以监督也不应干预。该类生产工程的项目应由企业自行决定采购方式并负责监督，符合《操作规范》招标适用条件的项目应招标采购。其中国家规定要求建筑资质的应执行相关规定。

国家对该类项目的监督主要是对项目结果的监督，是对企业保值增值的监督考核。

（2）企业在生产经营过程中"建筑过程"工程项目。

企业的运营管理也称作生产经营管理，其采购活动中也有工程过程的采购。如露天煤矿土壤的剥离（土方工程）、油田的钻井工程等，单纯从工程的定义出发，土方工程属于建筑工程类别、钻井工程属于构筑物土木工程。但这些工程是生产过程的环节，参照国际建设工程分类 ISIC① 标准，这类工业制造流程方面的技术列入制造业不应当视为管制工程项目，这些"工程"的特点一是无须政府核准或备案；二是针对此类经常性海量的生产性工程，政府也难以监督管理；三是这类项目也不是《招标投标法》立法试图管制的项目。

---

① 联合国统计署对世界经济与产业分类的国际标准之一——ISIC（Internationnal Standard Industrial Classification）将建设工程分为建筑工程、土木工程和特殊建筑工程。

但是应当注意，其他法律对招标管制有规定应执行其规定，如土地复垦项目，国务院颁布了《土地复垦条例》，该条明确原国土资源部（现自然资源部）负责土地复垦的管理。该条例第二十六条规定："政府投资进行复垦的，有关国土资源主管部门应当依照招标投标法律法规的规定，通过公开招标的方式确定土地复垦项目的施工单位。

土地权利人自行复垦或者社会投资进行复垦的，土地复垦项目的施工单位由土地权利人或者投资单位、个人依法自行确定。"

（3）和新建、改建、扩建无关的装修、拆除和修缮工程。

如企业对原有锅炉房的拆除、车间屋顶的防水修缮、办公大楼的装饰工程等"工程"是否属于必须招标的范围，专家也有争议。

认为应当纳入必须招标范围的理由是，两法条例关于"及其相关的"定语是区分《招标投标法》和《政府采购法》法律适用的应急措施的定型化，在非政府采购的工程项目中，上述不相关的装修、拆除和修缮项目也属于"工程"范畴，应当纳入必须招标范围。

认为不应当纳入的理由是，首先，依据《〈建设工程分类标准〉GB/T 50841—2013 释义》拆除和修缮不属于建筑工程的范围。其次，该装修也非建设过程中建筑物的装修。建筑物的装修指建筑物主体结构封顶后门窗、管道、电梯、电器等工程，装修资金构成工程项目结算的组成部分；已经运行办公大楼的装修属于装饰，该类项目竣工后的结算资金列入单位管理费用或企业费用，分摊到产品成本内。但是新、改、扩建项目中的装修工程竣工后的结算资金，财务部门将其列入工程项目投资科目形成固定资产投资。因此该类装饰装修不构成工程组成部分，不是所谓的"工程"。

我们认为，只要该类项目没有使用国家有关部门的拨款或补助，企业采购实体就不必纠结其是否属于"工程"的定义，政府部门要求行政许可的依照政府有关批文执行，无须行政审批的，企业自行决定采购方式。

2. 技术改造项目

在计划经济时期，基本建设项目由原国家计委审批管理，技术改造项目由原国家经贸委审批管理。原国家经贸委撤销后，工业项目和其他项目合并管理统称中央投资项目，技术改造项目的名称自然消亡了。

国有企业自行决定投资建设不属于工程项目但属于固定资产投资的项目，如某新产品生产流水线，项目预算 1 亿元，资金全部自筹（银行贷款），其中设备基础施工合同 1000 万元、设备采购 6000 万元、软件合同 1000 万元、设备安装合同 1500 万元、预备金 500 万元。此项目是否属于必须招标采购项目？

该类项目应区别管理，该类项目中重大投资或限制类项目需要国家发展改革委核准、备案的项目应依据核准备案批复的采购方式采购，没有规定的由企业自行决定采购方式并进行监督。

有专家援引《工程建设项目货物招标投标办法》（以下简称"27 号令"）第六十一条的规定："不属于工程建设项目，但属于固定资产投资的货物招标投标活动，参照本办法执行。"认为该项目中的货物和服务项目达到规模标准的都属于必须招标的项目。

我们认为，该项目既然不属于工程项目也就不存在依据合同规模判定是否必须招标的问题。27 号令第六十一条指该类项目采用招标采购参照其有关规定，前提是企业自愿采用。因为 27 号令不是判断必须招标范围和规模的法规，且 27 号令也没有规定该类项目"参照本法招标投标采购"，要注意两者的区别。只有纳入工程范围才有合同规模的判断问题，该类项目如何采购属于企业法人的经营自主权。

不属于必须招标的项目并不排斥符合招标条件，应当优先选用招标方式采购。

3. 其他生产性工程项目

我国的国有企业体制是随着国家经济体制的改革不断深化完善的，其体制在计划经济时期创立，为适应市场经济逐步调整，最典型的一个标志是原来为产品服务配套的非法人单位改为法人单位，原来按照生产分工的维修工程等服务采购不能直接供应，需要通过市场交易。如某国有能源公司有总容量 240 万千瓦的发电厂、年产量 200 万吨的焦化厂，集团配属近 300 人的工程服务公司，专门为两个生产实体提供配套服务。但鉴于国有企业的公共属性，考虑到个人责任的安担，集团内施工服务需要招标采购，企业左右为难，类似情况很有普遍性。此处应当援引《招标投标法实施条例》第九条第二项："采购人依法能够自行建设、生产或者提供"，可以不再招标。《操作规范》将采购人定义为集团层级的法人，其内部原生产协作配套的二级法人之间不应再招标，应按照集团利益最大化的原则通过制定企业自行采购目录的办法直接供应。对于企业集团内部统计报表合并的单位之间的工程应当允许其直接采购。

国家发展改革委等部委在《中华人民共和国招标投标法实施条例释义》一书中，对该条例第九条第二项中"采购人"的释义为，采购人指实施采购的法人本身。本着实事求是的精神，有些地方通过行政法规对此进行实质意义上的修正，2018 年 4 月江苏省颁布了《江苏省国有资金投资工程建设项目招标投标管理办法》，该法第九条规定："国有企业使用非财政性资金建设的经营性项目，建设单位控股或者被控股的企业具备相应资质且能够提供设计、施工、材料设备和咨询服务的，建设单位可以直接发包给其控股或被控股的企业"。

该规定是把"采购人"视为集团层级的"法人"。

（三）国有企业运营采购的法律适用

企业运营采购在满足需求的基础上，其目标是保证供应链目标的一致性，管理的重点是"合理"。

企业依据生产计划对相关设备、原材料、配套部件等生产资料的采购属于运营采购。在我国，除了目录内进口机电产品外，企业运营采购大都不属于依法必须招标的范畴。运营采购的目标是满足企业供应链目标的一致性。

1. 企业运营采购一般不属于强制招标的范围

《招标投标法》是对工程建设项目进行适当管制的制度规定，但是国有企业交易活动属于经济活动的组成部分，只要有经济活动就可能产生腐败。因此，国有企业应加强对采购活动的管理，但是不能将是否招标作为国有企业合规性的依据，招标采购方式本身不是对公共采购监督的工具。招标采购同样也会产生腐败，解决的途径是综合治理。

在企业运营采购中，除了机电产品国际招标目录内的限制产品外，企业运营采购的设备，和工程有关的勘察、设计、监理之外的其他服务都不是依法必须招标的项目。

依据《操作规范》，企业生产需要的各种原材料采购、生产零部件模块总成采购、企业咨询服务采购、劳务服务采购、运行维护服务采购、物流仓储服务采购、其他如办公用品等行政采购都不是必须招标的项目。其采购方式由企业在供应链管理的目标下自行选择。

2. 工程项目中的运营采购

（1）原材料采购和专业分包。

在工程项目实施中，大型央企一般都成立专业供应公司集中采购原材料，如水泥、木材、钢材等，该采购不是针对某特定项目需要，而是依据年度预期计划按地区或品种集中采购，这些工程的原材料在落实工程项目合同前还不是项目的组成部分，不是依法必须招标的货物，可以选择合适的采购方式。如在集中采购、框架协议采购模式下，选取适当的时机通过谈判、竞价等方式采购。

针对专业工程，为降低工程成本，总包企业可以通过适当的方式选择分包商，有时采用招标并不一定是最好的采购方式，企业可主动和某行业内的优秀企业合作谈判，确定长期合作关系。

企业投标时中标单位按照供应原材料的采购价格作为总价的组成部分参与竞争，对于已经确定的分包单位在投标文件中载明，工程实施后中标人可直接采购或分包，不再招标。

（2）工程设备的采购。

在工程项目中应注意采购"工程设备"和"施工设备"的区别。工程设备是工程的组成部分，如电梯、门窗、电器等，这些货物和工程合在一起形成建设单位的固定资产，在施工过程中工程设备物资单项采购合同达到200万元必须招标。施工设备是指为完成项目使用的设备和工具，如塔吊、推土机，不是项目的组成部分，也不会形成建设单位的固定资产，这类设备物资的采购不是依法必须招标的项目，其采购方式由企业自行决定，企业采购施工设备的品牌应集中，以便降低运营成本。

11.3.1　监督主体

企业依制度规定确定对企业采购活动监督管理的责任主体部门，履行监督职责。

【释义】

企业对采购活动的行政监督管理不是法律授权的，是企业依据自身特点由企业领导机关通过内部制度授权的。其中，有些企业将招标投标活动的监督和采购活动的监督分由两个部门进行；有的企业成立招标采购中心或集中采购中心，负责企业重大项目的采购任务，同时也对下属企业的招标采购活动实施监督。执行采购和监督采购活动的机构也有完全分设的。

监督就意味着有强制性。企业制度的执行也有强制性，因此，即使是签订民事合同这类纯粹的民事活动，也必须遵守企业制度规定，体现企业最大经济利益。如果没有企业行政监督，制度可能就是一句空话。

11.3.2　监督内容

监督部门对采购活动的监督内容应包括：

——采购计划及其预算的合理性；

——采购组织和方式的合规性；

——采购程序的合法性；

——采购结果的公平性；

——使用部门对采购项目的满意度；

——采购合同缔约、履行评价；

——采购项目对企业总成本的影响评价；

——采购异议或投诉的处理情况。

【释义】

在招标投标活动中，法律赋予政府有关部门对招标投标活动监督的职能是：

(1) 受理投诉。《招标投标法》第六十五条。

(2) 对评标进行监督。《招标投标法实施条例》第四十六条第四款。

(3) 对招标投标活动实施监督，对招投标过程中泄露保密资料、泄露标底、串通招标、虚假投标、歧视排斥投标等违法活动进行监督执法。《招标投标法》第七条。

(4) 依据《招标投标法》第四十九条至第六十四条对违法当事人处罚。

(5) 依据《招标投标法实施条例》第六十三条至第八十一条对违法当事人处罚。

法规补充了行政监督部门对评标环节的监督。

在企业采购活动中，招标采购是各种采购方式之一，且企业行政监督部门也没有政府监督部门的法律授权。因此，企业行政监督部门对采购活动的监督不能照搬政府监督的规定，所谓企业行政监督实质上就是对企业采购制度执行权的管理。

本条规定了企业行政监督部门对采购活动监督的主要内容。

本条第一项和第二项属于事前管理的范畴。一是采购计划和预算，二是采购组织形式和采购方式的监督管理。预算的高估和低估都会给采购带来风险，采购组织形式和采购方式选择的合理性、合规性是保证采购取得预期效益的制度基础。

本条第三项、第四项属于事中管理范畴。企业行政监督部门的重点是保证采购程序的合法。

本条第五项至第七项属于事后管理范畴。通过满意度的调查对采购结果进行评价，评价的标准不是每项合同都是最低价，而是供应链成本最低。如采购合同价格较低，但使用部门抱怨质量差，或生产部门抱怨影响生产效率，都应当总结教训批评改正。因此，第七项规定应监督采购项目对企业总成本的影响评价。

企业行政监督部门重要的工作之一就是最后一项，即负责对供应商异议或投诉的处理。鉴于采购活动的专业性，供应商对采购执行部门异议答复不满意或直接投诉反映采购活动存在问题，企业行政监督部门负责处理责无旁贷。对供应商异议和投诉的处理也是对企业采购活动评价的重要途径。不言而喻，对滥用投诉权利的供应商应提出批评并依程序将其列入企业不良行为供应商名单。

11.3.3 监督方式

监督部门对采购活动的监督方式可包括：

——审查和完善企业的采购相关管理制度；

——定期或不定期对采购实体执行企业采购制度的情况进行巡视检查；

——批评、警示、诫勉教育，责成责任人纠正检查中发现的问题；

——依据企业制度对相关责任人给予行政处分。

对采购实体监督检查的程序示范，参见附录 A 例示的企业物资采购检查程序。

【释义】

政府部门在招标投标活动中的监督方式除了行政处罚、对违法行为公告以外，实践中常用的监督手段有以下几种。

现场监督：是指政府有关部门工作人员在开标、评标的现场行使监督权，及时发现并制止有关违法行为。现场监督也可以通过网上监督来实现，即政府有关部门利用网络技术对招标投标活动实施监督管理。如商务部就是通过"中国国际招标网"对机电产品国际招标投标活动实施过程监督的，机电产品国际招标投标的各项程序都需要在"中国国际招标网"上进行。

监督检查：是行政机关行使行政监督权最常见的方式。在招标投标活动中，各级政府行政机关对招标投标活动实施行政监督时，一般采用专项检查、重点抽查、调查等方式，依法授权可以调取和查阅有关文件，调查和核实招标投标活动是否存在违法行为。

项目稽查：在我国的建设项目管理中，对于规模较大、关系国计民生或对经济和社会发展有重要影响的建设项目，作为重大建设项目进行重点管理和监督，国家专门建立了重大建设项目稽查特派员制度。按照《国家重大建设项目稽查办法》规定，发展改革部门可以组织国家重大建设项目稽查特派员，采取经常性稽查和专项性稽查方式对重大建设项目建设过程中的招标投标活动进行监督检查。

有关项目审批的行政部门对应当审核项目中的招标范围、招标方式、招标组织形式的审批、核准属于行政管理的范畴，是对市场秩序的规范。审批部门对审批事项落实的检查属于监督行为。

有关行政监督部门接收招标人招标投标情况的书面报告属于行政管理程序的组成部分，接收后备案留存；行政监督部门认为需要或处理投诉对照该书面报告进行检查属于监督行为。

参照政府行政监督的方式，本条规定了事前监督、事中监督和事后监督三种监督的主要方式。

事前监督应通过制度规定，制定完善的规章制度，在保持相对稳定的前提下，随着企业的发展和市场的变化不断完善。

事中监督应对采购执行过程巡视、抽查，防止制度流于形式。

事后监督即发现违法企业采购制度规定的问题后及时批评教育，把问题解决在萌芽状态。企业行政监督部门的监督不同于纪检和监察部门，其处理的案件一般都是技术专业性强或一般违规行为，触及违纪和违法行为的要向纪检或监察部门移交，并配合相关部门做好技术支持工作。

本标准附录 A 是对企业日常巡查工作的程序示范，供读者参考。

11.4　审计监督

11.4.1　监督主体

企业审计部门依法对本企业采购活动进行内部审计，也可聘请社会审计单位对企业采购活动进行第三方审计。

11.4.2　监督内容

审计监督的内容应包括：

——审查和评价采购活动及内部控制的真实性、合法性和有效性；

——审计采购项目的预算和结算。

——依据审计结果向企业有关部门提出相应咨询和处理意见。

【释义】

一、本条框架

11.4.1 规定了企业对采购活动审计的监督主体和性质；监督主体应当是企

业审计部门，也可通过合同邀请第三方审计单位进行审计。本条规定的审计的性质是内部审计，不是国家对企业的监督审计。

11.4.2 规定了审计监督的内容。第一项是审计的基本要求，包括真实性、合法性和有效性。这里的"真实性"是企业会计的底线，也是审查和评价采购活动的基本要求。朱镕基总理在职期间很少题字，但是他曾破天荒给国家会计学院题词："诚信为本、操守为重、坚持准则、不做假账"。审计是对做假账最专业的、最有效的监督。"合法性"指如法律和标准规定不一致应当以法律为准，法律、法规对于同一事项规定不一致的，应坚持"一般"服从"特别"，"旧"的服从"新"的原则依法行政，不能有随意性。如针对非必须招标的物资采购中，不能以是否招标作为判定其是否合规的标准；"有效性"指审计结果有助于为企业降本增效，既是监督又是咨询，是增值型审计的标志。

11.4.2 第二项指对项目或项目化活动的专项审计，对项目审计容易产生纠纷的一个问题是，是否可以以审计结果作为合同结算的依据，在"示例中"作出必要的解释。依据内部审计的要求不仅在审计结束后出审计结果，还应对审计项目提出咨询意见。特别是在供应链采购中，应当系统分析采购供应链程序的风险点，并作出评估。

二、企业采购审计监督的重要意义①

1. 审计概念

所谓审计指对会计人员所做会计记录，应用科学方法进行系统审核，查明部门、单位或企业的经营或财务状况，在此基础上提出审计报告，作出客观公正评价的制度。一个完整的财务行政管理体系，一般包括预算、会计、决算和审计 4 个环节，审计是最后一个环节，它对财务收支起审查稽核的作用，十分重要。

审计关系是一种经济监督关系，我国于 1994 年 8 月 31 日颁布了《中华人民共和国审计法》（以下简称《审计法》）；2006 年 2 月 28 日进行了修订。《中华人民共和国审计法实施条例》（以下简称《审计法实施条例》）已经在 2010 年 2 月 2 日于国务院第 100 次常务会议修订通过，自 2010 年 5 月 1 日起施行。

2. 审计分类

（1）内部审计。

审计分为内部审计、政府审计、第三方审计。本条规定对企业采购的审计监督指内部审计或委托第三方进行的专项审计。

内部审计是组织内部的一种独立客观的监督和评价活动，它通过审查和评价经营活动及内部控制的适当性、合法性和有效性来促进组织目标的实现。

---

① 本条释义的第二、三、四节引自郑州煤矿机械集团股份有限公司的核心管理人员薛秀莉撰写的《国有企业增值型供应链审计研究》一文，本书引用时进行适当补充。

2013 年中国内部审计协会新修订的《中国内部审计准则》第二条中对内部审计进行了如下定义："是一种对立、客观的确认和咨询活动，它通过运用系统、规范的方法，审查和评价组织的业务活动、内部控制和风险管理的适当性和有效性，以促进组织完善治理、增加价值和实现目标"。上述对内部审计的定义标志着内部审计正式从传统的查错纠弊型审计向增值型审计转型。

为保证增值型审计的顺利实施，将内部审计的职能从原先的监督与评价扩展为确认和咨询，强调内部审计运用系统和规范的办法来对被审计事项的适当性和有效性进行鉴证和评价，并在此基础上提出有建设性的咨询意见，以促进组织价值的增加。

（2）内部审计范围。

包括：财务审计、内控审计以及专项审计。

其中，

①财务审计包括：资产审计、费用成本审计、经济效益审计、投资效益审计、财务决算审签等。

②内控审计包括：资金、物资、采购、生产、营销、内控及风险管理等公司内部经营管理环节中内部控制制度的执行情况。

③专项审计包括：基建、技改预决算审计、科研项目审计、经济责任审计等。

3. 企业采购审计监督的重要意义

从业务特征看，采购部门是个"花钱的"部门；财务部门依照合同约定向供应商支付货款或承包服务费用；审计部门最原始的作用是监督每笔资金使用的合理性，即查错纠弊，其职能是评价和监督，对采购效果的评价，对财务支出的监督。但是，随着增值性审计理念的发展，审计工作已经不再局限于查错纠弊，审计部门不参与采购的具体程序性工作，如招标投标活动的开标、评标等工作，更不能以是否采用招标采购判断采购方式选择的合理性。

审计的主要工作是对被审计事项的适当性和有效性进行鉴证和评价，并在此基础上提出有建设性的咨询意见。审计部门不仅是企业采购是否适当有效的"守门员"，也是企业采购的咨询师和企业采购预防腐败的"哨兵"。

三、内部控制与风险管理方法相结合的供应链审计

企业的供应链是组织价值链中最能体现创造价值的基本活动，美国著名的科尔尼管理咨询公司（A. T. Kearney Management Consulting）的一项研究表明，低效率会浪费组织 25% 的经营成本。因此，通过供应链审计来增加组织价值的空间是比较大的，并且供应链效率的改善将直接能够带来组织利润的增加。

由于内部审计人员熟悉组织的管理环境，具有相对独立的职能和地位，在运用内部审计技术的基础上，通过组织绩效评估指标与过程执行偏差的定量分析，认定采购管理流程中存在的管理缺陷或流程缺陷，全面、客观、准确地评估风险事件水平，评价组织实现供应链增值目标的可行性和有效性。

增值型供应链审计在立足提高组织采购运营效率和效益的基础上，注重与组织的战略目标保持一致，通过审计报告的形式揭示内在风险，促进组织绩效管理的前瞻性，协助管理层控制风险，是内部审计增值的重要表现方式。

四、供应链增值型审计案例

1. 案例背景

A 集团公司是国内高端装备制造组织。"A＋H"上市公司是国务院国资委"双百行动"改革试点单位，按照公司战略规划，实施多产业板块全球化运营，在集团管控、价值创造、资源整合、产业协同方面，持续保持高质量发展态势。

2017 年 A 集团公司审计部根据年度计划拟开展"招标投标活动流程"专项审计，对《集团公司招标管理办法》制度建设、流程执行的适当性、有效性进行评价。

集团董事会要求在此次审计的过程中，关注物资集中采购管理体系的建立和实施情况，对存在的问题和风险提出建设性意见，推动打造供应链核心竞争力的战略目标实现。

内部审计团队对该专项审计重新进行定位，认为供应链管理是影响公司经营状况的重要因素，与"招标投标活动流程"相比，直接开展供应链审计能更好地达到增加组织价值这一审计目标。

2. 识别 A 集团公司供应链的主要流程

3. 确定审计范围及重点

通过调查、访谈、穿行测试、绘制流程图等审计方法，确定供应链中"采购与付款流程"为此次审计的重点。

4. A 集团公司"采购与付款流程"内部控制目标

（1）生产需求计划、采购计划及采购订单是按照规定的权限和程序审批的。

（2）请购环节经过适当授权或审批。

（3）供应商/承包商的选择符合公司的经营目标和最大利益。

（4）采购定价是合理的，采购方式选择符合公司政策。

供应链采购流程如图 11 - 1 所示。

（5）订立的框架协议或采购合同条款符合公司的各项政策及规定和管理层的意图。

（6）所有签订的采购合同/订单得到妥善的保管。

（7）保证原料的采购数量及质量等符合公司的生产和运营需要。

（8）仓库接受的货物与经批准的采购订单相符。

（9）付款比例按合同执行并经过授权审批。

（10）所有采购产品的应付款都正确、完整、及时地（在恰当的会计期内）记入。

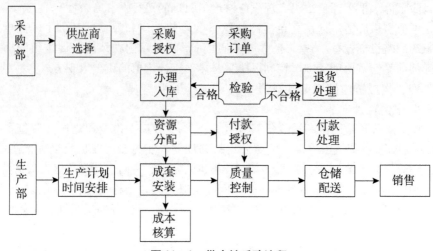

图 11 - 1 供应链采购流程

5. "采购与付款流程" 风险评估

（1）计划编制。

①需求或采购计划不合理，不按生产需求安排采购或随意超计划采购，造成原材料（配套件）短缺或者存货资金占用过大。

②未能保持安全库存，没有根据生产要求及时调整采购计划，影响组织正常运行。

（2）请购。

①未建立采购申请系统，造成组织管理混乱。

②未经批准或未经授权的审批购买，可能导致库存积压或短缺，影响组织正常生产经营。

（3）选择供应商。

①供应商/承包商的选择不当，可能导致物品质次价高，甚至存在舞弊或欺诈行为。

②缺乏完善的供应商/承包商评估、准入和淘汰制度，仍使用不符合管理层要求的供应商/承包商，可能导致生产停顿或售后服务压力增加。

③未建立供应商/承包商信息管理系统，供应商资质、信誉情况的真实性和合法性审查不及时。

（4）采购价格。

①缺乏科学的采购定价机制，存在应招标未招标物资，缺乏重要的材料成本和市场价格跟踪监控记录，导致采购价格不合理，可能造成组织资金损失。

②内部稽核制度不完善，导致因数量、价格录入错误造成组织损失。

（5）订立合同。

①公司未开发模块化标准合同模板，对方主体资格和履约能力不符合管理要求，可能导致采购不畅。

②合同内容存在重大遗漏和欺诈行为，潜在的法律纠纷或对方不承担约束可能会导致组织的合法权益受到损害。

③没有形成市场预警机制，没有根据市场供求关系转化来调整合同价格或数量，造成组织潜在利益的损失。

（6）供应管理。

①缺乏往绩记录，忽视运输保险风险，可能导致财产损失或供应无法保证。

②供应商/承包商的供应过程无记录，缺乏供应商/承包商的供应过程评估资料，责任无法追溯。

（7）验收。

①验收程序不规范，入库标准不明确，使质量不合格或不需要的物资进入组织，造成资产损失或资金占用过多。

②未及时确认验收中存在的异常情况，不完整的信息可能会导致决策错误。

（8）付款。

①未提供订单的商品/服务，已记录应付款，不恰当地承担债务，可能导致财务信息不准确，产生舞弊的可能。

②不按合同规定的比例支付货款，或付款不符合公司政策，可能导致资金受损失。

③未使用现金折扣或未利用优惠承诺，造成财务损失。

（9）会计记录。

①缺乏有效的采购和会计系统控制，无法完全真实地记录和反映现金流与物流的各个环节，可能导致采购物资数目不对或资金受损。

②退货和待检的物料处理过程不当，账目与实际不一致，可能导致财务信息不准确。

6. A集团公司"采购与付款流程"重要风险汇总

在对企业供应链流程识别的基础上，通过调查、访谈、穿行测试、绘制流程图等审计方法，对照风险事件评估表、绩效评价指标对供应链主要风险点进行识别和评估，完成流程缺陷认定。以采购环节为例，企业风险事件评估表如表11-1所示。

7. 缺陷认定与审计建议

通过绩效评价指标与过程执行偏差的定量分析，A集团公司供应链针对"采购与付款流程"管理缺陷的审计改进建议如表11-2所示。

表 11 −1 　　　　　　　　　　企业风险事件评估表

风险事件评估表									绩效评价体系	
风险名称类别	风险名称	风险种类	风险指标	风险评估					危险灯号	绩效评价指标
				可能性	PML[①]	MPL[②]	差值	风险得分		
原料	原材料短缺	价格上涨	上涨超过10%	60	7	10	3	420	O	集采率、价格来源、价格变化比率
原料	原材料短缺	供应中断	超过一周无法交货	30	3	7	4	90	Y	供应商数量、资产负债率、生产预测差异
原料	原材料短缺	供应中断	超过一月无法交货	10	10	40	30	100	O	供应商数量、准时供货率
原料	原材料短缺	品质异常	无法满足进料要求	60	7	10	3	420	O	产品合格率、订单错误率

表 11 −2 　　　　　　　　　　审计改进建议

供应链流程	缺陷描述	审计改进建议
采购环节	物资分类不科学	完善物料分级管理制度，明确物料分类标准和品类管理流程和规范；明确重点管控物资
	供应商选择不当	完善供应商管理制度，细化考核内容，实现供应商合理分层分级；为发展战略供应商做准备
	采购方式不合理	合理分析市场与公司产品，明确未来的物料供应战略，根据物资品类特点，制订多元化采购方案
招标环节	缺乏采购定价监督机制	完善招投标管理制度，发挥集中采购规模效应，降低采购成本
信息化环节	采购流程未实现信息化共享	加强招标管理信息化建设，保证 ERP 线上授权审批与线下业务的一致性；加强对招标资料的保存，避免法律风险

---

① PML：可能最大损失。
② MPL：最大可能损失。

8. 审计效果展示

A 集团公司根据审计结果，对管理体系进行整合优化。先后建立健全了《A 集团公司招投标管理制度》《A 集团非招标管理制》《A 公司供应商分类、分级及动态考核管理办法》等制度文件。调整了集团化采购管控模式和组织架构，厘定了集团招标管理办公室职能以及水平和垂直关系职责，明确了下一年度采购管理重点及流程优化方向。企业采购各项指标完成统计如表 11-3 所示。

表 11-3　　　　　　　　企业采购各项指标完成统计

序号	考核维度	考核项目	计量单位	权重	年度考核指标
1	供应保生产类指标（15%）	1.1 生产管理	分	15%	100
2	采购物资质量类指标（10%）	2.1 质量管理	分	10%	100
3	采购库存成本类指标（45%）	3.1 金属主材资金占用	亿元	10%	4
		3.2 金属主材采购周期	/	10%	
		其中：板材	天	6%	≤55
		棒材	天	2%	≤35
		管材	天	2%	≤40
		3.3 创新采购方式降成本	亿元	15%	0.8
		3.4 物资抹出率	/	10%	100%
4	管理类指标及重点工作（30%）	4.1 预算偏差率	/	5%	±10%
		4.2 建立金属材料采购比价模型	项	5%	1
		4.3 供应链管理优化方案制订及实施	项	5%	1
		4.4 集团化采购平台建设及推进	项	5%	1
		4.5 供应商大会筹备及成功召开	项	5%	1
		4.6 物资联合验收	项	5%	1

与此同时，A 集团公司规划部充分发挥制度引领和绩效考核优势，调整了采购管理部门绩效考核内容及权重指标，进一步促进了 A 集团公司采购工作系统性改善，实现供应链核心竞争力的战略目标。

2019 年年初，A 集团公司电子招投标平台上线运行，充分发挥集采优势，当年实现降低采购成本 2700 万元，内部审计通过此次供应链审计实现了为组织增值的审计目标。

【示例】

关于不得以审计结果作为工程竣工结算依据的规定

一、法规和协会文件

（一）全国人大常委会的复函

2017 年 6 月 5 日，全国人大常委会法工委在回复中国建筑业协会作出的《关于对地方性法规中以审计结果作为政府投资建设项目竣工结算依据有关规定提出的审查建议的复函》（简称《复函》）中明确：“地方性法规中直接以审计结果作为竣工结算依据和应当在招标文件中载明或者在合同中约定以审计结果作为竣工结算依据的规定，限制了民事权利，超越了地方立法权限，应当予以纠正。”

全国人大常委会取消以审计结果作为工程竣工结算依据这一做法的初衷，应该是由于工程竣工结算的依据首先是工程合同，合同没有约定以审计结果为依据的话就不能这么执行，从法律法规的效力来讲，《合同法》是法律，效力高于地方政府出台的有关法规，所以以审计结果作为政府投资工程竣工结算依据这一规定是与《合同法》有违背的地方，全国人大常委会的做法是正确的。

地方审计条例的规定有三种情况。

（1）直接规定审计结果应当作为工程竣工结算依据。

（2）规定建设单位应当在招标文件中载明或者在合同中约定以审计结果作为工程竣工结算依据。

（3）规定建设单位可以在招标文件中载明或者在合同中约定以审计结果作为工程竣工结算依据。

依据全国人大常委会的复函，前两种情形应取消。但第三项不违法，地方法规不能做违背上位法的规定，但合同可以约定，属于双方自愿约定，应遵守约定。

（二）住房和城乡建设部文件

2020 年 2 月 26 日住房和城乡建设部办公厅下发《关于加强新冠肺炎疫情防控有序推动企业开复工工作的通知》，明确要求：规范工程价款结算，政府和国有投资工程不得以审计机关的审计结论作为工程结算依据，建设单位不得以未完成决算审计为由，拒绝或拖延办理工程结算和工程款支付。

近年来，很多地区先后出台了地方性审计条例或审计监督条例，规定政府投资和以政府投资为主的建设项目“以审计结果作为工程竣工结算依据”，规定“以审计结果作为建设工程竣工结算依据”的出发点是为了保护国有资产不流失、监督财政资金合理使用。

（三）中国建筑业协会意见

中国建筑业协会认为，如果通过审计发现确有对工程结算款高估冒算行为，甚至行贿受贿等犯罪行为，完全可以适用《民法通则》《合同法》等民事法律规定中的撤销、无效等有关条款，或按照相关法律移交法院审理。强制性地将第三方的审计结果作为平等主体之间的民事合同双方的最终结算依据，不仅不合理，也没有现行法律的支持。

"长期以来，一些政府投资工程的建设单位以等候审计结果为由拖延工程结算时间，进而拖延支付工程款，使施工企业不堪重负，并直接影响对材料、设备供应商及劳务企业的款项结算和支付。"中国建筑业协会在函中称，该规定不利于保护施工企业合法权益。

中国建筑业协会还认为，通过地方立法强制要求将审计结果运用于民事合同的价款结算，实际上是以行政定价代替市场定价，而审计机关和被审计单位之间是一种行政监督关系，审计机关没有对具体交易行为进行定价的权力。"《合同法》把平等、自愿、公平、诚实信用等作为从事民事活动、订立合同的基本原则，此规定违背了合同法规定的平等自愿原则。"

二、以行政审计结果作为政府投资建设项目竣工结算依据的注意事项

虽然以行政审计结果作为政府投资建设项目竣工结算依据，在法律法规中并未作出限制性的规定，但是由于行政审计的特殊性（系行政监督），在约定以行政审计结果作为政府投资建设项目竣工结算依据时，应当注意以下几个方面的事项。

（一）以行政审计结果作为政府投资建设项目竣工结算依据的，应当在招标文件中载明或在合同中明确约定

首先，由于政府投资建设项目绝大部分属于必须进行招投标的项目，因此，在招标时，发包人应当在招标文件中载明以审计结果作为竣工结算依据，并根据招标文件签订合同；若在招标文件中未明确载明，而在合同中新增以行政审计结果作为竣工结算依据的，该约定可能因背离招标文件的实质性内容而无效。

其次，根据《最高人民法院关于建设工程承包合同案件中双方当事人已确认的工程决算价款与审计部门审计的工程决算价款不一致时如何适用法律问题的电话答复意见》规定，只有在合同明确约定以审计结论作为结算依据或者合同约定不明确、合同约定无效的情况下，才能将审计结论作为判决的依据。

最后，根据《2011年全国民事审判工作会议纪要》（法办〔2011〕442号）第25条"当事人以审计机关作出的审计报告、财政评审机构作出的评审结论，主张变更有效的建设工程施工合同约定的工程价款数额的，不予支持。"之规定，若合同中没有约定以行政审计结果作为竣工结算依据的，行政审计结果不能作为竣工结算依据。

（二）以行政审计结果作为政府投资建设项目竣工结算依据的，应当明确具体的审计机关

在实务中，由于约定不明导致的类似纠纷屡见不鲜。类似"竣工结算经审计部门审核确定""以发包人的审计结果为准"的约定，既未明确具体的审计机

关，也未明确审计的性质。该约定实质上仍然属于发包人单方面的结算结论，在承包人不予认可的情况下，通常是难以作为最终结算依据的。

对于上述约定不明的情形，载于《最高人民法院公报》（2014 年第 4 期）的最高人民法院（2012）民提字第 205 号民事判决书，重庆建工集团股份有限公司与中铁十九局集团有限公司建设工程合同纠纷案中，最高人民法院就认为，"根据《审计法》的规定，国家审计机关的审计系对工程建设单位的一种行政监督行为，审计人与被审计人之间因国家审计发生的法律关系与本案当事人之间的民事法律关系性质不同。因此，在民事合同中，当事人对接受行政审计作为确定民事法律关系依据的约定，应当具体明确，而不能通过解释推定的方式，认为合同签订时，当事人已经同意接受国家机关的审计行为对民事法律关系的介入"，并据此对重庆建工集团股份有限公司"业主审计为准"就是"行政审计"的主张不予采信。因此，在约定审计结果作为结算依据时，应当明确约定审计的性质和具体的审计单位。

（三）以行政审计结果作为政府投资建设项目竣工结算依据的，要注意行政审计时限的约定

对于审计时限（即开始时间和结束时间），《审计法》和《审计法实施条例》中未作明确规定。只有在《政府投资项目审计规定》第九条中对审计时限进行了模糊的规定，具体规定为"审计机关对列入年度审计计划的竣工决算审计项目，一般应当在审计通知书确定的审计实施日起 3 个月内出具审计报告。确需延长审计期限时，应当报经审计计划下达机关批准。"此规定虽然明确了 3 个月的审计时限，但对于审计通知书的下发时间没有明确规定，而且规定了可以延长。因此，在约定行政审计结果作为竣工结算依据时，建议同时约定出具审计报告的时限。此约定虽然对审计机关没有约束力，但对于当事人是具有约束力的。至于时限的长短，当事人之间可以协商确定。

11.5 纪律监察

企业采购实体、审计等部门应积极支持和配合纪检监察部门的工作。

【释义】

党的十八大之前，党的纪检干部根据中纪委的要求积极参加了社会和企业招标采购活动的监督。不少同志一开始以为，招标投标活动是反腐败的利器，认为监督就是指要监督开标，所以在开标现场，除了行政监督部门参加开标仪式外，还有纪检干部。但是后来发现，招标的项目也存在腐败，甚至招标投标活动本身也会滋生腐败。在实践中大家逐步认识到，招标作为多种采购方式的一种，其在一定程度上可以减少腐败的漏洞，在于其公开性而不是其竞争性，那种认为只要招标采购就万事大吉，只要在开标时旁站就可以防止腐败的想法是很幼稚的。鉴于招标采购活动的经济、管理、技术和法律属性的复杂性，搞

不好，纪检干部参与招标采购的具体事务还容易被个别腐败分子利用，给腐败分子"戴白手套"。为此，党的十九大以后，中纪委明确要求纪检干部以及后来组建的监察干部不再参与招标采购现场监督这类具体的采购活动，退后一尺，站高一层，从建立反腐败综合体系入手，实施效能监察，使党的纪律检查工作和监察工作更加有力坚强。

当前，国有企业正处于结构调整和深化改革的关键时期，与之相适应的企业管理制度和配套措施，也正在制定和完善之中。其中，企业效能监察作为一个切入工作中心的重要工作形式正在企业中积极推行。实践证明，持续有效地开展企业效能监察工作，对企业经营管理的制度化、规范化、科学化，堵塞管理漏洞，防止企业资产流失，促进企业资产的保值增值有着非常重要的意义。

所谓企业效能监察是指围绕企业经营管理的效益、效果、效率及其过程能力等，采用系统、规范、专业的方法，所进行的审查、建议与督促改进活动。从监察"人"的角度，是廉洁从业、勤勉从业和优质从业的综合监察活动；从管理学的角度，是以流程为单元和对象，对流程运行效能进行的审查、建议、督促改进的活动。流程运行效能即企业经营管理的效益、效果、效率及其过程能力。

国有企业效能监察离不开企业各部门的配合和支持。在企业采购领域，采购管理部门和审计部门应积极配合协助纪检监察部门开展工作，本条对此作出了规定。

【案例】

招标投标活动本身会滋生腐败[①]

利用招标采购管理的职务便利，多次收受投标企业给予的巨额现金，原 GW 物资有限公司（以下简称 GW 公司）招标部招标采购管理员任×成涉嫌受贿案，经最高人民检察院指定由宝鸡市渭滨区检察院侦查终结并提起公诉，被告人任×成被法院以受贿罪判处有期徒刑十五年，并处罚金 1000 万元。

"招标部经理"三年受贿 20 余次

GW 公司一名主管招标采购的项目经理，事先与电气企业约定事成按中标金额一定比例收取提成，短短三年时间内 20 余次收受中标电气企业贿送的 2700 余万元好处费。陕西省宝鸡市中级人民法院对外公布的任×成受贿一审刑事判决，揭开了招标部经理巨额受贿落网的内幕。

公司账面现蹊跷咨询费

1981 年出生于北京的任×成，于 2010 年起的四年间历任 GJDW 招标事业部三级项目经理、GW 公司招标采购管理员，专门负责公司对外招标采购事务，并

---

① 文章引自正义网《原国家电网物资公司项目经理因受贿 2794 万元获刑 15 年》，文章标题和部分内容作了修改。

参与采购文件编制和评标工作，对招标采购有一定的话语权。

任×成明白招标采购肯定是个肥缺，他决定抓住这个发财的机会。但如何在招标过程中掘金呢？任×成为此着实动了一番脑筋。

2011年年初的一天，北京某电气股份有限公司（以下简称"北京公司"）总经理张某向董事长徐某汇报，说GW公司有一个标，拿下来需要给人家合同金额一个点的好处费，如果不给这个标就拿不到。徐某当即表态只要能把标拿到手，实在不行就给吧。

徐某事后获悉这个索要好处费的人就是任×成。事实上，这只是任×成若干次向电气企业索要提成的一个例证。据卷宗记载，像这样公然向企业索要提成的情况，仅在北京公司就发生了20余次，金额达到惊人的2700余万元之巨！

翻开卷宗，我们惊讶地发现，在长期的业务联系过程中，任×成竟然与北京公司之间达成默契，直接约定提成比例，从而将本应公事公办的招标事项变成了明目张胆的权钱交易。

到后来，北京公司直接规定GW项目按照中标额提取3%的咨询费作为销售费用（之前有个别标是按5%支付提成）。这样，北京公司只要在任×成的帮助下中了GW公司的标，就会立马兑现约定的提成，按约奉送提成便成了北京公司的例行公事。

"每次北京公司在GW公司中标后，我就会按照中标金额算出应付任×成的提成，向领导汇报，领导会安排销售部内勤杨某写借款凭证，经领导签字后去财务部资金组办理取钱手续。"北京公司销售部长杜某某事后说。

杜某某称，其所在的销售部门先以招待费、咨询费、技术服务费的名义从财务部门借支现金支付给任×成的好处费。由于送出去的钱没有发票，杜某某就让下属找了四家咨询公司，通过向北京公司开具咨询费或技术服务费等发票的形式冲抵借款。就这样，为了将奉送给任×成的提成在公司入账，北京公司的账面上就有了一笔笔蹊跷的咨询费。

帮北京公司三年中标20余次，"提成"2700余万元

刘某某和任×成是同学，两人关系不错。刘某某称自2011年5月起一年多的时间里，其受任×成委托先后17次帮任×成取钱。刘某某称每次杜某某和他电话联系后，他就开着自己的黑色捷达车去约定地点取钱，每次的钱都是用纸箱子装着并用胶带密封好，他原封不动交给了任×成。杜某某通过这样的方法，一年多就先后17次向任×成奉送提成2471万元。

2013年下半年，GW公司在每年计划批次之外追加了一次投标，直到第二年年初才公布中标结果。2014年2月的一天，杜某某约任×成吃饭，说到北京公司要给相关专家评委支付有关费用，问任×成能否将所有组合电器按照1.5%的比例提成，然后将提成中的0.5%返还给北京公司，任×成表示同意。

2014年第一批招标开始，北京公司出台不能大量借支，要由代理公司以转账的形式支付咨询费的财务规定。杜某某遂让任×成找个代理公司，由其将当次提成款直接转给代理公司。后来任×成提供了江西某文化传媒有限公司（以下简称"江西传媒公司"）的营业执照和账号，杜某某写好代理协议加盖北京公司销售部公章交给任×成，任×成又将盖有江西传媒公司公章的代理协议交给杜某某，之后杜某某将收到的江西传媒公司的咨询费发票及协议交给公司财务办理了转账手续。

杜某某称这次追加投标北京公司组合电器产品中标金额约2160万元，杜某某于2014年3月底按照中标金额1.5%的提成比例加上7%的税款计算，共给该公司转款34.6万元，其中任×成得到好处费22万元。一两天后，任×成打电话给杜某某说钱已收到。

2014年2月底，北京公司在GW公司当年第一批次开关柜产品中标金额3036万元，组合电器产品中标金额5971万元，断路器产品中标金额186万元。一个多月后，北京公司的财务给江西传媒公司转含税款约170.8万元，其中送给任×成的好处费是129万元。任×成收款后，向杜某某返还了30万元，徐某将钱交给了公司。

两个月后，当年第二批次中标结果公布后，北京公司开关柜产品、组合电器产品和断路器产品中标金额分别为5863万余元、7370万余元和991万余元。6月初，北京公司的财务向任×成转含税款共275.6万元，其中任×成好处费221万元。十余天后，任×成向杜某某返还30万元，徐某将钱交给公司。

杜某某事后证实，在北京公司投标过程中，任×成会告诉其投标时的注意事项，并提供所投标产品的购买记录，告诉其有哪些厂家参与了公司所投标的项目，以及每次评标的专家组组长大致人选和评标专家的大致范围。此外，任×成还会对杜某某指导公司投标报价，让公司尽量报准一些，确保顺利中标。在评标阶段有的专家对北京公司不了解，任×成就着重给专家介绍北京公司及公司产品。而每次评标后中标结果公布之前，任×成会提前告诉杜某某中标结果以及评标期间专家对该公司的评价意见等。

杜某某称，从中标金额上看，自从给任×成按比例提成后，北京公司的中标金额增加不少。后来杜某某获悉任×成不负责北京公司投标产品时，任×成表示自己还在招标一部，北京公司的投标产品还由自己的部门负责，自己还能继续为北京公司提供帮助。

巨额赃款购置房产，一朝事发获刑15年

任×成事后供述了巨款的去处，其收款后将约2500万元交给其母邢某某保管，由其母用来投资理财及购买房产，但他没有告诉母亲钱款的来源。

经过查看银行账户明细，2011年4月起的三年间，邢某某分106次，共向自己的银行账户存款2624.63万元。在此期间，邢某某用该款进行投资理财，以其母子的名义分别在北京、成都、海南等地购买了七套房产，购房款达2200

余万元。

宝鸡市中级人民法院经审理，认定任×成构成受贿罪，遂判决：被告人任×成犯受贿罪，判处有期徒刑十五年，并处罚金1000万元；侦查机关扣押在案的赃款1862万元依法没收，上缴国库；查封的两套位于北京的房产在依法处置后，责令任×成退赔违法所得932万元，剩余部分抵缴罚金。

【示例】

效能监察工作制度①

第一章 总 则

第一条 为加强公司效能监察工作，完善企业管理，促进经营管理者正确履行职责，提高企业效能，实现效能监察工作规范化、制度化，根据国务院国资委及集团公司的有关规定，结合企业的实际情况，制定本制度。

第二条 效能监察是企业监察机构针对影响企业效能的有关业务事项或活动过程，监督检查相关经营管理者履行职责行为的正确性，发现管理缺陷，纠正行为偏差，促进企业规范管理和自我完善，提高企业效能的综合性管理监控工作。

本办法适用范围：公司各单位及其全资、控股子公司。

第三条 检查经营管理者履职行为正确性遵循以下标准：

（一）合法性：经营管理者履职行为必须是合法的授权行为，必须符合国家相关法律法规和企业领导人员廉洁从业的相关规定，必须按规定接受监督。

（二）合规性：经营管理者履职行为必须符合相关管理程序、业务流程和技术规范。

（三）合理性：经营管理者履职行为在职责权限内的合理载量，必须符合降低成本、增加效益、持续经营等管理原则。

（四）时限性：经营管理者履职行为对有特殊时限要求的管理事项不得擅自延长或者缩短时限。

第四条 效能监察工作坚持以下原则：

（一）科学发展原则。围绕企业经营中心，服务企业改革发展大局，促进建立节约型企业，持续发展，不断提高效益。

（二）依法监察原则。有章必循、违章必纠、执纪必严，激励守法合规行为。

（三）实事求是原则。重调查研究、重证据，客观公正。

（四）协调统一原则。监察与纪检、监事会和审计等其他监督部门相协调；监督检查经营管理者履职行为与服务经营管理目标相统一；促进制度建设与提高企业效能相统一；完善企业内部管理控制机制与构建惩治和预防腐败体系相

---

① 引自百度文库/实用文档/工作范文

统一；教育与奖惩相统一。

第二章 效能监察工作领导体制和责任体系

第五条 公司按照企业人事管理权限或者企业产权关系，依据"统一要求、分级负责"的原则，建立健全效能监察工作责任体系，形成在企业党政领导下，由主要经营管理者负责、监察机构组织协调和实施、相关部门密切配合、职工群众积极参与的效能监察工作领导体制和工作机制。

第六条 公司审计监督委员会负责公司效能监察工作，主要任务是：

（一）明确效能监察的分管领导，建立公司效能监察工作领导小组，充分发挥效能监察在经营管理中的综合监督作用，加强内部监督和风险控制。

（二）按公司人事管理权限确定公司效能监察的范围和应当接受检查的经营管理者，批准效能监察立项、工作报告、监察建议和决定等重大事项，定期听取公司的效能监察工作情况汇报。

（三）建立健全公司监察机构，根据公司实际需要配置与监察工作任务相适应的专职监察人员，为公司开展效能监察工作提供组织保证。

第七条 公司效能监察工作领导小组的主要职责是：

研究部署并指导和组织检查所属单位的效能监察工作，协调效能监察工作关系，处理与效能监察工作有关的重大事宜。

第八条 公司监察机构负责组织协调和实施公司效能监察工作，主要职责是：

（一）按照公司主要经营管理者、效能监察工作领导小组和上级部门有关效能监察工作的要求，结合公司经营管理实际，提出效能监察年度工作计划和效能监察立项意见，负责公司的效能监察日常工作。

（二）组织协调相关部门参与效能监察工作，与监事会、审计等部门协调配合，形成综合监督力量。

（三）根据选定项目，建立相应的效能监察项目检查组，实行效能监察项目负责制。

（四）受理对效能监察决定有异议的申请，并组织复审。

（五）开展调查研究，组织理论研讨、业务培训和工作交流，总结推广典型经验。

（六）完成公司主要经营管理者、效能监察工作领导小组和上级部门交办的其他事项。

第九条 公司相关部门在效能监察工作中负有参与配合、通报相关情况、提供相关资料的义务；并负责落实针对部门的效能监察建议或决定，以及向同级效能监察工作领导小组提出意见、建议。

第十条 效能监察项目检查组依据同级监察机构的授权，具体负责效能监察项目的实施。

第十一条 效能监察项目检查组成员负责效能监察项目的检查。效能监察项目检查组成员应当熟悉效能监察业务，了解企业管理制度和企业经营管理情况，有较丰富的工作经验，爱岗敬业，忠于职守，公正廉明。

第三章 效能监察的任务、权限和方式

第十二条 效能监察的主要任务是：

（一）检查经营管理者履行职责，执行国家法律法规和企业管理制度，完成经营管理目标任务的情况，促进企业加强执行力，维护指令畅通。

（二）监督检查经营管理者履职行为的正确性，发现行为偏差和管理缺陷，分析存在问题的原因，会同相关部门提出监察建议或决定的意见，加强内部管理监控。

（三）按规定参与调查违反国家法律法规和企业管理制度造成国有资产损失的问题，依法追究有关责任者的责任，避免和挽回国有资产损失。

（四）按规定参与调查处理企业发生的重大、特大责任事故，促进企业落实安全生产责任。

（五）按规定及时将发现的违法违规违纪线索，移交有关部门处理，督促企业依法经营和经营管理者廉洁从业。

（六）督促监察建议或决定的落实，纠正经营管理者行为偏差，总结推广管理经验，健全管理制度，促进企业规范管理，完善企业激励约束机制。

第十三条 公司监察机构开展效能监察工作有下列权限：

（一）要求被检查的经营管理者及其所在部门（单位）报送与效能监察项目有关的文件、资料，对效能监察项目的相关情况作出解释和说明。

（二）查阅、复制、摘抄与效能监察项目相关的文件、资料，核实效能监察项目的有关情况。

（三）经公司主要经营管理者批准，责令被检查的经营管理者停止损害国有资产、企业利益和职工合法权益的行为。

（四）建议相关部门暂停涉嫌严重违法违规违纪人员的职务。

第十四条 效能监察可以采用下列监察方式：

（一）针对公司经营管理活动的重点、难点，针对资产管理的风险因素和职工群众反映的热点问题等，开展单项或者综合事项的效能监察。

（二）针对公司业务事项和管理活动的全过程或重点环节，开展事前、事中、事后或全过程的效能监察。

（三）充分利用公司信息化管理系统开展效能监察工作。

第四章 效能监察基本程序

第十五条 效能监察的基本程序包括确定效能监察项目、审批立项、实施准备、组织实施、拟定监察报告、作出监察处理、跟踪落实、总结评审和归档立卷等。

第十六条　效能监察项目通过以下方式确定：

（一）上级主管部门统一组织效能监察项目。

（二）公司主要经营管理者直接指定效能监察项目。

（三）监察机构调查分析，研究拟定并报批效能监察项目。公司在基建、技改、技措、重要设备购置、对外投资等一次性投资在 30 万元及以上的项目实施之前，必须由承办部门先报监察部门，监察部门视情况确定是否立项。

（四）填写《立项审批表》，并报公司总经理审批。

第十七条　效能监察实施准备的主要过程是：

（一）成立效能监察项目检查组，检查组成员以效能监察人员为主，相关部门派人参与，或者聘请具有专门知识、技术的人员参加，本人或者其近亲属与效能监察项目有利害关系，或者有其他关系能影响公正监察的，不得作为检查组成员。

（二）对效能监察项目检查组成员进行相关专业知识及法律法规和企业相关制度的培训。

（三）收集整理监察依据，理清监察项目的主要业务流程和关键岗位权限，找准主要监察点，明确监察目的、要求和方法步骤，制订实施方案。

（四）向被检查的经营管理者所在部门（单位）发送效能监察通知，相关部门（单位）应当提供效能监察必需的工作条件。

第十八条　效能监察组织实施的主要内容是：

（一）向被检查的经营管理者所在部门（单位）通报实施效能监察的目的、要求和相关事宜。

（二）依据效能监察项目实施方案规定的方法和步骤对有关经营管理者进行检查。

（三）检查效能监察项目有关经营管理者履行职责、执行国家法律法规和企业管理制度、完成管理目标任务的情况；收集与监察项目有关的文件资料和事实陈述；检查经营管理者履职行为的正确性，发现行为偏差和管理缺陷。

（四）向被检查的经营管理者及其所在部门（单位）通报检查情况，听取其意见，并予以确认。

（五）会同相关部门对发现的行为偏差和管理缺陷进行分析，并查找其在体制、机制和制度等方面的存在原因，研究提出监察建议或决定的意见。

第十九条　效能监察项目实施后，效能监察项目检查组应当实事求是、客观公正地拟定效能监察报告，并报本企业主要经营管理者批准。效能监察报告内容包括监察依据、检查过程、发现的行为偏差和管理缺陷、管理控制制度分析和监察建议或决定意见等。

第二十条　监察机构对监察中发现的需要追究党纪处分或者法律责任的问题，按权限报批后，移送有关部门处理；对涉及本企业以外的单位和个人的问题，移送有处理权的单位；对需要进行监察处理的，经企业主要经营管理者批准后，下达监察建议或者监察决定。

第二十一条 监察机构应当对监察建议或决定的执行情况进行跟踪检查，督促整改意见的落实，及时将效能监察结果及整改情况抄送给企业各监督管理部门和人力资源管理等部门使用。

第二十二条 公司每年要对全年效能监察工作进行总结，并对完成的效能监察项目进行效果统计和成效评定。年终书面工作总结报告按权限报批后，报公司党政主要负责人和上级监察机构。

第二十三条 已经完成的效能监察项目资料要及时立卷归档。卷宗应包括立项报告、实施方案、总结报告、《监察建议书》或《监察决定书》等全部原件资料。

第五章 监察建议和决定

第二十四条 监察机构在效能监察工作中，对查明的下列尚不够作出纪律处分的行为偏差事实，报批后，下达整改监察建议：

（一）不执行、不正确执行或者拖延执行国家法律法规和企业章程，以及重要决策、决议、决定等，应予纠正的。

（二）不执行、不严格执行公司内部管理制度的，或者存在管理缺陷的。

（三）经营管理决策、计划、指令以及经营管理活动不适当，应予纠正或应予撤销的。

（四）违反公司选人、录用、任免、奖惩工作原则和程序，决定明显不适当的。

（五）按照国家法律法规和企业管理制度相关规定，需要予以经济赔偿的。

（六）其他需要提出监察建议的。

第二十五条 监察机构在效能监察工作中，对查明的下列尚未涉嫌犯罪的违规违纪事实，报批后，作出监察处分决定：

（一）违反国家法律法规和企业管理制度，按照人事管理权限应当给予相关责任人纪律处分的。

（二）不按规定追缴，或者不按规定退赔非法所得的。

（三）已经给国有资产或企业利益造成损害，未采取补救措施的。

（四）其他需要作出监察处分决定的。

第二十六条 监察建议或决定应当以书面形式送达被检查的经营管理者及其所在部门（单位），被检查的经营管理者及其所在部门（单位）应当采纳或必须执行。

第二十七条 被检查的经营管理者及其所在部门（单位）应当在收到监察建议或决定之日起 15 日内提出采纳或执行意见，采纳或执行情况要书面报告监察机构。

对监察决定有异议的，被检查的经营管理者可以在收到监察决定之日起 15 日内向作出决定的监察机构申请复审；复审应在收到复审申请之日起的 30 个工作日内完成。复审期间，不停止原决定的执行。

第六章　奖励与惩处

第二十八条　公司效能监察项目检查组对效能监察工作中发现的下列机构和人员，可以按规定给予精神或物质奖励：

（一）公司经营管理者正确履行职责，模范遵守国家法律法规和企业管理制度，经营管理成效显著，贡献突出的。

（二）监察机构认真开展效能监察取得重大经济效益的，按挽回、避免或增加经济效益的 5%～10% 奖励相关人员。

（三）监察人员忠于职守，坚持原则，有效制止违法违规违纪行为，避免或挽回重大国有资产损失，贡献突出的。

（四）控告、检举重大违法违规违纪行为的有功人员。

（五）其他应当奖励的部门、单位和个人。

第二十九条　被检查的经营管理者及其所在部门（单位）违反本办法，有下列情形之一的，由公司按人事管理权限对直接责任人和其主管负责人给予相应的纪律处分；涉嫌犯罪的，依法移送司法机关处理：

（一）拒不执行监察决定，或者无正当理由拒不采纳监察建议的。

（二）阻挠、拒绝监察人员依法行使职权的。

（三）拒绝提供相关文件、资料和证明材料的。

（四）隐瞒事实真相、出具伪证，或者隐匿、毁灭证据的。

（五）利用职权包庇违法违规行为的。

（六）其他需要给予纪律处分的。

第三十条　监察人员有下列情形之一的，由公司根据情节给予相应的纪律处分；涉嫌犯罪的，依法移送司法机关处理：

（一）玩忽职守，造成恶劣影响和严重后果的。

（二）利用职权为自己或他人牟取私利的。

（三）利用职权包庇或者陷害他人的。

（四）滥用职权侵犯他人民主权利、人身权利和财产权利的。

（五）泄露企业商业秘密的。

（六）其他需要给予纪律处分的。

第七章　附　则

第三十一条　本实施细则由公司监察部门负责解释。

第三十二条　本实施细则自印发之日起执行。

附 录 A
（资料性附录）
企业物资采购管理检查督导程序示例

A.1 资料准备

A.1.1 采购业务流程、采购审批流程、签订合同权限等制度规定。

A.1.2 采购（招标）文件。

A.1.3 采购合同、协议及其管理台账。

A.1.4 供应商管理台账。

A.1.5 审计期间存货的盘点资料。

A.1.6 债权债务余额明细及相关说明。

A.1.7 其余诸如采购（调整或调换原材料）请求资料、市场询价资料、货物检验资料等。

A.2 工作程序

A.2.1 合同签订和供应商管理的检查督导程序

A.2.1.1 采购计划管理

A.2.1.1.1 采购申请

A.2.1.1.1.1 风险控制

合同或订单所列项目、规格与申请部门所列的项目、规格、数量与价格的一致性。

A.2.1.1.1.2 检查步骤

从 ERP 系统抽查各类合同或订单各 30 份，根据申请部门填写的《物资采购申请表》详列的物资名称、规格、数量，核对合同或清单上的物资名称、规格、数量是否相符；如不符，要求提供不符的相关证明与文件。

A.2.1.1.2 预算内项目

A.2.1.1.2.1 风险控制

预算项目内申请物资采购结果或库存材料、签核手续的完整性。

A.2.1.1.2.2 检查步骤

重点抽查 10 个大型采购项目，查阅其预算项目，核对相应合同所附的明细子目，确定其是否超出项目预算，如果超出项目预算，则跟踪检查操作程序及索取有关的批准文件。并查阅仓库的核查手续是否齐全，是否签署意见等。

A.2.1.1.3　预算外项目

A.2.1.1.3.1　风险控制

生产紧急物资（急件）或项目预算外增加的物资采购程序的合规性。

A.2.1.1.3.2　检查步骤

抽查《急需物资申请表》有关人员签批是否符合权限规定，申购部门领导、采购部领导签署的意见是否同意"先购买，后补办手续"，对应签批日期和补办请购、订单日期判断补办手续的及时性。

A.2.1.2　采购方式管理

A.2.1.2.1　采购方式

A.2.1.2.1.1　风险控制

采购方式批准手续的完整性和直接采购谈判记录的审查。

A.2.1.2.1.2　检查步骤

从采购部门抽查相关的谈判资料30份，查看其采购方式的审批手续，如直接采购是否有谈判记录，是否由采购员单独与供应商进行谈判，谈判人员的签字是否齐全等。

A.2.1.2.2　零星采购

A.2.1.2.2.1　风险控制

急需物资、零星物品的采购超出批准自购范围，采购金额违反《管理人员权限》规定。

A.2.1.2.2.2　检查步骤

查阅直接采购订购单与《急需物资申请表》上的物资名称核对是否一致，有否借急用之名采购急需物资以外的设备，查看审批权限是否按采购流程操作和有关权限标准规定执行。

A.2.1.2.3　中间供应商

A.2.1.2.3.1　风险控制

物资采购从中间供应商购买的情况。

A.2.1.2.3.2　检查步骤

抽查30份通过中间商采购的合同（10000元或以上），询问不直接向制造商购货的原因，查询与制造商直接接洽的证明。如有可能直接向制造商了解购货价格及已签订合同的价格。

A.2.1.3　供应商管理

A.2.1.3.1　入库管理

A.2.1.3.1.1　风险控制

供应商入库是否合规；年度考核程序是否规范，结果是否合理。

A.2.1.3.1.2　检查步骤

抽查各类材料、物资、土建、安装等供应商的名单若干，比较历年来的供应商名单的变化情况；确定其是否供应商名单较少，比较单一；有无年度评定与考核；是否及时引进新的供应商；名单是否及时更新。

A.2.1.3.2　使用管理

A.2.1.3.2.1　风险控制

供应商库使用的合规性。

A.2.1.3.2.2　检查步骤

查阅并收集公司关于选择供应商（采购）的制度及相关的操作流程，抽查所有采购部门存档的供应商名单，确定其是否经领导或相关委员会批准；再从系统抽查各类物资材料供应商名单各30个，与核对的供应商名单核对，确定名单在批准的范围内。

A.2.1.4　合同签约

A.2.1.4.1　签约程序

A.2.1.4.1.1　风险控制

签订合同或订单的条款与谈判内容一致性。

A.2.1.4.1.2　检查步骤

了解谈判的流程及有关的谈判记录，查看30份合同或订单以及相关的谈判记录，对比采购合同或订单的内容及条款，确保谈判内容与合同内容一致；主管领导是否适度参与谈判等。

A.2.1.4.2　价格审查

A.2.1.4.2.1　风险控制

物资采购价格的确定依据不充分、不合理，与当时的市场价相差较大。

A.2.1.4.2.2　检查步骤

抽查价格相差较大的采购合同30份，确定价格及供货条款是否经过审批，查看供应商报价和其他供应商报价的原始资料，核对价格比较审批表，证实价格确定的来源或者经采购管理部门批准的相关文件；检查采购部门的市场价格资料来源的广泛性与准确性；并抽样做市场信息调查，与同期同类材料市场价格比较，分析供应商报价的合理性。

A.2.1.4.3　公平审查

A.2.1.4.3.1　风险控制

采购合同条款缺乏公平、公正，公司处于被动的地位。

A.2.1.4.3.2　检查步骤

抽查采购合同30份，追溯到与供应商就签订合同商谈的详细内容记录，了解合同起草的过程，有否对所列条款进行研究、审定，或咨询公司法律顾问，并根据《中华人民共和国合同法》分析各具体条款的合理、公平、公正性。

A.2.1.4.4　程序审查

A.2.1.4.4.1　风险控制

合同签订不按权限规定执行，有超过权限签订合同的情况。

A.2.1.4.4.2　检查步骤

根据公司有关的权限表，抽查每类合同各 20 份，查阅合同的审批人，是否在授权的范围内，如有超过审批权限，则要追查其原因，并要求提供相应的授权书等。

A.2.2　合同履约管理的检查督导程序

A.2.2.1　重复采购

A.2.2.1.1　风险控制

采购合同或订购单重复打印签批，存在重复购进、付款的风险。

A.2.2.1.2　检查步骤

了解订购单的录入、更改、签批、提交、打印程序，分析每个环节可能存在的风险，从系统上抽查每月前 30 份订单，合计 360 份订单，确定其是否对订单有重复采购，并向电子采购平台提出控制改进的建议。

A.2.2.2　合同交付

A.2.2.2.1　风险控制

供应商没有按合同规定时间发货或发货物不齐全。

A.2.2.2.2　检查步骤

查阅检查期间订单每月 30 份、合同发货时间以及发货数量，从系统上核对仓库收货入库时间及入库数量，与核定时间比较，判断发货的及时性、准确性。

A.2.2.3　品质核查

A.2.2.3.1　风险控制

供应商没有按合同规定的品牌、生产商或不可外包等条款提供货物。

A.2.2.3.2　检查步骤

根据以上所抽查合同，检查对应的验收单，核对所购货物是否为合同中的生产商及品种、品牌，分析了解其不符的原因及过程。

A.2.2.4　报告制度

A.2.2.4.1　风险控制

合同执行进度没有建立报告制度，没有报告采购主管。

A.2.2.4.2　检查步骤

检查采购部门是否建立合同执行制度及反馈制度，采购员是否按规定的时间把合同的执行进度报告给采购主管，主管是否签署相关的管理意见。

A.2.2.5　变更处理

A.2.2.5.1　风险控制

订单或合同在执行过程中条款的变更缺乏依据。

A.2.2.5.2　检查步骤

从系统上抽查所有采购材料补充订单或补充合同，查看其是否有变更或对应补充合同的依据，依据是否齐全，理由是否充分，是否有领导的审批手续等。查看确认订单（合同）执行过程中出现数量、价格变更的情况，然后跟踪查证变更的有关批文或补充合同等有效证据。

A.2.2.6　合同支付

A.2.2.6.1　风险控制

合同或订单的执行不及时及货款支付的核对。

A.2.2.6.2　检查步骤

查阅检查期间三个月的材料订单，核对每一订单的执行情况以及仓库明细账入库记录，确保前一订单执行完毕后，再执行新订单，有无前一个订单已付款未提完货即终止执行，又重新订立并执行新订单的情况。

A.2.2.7　合同验收

A.2.2.7.1　风险控制

合同或订单执行（交货或完工）期限与约定时间不相符。

A.2.2.7.2　检查步骤

从质检验收部门抽取验收报告或竣工验收单30份，根据验收项目对应的合同规定的交货时间，比较验收报告或竣工验收单，确定合同签订的（验收）完工时间是否与合同规定的完工交货时间一致。

A.2.2.8　档案管理

A.2.2.8.1　风险控制

采购合同或订单档案管理不规范，采购员没有实行轮岗制度。

A.2.2.8.2　检查步骤

抽查检查期间合同留存档案（土建、装修合同各20份，物资采购合同30份），确定是否按公司规定存档，存档资料是否齐全完整、是否及时存档。检查采购部门两年来员工岗位职责与工作分工，了解其工作范围是否有变化、员工之间是否实行轮岗制度等。

A.2.3　合同现场管理的检查督导程序

A.2.3.1　入库验收

A.2.3.1.1　风险控制

仓库验收物资时没有按公司规定验收入库。

A.2.3.1.2　检查步骤

收集查阅有关验收制度与流程，了解仓库的操作规程；再从仓库实地观察其实际验收工作流程，比较实际操作情况与制度规定的差异；重点是观察验收时的数量与质量的验收手续的正确性。

A.2.3.2 程序核查

A.2.3.2.1 风险控制

物资材料没有验收入库就直接运到使用部门。

A.2.3.2.2 检查步骤

检查该年每月1—5日所有材料的订单，统计订购的数量，核对仓库入库数量，在订单规定的期限执行完毕后，订购数量大于入库数量的，再从"生产报表"查看辅助材料累计使用量，如果使用量大于购入量的，则到使用辅助材料车间进一步调查了解，查看使用原始记录，确认辅助材料的购入没有按流程操作，即验收入库。

A.2.3.3 质检记录

A.2.3.3.1 风险控制

物资材料入库前没有经过质检部门抽检。

A.2.3.3.2 检查步骤

查看质量监督部门的物资检验记录，按类别订单编号顺序抽查各30份，查看抽样检验结果鉴定，判断是否有漏检或不检的现象。

A.2.3.4 货款两清

A.2.3.4.1 风险控制

订单或合同执行完后不及时对账、结清货款。

A.2.3.4.2 检查步骤

抽查"应付账款"明细科目余额10万元以上的30个客户、100万元以上的20个客户，核对订单（合同）履行时间和完成时间以及货款的支付情况，确保每份订单（合同）货款两清。

A.2.3.5 预付账款

A.2.3.5.1 风险控制

预付货款不按合同条款办理，缺乏有效监控。

A.2.3.5.2 检查步骤

根据"应付账款"和"预付账款"明细账，查阅有关预付材料货款的付款凭证编号，查看付款凭证的付款依据，对应订单（合同）执行情况来判断付款的正确性，避免以请示批文预付货款后，补办订单又重复预付货款的情况。

A.2.3.6 会计记录

A.2.3.6.1 风险控制

物资采购业务与会计记录信息不统一。

A.2.3.6.2 检查步骤

查阅会计记录的依据与流程。到仓库抽查材料明细账，抽查该期（年度）1—11月各类材料累计购入的数量与价格，核对会计账记录的数据准确性，查明是否存在仓库没有及时把入库单、验收报告单、发票交给会计入账或其他原因。

参考文献

［1］GB 17859—1999　计算机信息系统　安全保护等级划分准则．

［2］联合国贸易法委员会公共采购示范法（2011 年）．

［3］刘长春，等．中华人民共和国招标投标法（释义）．中国法制出版社，1999．

［4］国家发展和改革委员会法规司，等．中华人民共和国招标投标法实施条例（释义）．中国计划出版社，2012．

［5］扈纪华．中华人民共和国政府采购法（释义及实用指南）．中国民主法制出版社，2002．

［6］财政部国库司，等．中华人民共和国政府采购法实施条例（释义）．中国财政经济出版社，2015．